はしがき

　貿易は、現代社会において重要な役割を果たし、世界各国間の経済活動を促進し、国家間の経済的相互作用の重要な要素である。各国は、独自の経済資源と特性に基づいて商品やサービスを生産、輸出し、異なる経済的優位性を持っている。また、輸出商品を生産するためには原材料と資本財が必要なため、これに対する輸入貿易も重要な意味を持つ。貿易は、これらの経済的優位性を活用して他の国々と貿易することによって、資源の効率的な分配と経済的成長を達成する手段である。

　貿易は国家の経済的な発展と成長のために不可欠な要素である。さまざまな国家間の経済的相互作用は、国家の経済成長を促進し、より良い経済的結果を達成することに資している。つまり、貿易を通じて国家は経済資源を効率的に利用し、生産性を向上させることができる。また、貿易は国内企業に海外市場への進出機会を提供する。国内企業は貿易を通じて商品、サービスを海外市場に販売することで収益を創出し、競争力を向上させることができる。これはまた雇用創出と雇用にも肯定的な影響を及ぼすことになる。

　グローバル経済の急激な変化、通商協定の発展、デジタル技術の発展、グローバルバリューチェーンの変化などとともに、現代社会における国際貿易の役割はますます重要になっている。今日、貿易は経済的協力を通じてより良い経済成果を達成し、経済的危機に備え、革新と発展を追求する基盤を提

供している。しかし、異なる国間の貿易には政治、経済、法律、文化、通貨などの違いが存在し、様々なリスクが存在する。したがって、貿易を円滑に促進するためには、貿易リスクマネジメントが非常に重要である。

今日、貿易環境は新保護貿易主義の拡散、アジア太平洋地域のブロック化、サービス貿易の増大、貿易のデジタル化と決済システムの変化、データ経済などに急変している。この変化とともに、企業は新しい貿易リスクに直面している。したがって、急速に変化する環境の中で効果的で継続的な貿易をするためには、貿易リスクマネジメントは不可欠だ。また、時代の流れに応じて貿易リスクマネジメント方針を変化させ成長させる必要がある。

本書の主な内容は、貿易活動の過程で絶えず発生するリスクを分析し管理する知識に関するものだ。本書は、貿易に関する基礎知識（概念、種類、特徴）、貿易実務一般、リスクの概念とリスクマネジメントの方法、貿易段階別に発生可能なリスクと管理方法、貿易に関する最も重要なリスク（信用リスク、カントリーリスク、為替リスク）、海上保険、貿易保険、そして最近の貿易関連問題（新保護貿易主義、デジタル貿易、気候変動）関連リスクとリスクマネジメント方法について命じる。すなわち、貿易リスクとリスクマネジメント方法を体系的に分析し、貿易リスクマネジメントに対する理解の幅をさらに広げることができるようにした。

貿易実務に関する書籍とリスクマネジメントに関する書籍は、インターネット、書店などで多様に探すことができる。しかし、貿易過程で発生する可能性のあるリスクとそれに伴う貿易リスクの管理方法を体系的に分析した本は見当たらない。本書は貿易実務とリスクマネジメント理論を組み合わせた点にその意義がある。特にリスクの構造とリスクマネジメントの理論に基づいて貿易リスクと貿易リスクマネジメント方法を分析したことが大きな特

徴である。したがって、この本が、学生、実務家、学者に貿易に関するさまざまなリスクとそれに伴うリスクマネジメント方法の基礎知識を習得し、それを体系的に理解するための開設書として活用されることを願っている。

2024 年 5 月 21 日

任 素英

目次

はしがき　　　　　　　　　　　　　　　　　　　　　　　　　　　　i

Part 01　貿易リスクマネジメントの基礎

1.1章　貿易の枠組み　　　2

概要と要約　　　　　　　　　　　　　　　　　　　　　　　　　　　2

01. 貿易の概要　　　　　　　　　　　　　　　　　　　　　　　2
- (1) 貿易の概念　　　　　　　　　　　　　　　　　　　　　　　　2
- (2) 貿易取引の対象　　　　　　　　　　　　　　　　　　　　　　3
- (3) 貿易の特徴　　　　　　　　　　　　　　　　　　　　　　　　6
- (4) 貿易取引と国内取引の違い　　　　　　　　　　　　　　　　　7

02. 貿易の主体と客体　　　　　　　　　　　　　　　　　　　　8
- (1) 貿易の主体　　　　　　　　　　　　　　　　　　　　　　　　8
- (2) 貿易の客体　　　　　　　　　　　　　　　　　　　　　　　10

03. 貿易の種類　　　　　　　　　　　　　　　　　　　　　　11
- (1) 輸出貿易と輸入貿易　　　　　　　　　　　　　　　　　　　11
- (2) 直接貿易　　　　　　　　　　　　　　　　　　　　　　　　11
- (3) 間接貿易　　　　　　　　　　　　　　　　　　　　　　　　12

練習＆討論問題　　　　　　　　　　　　　　　　　　　　　　　　19

1.2章　貿易実務一般　　20

概要と要約　　20

01. 輸出取引の流れ　　20
(1) 海外市場調査　　21
(2) 輸出契約締結　　22
(3) 輸出品の確保　　22
(4) 運送契約および保険契約締結　　22
(5) 輸出品の通関　　23
(6) 輸出品の運送　　23
(7) 輸出代金の回収　　24
(8) 事後管理　　24

02. 輸入取引の流れ　　25
(1) 海外取引相手および国内市場調査　　25
(2) 輸入契約締結　　26
(3) 輸入者の準備　　26
(4) 船積通知の受領　　26
(5) 輸入代金の決済　　27
(6) 輸入品の通関　　27
(7) 事後管理　　27

03. 貿易書類の役割と流れ　　28
(1) 主な船積書類　　28
(2) 各業務別貿易書類の種類　　31
練習＆討論問題　　37

1.3章　貿易リスクとリスクマネジメント　38

概要と要約　38

01. 貿易リスクの枠組み　38

(1) リスクの概念　38

(2) ハザード、ペリル、損失　39

(3) 貿易リスクの概念　42

02. 貿易リスクの種類と内容　42

(1) 国内取引との比較による分類　42

(2) 貿易取引プロセスによる分類　45

03. 貿易リスクマネジメントの基本的な流れ　47

(1) リスクマネジメントの概念　47

(2) リスクマネジメントのプロセス　47

(3) リスクマネジメントの手段　50

練習＆討論問題　56

Part 02　貿易段階別貿易リスクマネジメント

2.1章　契約準備段階；カウンターパーティーリスク　58

概要と要約　58

01. 海外市場調査及び取引相手選定　58

(1) 海外市場調査　58

(2) 取引相手選定　62

(3) 国別商慣習　64

02. カウンターパーティリスクの概念　67

03. カウンターパーティーリスクマネジメント　69

練習＆討論問題　72

2.2章　契約締結段階 ; 契約リスク　　73

  概要と要約　　73

01. 貿易契約締結　　73

  (1) 貿易契約の概念　　73
  (2) 貿易契約締結の流れ　　75
  (3) 貿易契約書　　78

02. 契約リスクの概念　　82

03. 契約リスクマネジメント　　84

  練習＆討論問題　　88

2.3章　物品通関段階 ; 通関リスク　　89

  概要と要約　　89

01. 貿易通関手続き　　89

  (1) 輸出通関　　90
  (2) 輸入通関　　95
  (3) 関税・関税率　　99

02. 通関リスクの概念　　102

03. 通関リスクマネジメント　　104

  練習＆討論問題　　109

2.4章　商品運送段階 ; 輸送リスク　　110

  概要と要約　　110

01. 貿易運送手段　　110

  (1) 貿易運送の概念　　110
  (2) 海上運送　　113
  (3) 航空運送　　118

　　　　(4) 複合一貫輸送　　　　　　　　　　　　　　　　　　　121

　02. 運送リスクの概念　　　　　　　　　　　　　　　　　124

　03. 運送リスクマネジメント　　　　　　　　　　　　　　127

　　　練習＆討論問題　　　　　　　　　　　　　　　　　　131

2.5章　代金決済段階；代金決済リスク　　　　　132

　　　概要と要約　　　　　　　　　　　　　　　　　　　　132

　01. 貿易代金決済　　　　　　　　　　　　　　　　　　132

　　　(1) 貿易決済の概念　　　　　　　　　　　　　　　　132
　　　(2) 貿易決済方式の分類　　　　　　　　　　　　　　133

　02. 貿易代金決済の種類　　　　　　　　　　　　　　　134

　　　(1) 信用状　　　　　　　　　　　　　　　　　　　　135
　　　(2) D/P 決済　　　　　　　　　　　　　　　　　　　140
　　　(3) D/A 決済　　　　　　　　　　　　　　　　　　　142
　　　(4) 送金決済　　　　　　　　　　　　　　　　　　　143
　　　(5) その他の小額決済方式　　　　　　　　　　　　　147
　　　(6) 貿易代金決済方式による比較　　　　　　　　　　148

　03. 代金決済リスクマネジメント方法　　　　　　　　149

　　　(1) 信用状決済リスクマネジメント　　　　　　　　　151
　　　(2) D/P 決済と D/A 決済リスクマネジメント　　　　　155
　　　(3) 送金決済とリスクマネジメント　　　　　　　　　157
　　　練習＆討論問題　　　　　　　　　　　　　　　　　　158

2.6章　運送後の段階；貿易クレームリスク　　159

　　　概要と要約　　　　　　　　　　　　　　　　　　　　159

　01. 貿易クレーム　　　　　　　　　　　　　　　　　　160

(1) 貿易クレームの概念　　　　　　　　　　　　　160
　　(2) 貿易クレームの種類　　　　　　　　　　　　　161
　　(3) 貿易クレームの請求内容　　　　　　　　　　　164
　　(4) 貿易クレーム提起　　　　　　　　　　　　　　165
　　(5) 取引クレームの解決　　　　　　　　　　　　　167
　　(6) 貿易取引に適用される日本の法律　　　　　　　170
02. 貿易クレームリスクの概念　　　　　　　　　　　　172
03. 貿易クレームリスクマネジメント　　　　　　　　　174
　　練習＆討論問題　　　　　　　　　　　　　　　　　176

Part 03　貿易リスク別貿易リスクマネジメント

3.1 章　信用リスク　　　　　　　　　　　　　　　178

　　概要と要約　　　　　　　　　　　　　　　　　　　178
01. 信用リスクの概念　　　　　　　　　　　　　　　　178
　　(1) 取引と信用　　　　　　　　　　　　　　　　　178
　　(2) 信用リスクの概念　　　　　　　　　　　　　　179
　　(3) 信用リスクの発生原因　　　　　　　　　　　　180
　　(4) 信用リスクの形態　　　　　　　　　　　　　　180
02. 信用リスクの測定　　　　　　　　　　　　　　　　181
　　(1) 信用調査の概念と項目　　　　　　　　　　　　181
　　(2) 信用調査の方法　　　　　　　　　　　　　　　183
　　(3) 信用格付けの評価　　　　　　　　　　　　　　189
03. 信用リスクマネジメント　　　　　　　　　　　　　191
　　練習＆討論問題　　　　　　　　　　　　　　　　　194

3.2章　カントリーリスク　　195

概要と要約　　195

01. カントリーリスクの概念　　195
(1) カントリーリスクの定義　　195
(2) カントリーリスクの種類　　196

02. カントリーリスクの測定　　199
(1) 量的分析機関　　199
(2) 質的分析機関　　205

03. カントリーリスクマネジメント　　206
練習＆討論問題　　209

3.3章　為替リスク　　210

概要と要約　　210

01. 外国為替と為替レートの概要　　210
(1) 内国為替と外国為替　　211
(2) 外国為替市場　　212
(3) 為替レート　　214

02. 為替リスクの概念　　218
(1) 為替リスク発生の要因　　218
(2) 為替リスクの種類　　220

03. 為替リスクマネジメント　　221
練習＆討論問題　　232

Part 04　貿易リスクマネジメントと保険

4.1 章　海上保険　　　234

概要と要約　　　234

01. 海上保険の枠組み　　　234
(1) 海上保険の歴史　　　234
(2) 海上保険の定義　　　237
(3) 海上保険の特徴　　　238

02. 海上保険の分類　　　239
(1) 保険加入対象による分類　　　239
(2) 保険期間による分類　　　240

03. 海上危険および海上損害　　　240
(1) 海上危険　　　240
(2) 海上損害　　　241

04. 協会貨物約款　　　244
(1) ICC 1963（旧約款）　　　245
(2) ICC 1982（新約款）　　　245
(3) ICC 2009（最新約款）　　　246
練習＆討論問題　　　246

4.2 章　貿易保険　　　247

概要と要約　　　247

01. 公的輸出信用と輸出信用機関　　　247
(1) 公的輸出信用　　　248
(2) 輸出信用機関　　　252

02. 貿易保険の概要　　　　　　　　　　　　　　　　256

(1) 貿易保険の概念　　　　　　　　　　　　　256

(2) 貿易保険の歴史　　　　　　　　　　　　　257

(3) 貿易保険の特徴　　　　　　　　　　　　　258

(4) 貿易保険の機能　　　　　　　　　　　　　259

03. 貿易保険の分類　　　　　　　　　　　　　　　　261

(1) 保険期間による分類　　　　　　　　　　　261

(2) 担保危険による分類　　　　　　　　　　　262

(3) 船積時点による分類　　　　　　　　　　　262

(4) 保険契約者による分類　　　　　　　　　　262

(5) 付保対象取引による分類　　　　　　　　　263

(6) 保険付保方式による分類　　　　　　　　　263

04. 日本の貿易保険　　　　　　　　　　　　　　　　264

(1) 日本貿易保険の歴史　　　　　　　　　　　264

(2) 運営形態　　　　　　　　　　　　　　　　266

(3) 保険引受政策　　　　　　　　　　　　　　268

(4) 短期保険　　　　　　　　　　　　　　　　272

(5) 中長期保険　　　　　　　　　　　　　　　278

練習＆討論問題　　　　　　　　　　　　　　　281

Part 05　最近の貿易問題とリスクマネジメント

5.1章　新保護貿易主義リスク　　　　　　　　　　284

概要と要約　　　　　　　　　　　　　　　　　284

01. 新保護貿易主義　　　　　　　　　　　　　　　　284

(1) 世界貿易政策の変化　　　　　　　　　　　284

(2) 自由貿易主義と保護貿易主義　　　　　　　290

(3) 新保護貿易主義 291

02. 新保護貿易主義リスク 298

03. 新保護貿易主義リスクマネジメント 301

練習＆討論問題 303

5.2 章　デジタル貿易リスク 304

概要と要約 304

01. デジタル貿易 305

(1) デジタル化と貿易 305

(2) デジタル貿易の定義 310

(3) デジタル貿易規制 316

02. デジタル貿易リスク 318

03. デジタル貿易リスクマネジメント 321

練習＆討論問題 323

5.3 章　グリン貿易リスク 324

概要と要約 324

01. 気候変動と貿易 324

(1) パリ協定 325

(2) 炭素国境調整措置 326

(3) RE100 331

02. グリン貿易リスク 335

03. グリン貿易リスクマネジメント 337

練習＆討論問題 339

参考文献 340

索引 347

Part 01

貿易リスクマネジメントの基礎

1.1 章　貿易の枠組み

1.2 章　貿易実務一般

1.3 章　貿易リスクとリスクマネジメント

1.1章　貿易の枠組み

> **概要と要約**
>
> 貿易とは、国と国を異にする者同士の物品と代金の交換を意味する。特に資源が不足している国の場合、貿易は経済成長に欠かせない核心成功要因であり、資源や技術を持った国々の場合でも成長の動力として貿易を活用してきた。貿易取引の対象は大きく物品とサービスに分けることができ、貿易を成功的に遂行するためには貿易取引当事者間のコミュニケーションに必要な言語、商慣習、法規などに対する理解が必要である。本章では、貿易の概念、特徴、主体と客体、種類について説明する。

01　貿易の概要

① 貿易の概念

貿易とは、国と国を異にする者同士の物品（対象）と代金（代価）の交換のことをいう。つまり、貿易とは国境を越える国際取引を意味し、輸出と輸入の両方を含む。貿易は国際的な商品取引を通じて新しい消費、流通、生産を可能にし、国家の経済成長を支援する役割をする。特に資源が不足している国の場合、貿易は経済成長に欠かせない核心成功要因

であり、資源や技術を持った国々の場合でも成長の動力として貿易を活用してきた。国際性を根本とする貿易は取引当事者間で基本的に言語、慣習、法律、制度などが違うため、国内取引に比べて様々な問題が発生することもある。したがって、貿易を成功させるためには、貿易取引当事者間のコミュニケーションに必要な言語、商慣習、法規などの理解が必要である。

② 貿易取引の対象

貿易取引の対象は物品とサービスに分けることができる。一般的に物品とは見たり触れることができるもののことで、物品または商品という。例として、自動車、スマートフォン、カメラ、食品、半導体などが挙げられる。

サービス貿易は目に見えない取引対象を意味し、1980年代の先進国を筆頭に始まり、最近の関心と貿易における比重が高まっている。サービス貿易の例として、電子書籍、映像物、デザイン、法務および会計関連サービス業などが挙げられる。

サービス貿易に関する国際規則には、1995年1月に発効されたサービス貿易に関する一般協定（General Agreement on Trade in Services、以下GATSという）がある。世界貿易機関（WTO; World Trade Organization）は、GATSで＜表1＞、＜図1＞のようにサービス貿易の形態を大きく4つに分類している。

第一に、国境を超える取引（第1モード）である。

これは、サービス提供者（輸出者）とサービス消費者（輸入者）がそれぞれ自身の国にあり、インターネットや郵便などを通じてサービスのみ

国境を越えて移動させる方式である。例えば、経営コンサルティング、法律顧問サービス、国際貨物運送、通信サービスなどがこれに該当する。

　第二に、海外における消費（第2モード）である。

　これは、サービス消費者（輸入者）がサービス提供者（輸出者）のいる国に移動してサービスを購入する方法である。例えば、海外留学、海外医療診療、海外観光などがこれに該当する。

　第三に、業務上の拠点を通じてのサービス提供（第3モード）である。

　これは、サービス提供者（輸出者）がサービス消費者（輸入者）のいる国に資本を持って移動し、サービスを販売する方式である。例えば、外国銀行が特定国に法人や支社を設立し、その国で銀行業を行う場合がこれに該当する。

　第四に、自然人の移動によるサービス提供（第4モード）である。

　これは、サービス提供者（輸出者）がサービス消費者（輸入者）のいる国に移動してサービスを提供する方法である。例えば、ポップスターが海外公演に行く場合、建設人材が海外に行って建物や道路などを建設する場合などがこれに該当する。

表1　サービス貿易の形態

態様	内容	典型例
国境を超える取引 （第1モード）	いずれかの加盟国の領域から他の加盟国の領域へのサービス提供	・電話で外国のコンサルタントを利用する場合 ・外国のカタログ通信販売を利用する場合など
海外における消費 （第2モード）	いずれかの加盟国の領域内におけるサービスの提供であって、他の加盟国のサービス消費者に対して行われるもの	・外国の会議施設を使って会議を行う場合 ・外国で船舶・航空機などの修理をする場合など
業務上の拠点を通じてのサービス提供 （第3モード）	いずれかの加盟国のサービス提供者によるサービスの提供であって、他の加盟国の領域内の業務上の拠点を通じて行われるもの	・海外支店を通じた金融サービス ・海外現地法人が提供する流通・運輸サービスなど
自然人の移動によるサービス提供 （第4モード）	いずれかの加盟国のサービス提供者によるサービスの提供であって他の加盟国の領域内の加盟国の自然人の存在を通じて行われるもの	・招聘外国人アーティストによる娯楽サービス ・外国人技師の短期滞在による保守・修理サービスなど

出典：GATSを参考にして作成

| 図1 | サービス貿易の形態

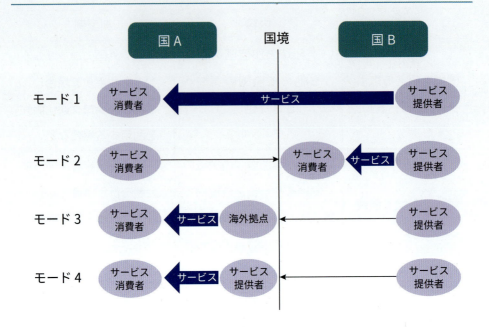

| 出典：GATSを参考にして作成

③ 貿易の特徴

貿易の特徴は次のとおりである。

第一に、取引交渉の複雑さと多様なリスクの発生である。貿易取引は、言語、法律、制度、および諸環境が異なる当事者間で行われるため、複雑な契約手続きによって行われる。また、長期間にわたって遠距離を運送することによる物品の損傷、相手方に対する信用状態の不確実性による輸出代金の回収不能、国際市場での価格変動や為替レート変動、戦争と暴動などにより発生するリスクがある。

第二に、定型化された商慣習の適用である。貿易取引は、国ごとに言語が互いに異なり、空間的に遠隔性が存在するだけでなく、異なる主権

国家に属する当事者間で起こる現象である。当事者は自分の商慣習を重視する傾向があるため、紛争が発生したときに準拠法の適用問題が発生する。したがって、当事者は明示契約を補完するために商慣習を定型化した定型取引条件を使用している。

第三に、海上の依存性である。貿易取引は隔地間国家の取引活動であるため、国内取引とは異なり、契約内容の履行において物品の運送が特に重要である。両国間の運送は陸上・海上・航空を通じて行うことができる。貿易取引は主に海上運送を媒介として発展してきており、大量運送が可能であるため、海上の依存度が非常に高く現れる。

第四に、産業関連性である。国際分業を通じて国家間で貿易取引が行われれば、国際的供給及び需要を満たすだけでなく、当事国の国内産業を育成・発展させ、国民経済の水準を向上させる。

第五に、多数複合契約の締結である。貿易取引の成立には、まず目的物に対する品質、数量、価格が中心的な条件となり、その後に物品の引渡しのための船積、保険、代金決済などが付随的な条件となる。貿易取引は、売買契約を主契約とし、運送契約、保険契約、信用状契約、外国為替契約などを従属契約として多数複合的に履行される。

④ 貿易取引と国内取引の違い

貿易取引は異なる国家間で行われる売買契約であるため、＜表２＞のように国内取引に比べて様々な差異が存在する。特に国内での商取引慣行や価値観が通用しない場合が多いため、約定ごとに必ず書面化して確認する作業が必要である。

表2　貿易取引と国内取引の違い

区　分	内　容
コミュニケーション言語の違い	貿易取引は他国との売買取引のため、言語が異なる。交渉や連絡に英語を使用するのが一般的である。
通貨の違い	国ごとに使用する貨幣単位が異なるため為替リスクが存在する。通常、米ドルまたはユーロを使用する。
法律規制の違い	国ごとに貿易管理制度が異なる。したがって、相手国の関連法制度を必ず確認する必要がある。
商慣習の違い	相談、契約交渉をするとき、商慣習の違いで誤解や認識の違いを引き起こすことがある。相手国の商慣習を十分に理解する必要がある。
文化の違い	文化の違いによっては、商品記号の違いまたは宗教的に禁止された商品が存在する可能性がある。相手国の文化、意識構造、国民性などを理解する必要がある。

出典：各種資料を参考にして作成

02 貿易の主体と客体

① 貿易の主体

　貿易の主体は継続・反復的に貿易事業を営む主体、すなわち貿易取引者を意味する。貿易業は、国際間の取引である貿易を一定の目的と計

画をもって継続的に経営することである。事業は人（Who）、事業対象（What）、営業（How）の３つの要素が結合されたものである。貿易業を始めようとする人は、どのような事業対象をどのように進めるかに対する事業計画を樹立し、それを実行し、評価する手続きを繰り返すことになる。

| 図２ | 貿易の主体の分類

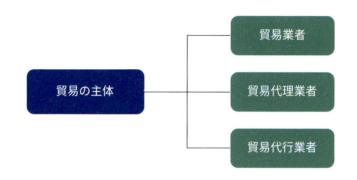

| 出典：各種資料を参考にして作成

　貿易の主体は＜図２＞のように貿易業者、貿易代理業者、貿易代行業者に分けることができる。第一に、貿易業者は、自己名義、自己責任の下で輸出または輸入をする者を意味する。また、営利を目的として直接輸出あるいは直接輸入を繰り返し行う者を意味する。第二に、貿易代理業者は、輸出者または輸入者から手数料を受け取り、輸出入を仲介斡旋支援する者である。彼らは自分の名義や自己責任の下では輸出および輸入行為をしないが、手数料を受取って輸出や輸入取引を仲介し、契約代理権を行使する。代表的な例としては、三菱、三井、住友、伊藤忠、丸

紅などの総合商社がある。第三に、貿易代行業は、自己名義で一定の代行料を受取って輸出あるいは輸入の代行を行う者を意味する。

② 貿易の客体

　貿易の客体は、貿易取引の対象、すなわち取引の目的物をいう。貿易の客体は取引対象に応じて有形貿易と無形貿易に分かれ、前者は主に物品取引、後者はサービスや技術などの取引をいう。物品とは、商品、製品、物品など様々に呼ばれ、実務的にはHSコードがあるものを物品と呼ぶ。サービスとは、物質的財貨の生産以外の生産や消費に必要なサービスを意味し、デザイン、法務サービス業、会計サービス業、知的財産権などが含まれる。貿易の客体は＜図３＞のとおりである。

| 図3 |　**貿易の客体**

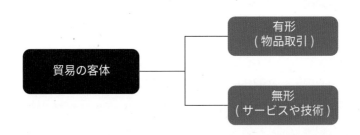

| 出典：各種資料を参考にして作成

03 貿易の種類

貿易は移動経路、貿易主体、貿易対象商品、決済方式などによって区分することができる。移動経路による分類としては、輸出貿易と輸入貿易がある。貿易主体による分類としては、直接貿易、間接貿易がある。貿易対象商品による分類としては、タイプ貿易と無形貿易、水平貿易と垂直貿易がある。決済方式による分類としては、構想貿易、三角貿易、連携貿易がある。各貿易の詳細な説明は次のとおりである。

① 輸出貿易と輸入貿易

輸出貿易（Export Trade）は輸出を意味するものである。これは、物品を国内から国外に搬出する形態であり、その反対給付で外国為替を受け取るため、外国為替保有高を増加させる。

輸入貿易（Import Trade）は輸入を意味する。これは物品を国外から国内に持ち込む形態であり、その反対給付で外国為替を支給するため、外国為替保有高を減少させる。しかし、国民経済の立場から必須となる資本財や原材料の確保のためには必然的な手段となる。

② 直接貿易

直接貿易（Direct Trade）は、貿易業者を通さずに輸出業者と輸入業者が直接売買契約を締結して履行する形態の貿易である。すなわち、契約された物品は輸出業者の所在地から輸入業者の所在地に直接運ばれる。売買代金の決済も直接行われる。したがって、手数料の節約による利益率の増加、市場情報の正確な把握、貿易業務の直接的な統制、輸出マー

ケティングの活性化などの利点がある。直接貿易は現代貿易で最も一般的な形態の貿易である。直接貿易の形態は＜図４＞のとおりである。

| 図４ | 直接貿易の形態

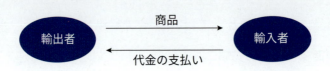

| 出典：各種資料を参考にして作成

③ 間接貿易

　間接貿易（Indirect Trade）は、輸出業者と輸入業者の間を第三者である貿易業者が連結させ、手数料を取得するものである。間接貿易の種類には、仲介貿易、中継貿易、通過貿易、スイッチ貿易、加工貿易などがある。間接貿易の形態は＜図５＞のとおりである。

| 図５ | 間接貿易の形態

| 出典：各種資料を参考にして作成

① 仲介貿易

　仲介貿易（Merchandising Trade）とは、輸出・輸入の両当事者以外に

第三者が介入して輸出と輸入を仲介する貿易形態をいう。仲介貿易とは、外国為替及び外国貿易法（以下「外為法」という）第25条第4項において「外国相互間の貨物の移動を伴う貨物の売買、貸借または贈与に関する取引」と規定されている。商品の配達と支払いは輸出者と輸入者の間で直接行われ、売買契約はブローカーを通じて行われる。この時、仲介人はこれに応じた仲介手数料（Brokerage Commission）を受取ることになる。仲介貿易の形態は＜図6＞のとおりである。

| 図6 | 仲介貿易の形態

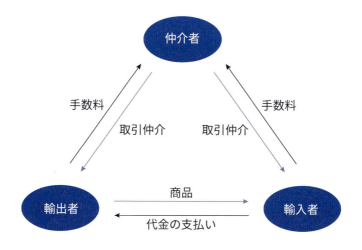

| 出典：各種資料を参考にして作成

② 中継貿易

中継貿易（Intermediary Trade）とは、輸出を目的に製品を輸入し、これを第三国に輸出する貿易形態をいう。つまり、輸入した商品を元の状態のまま輸出して輸出代金領収額と輸入代金支給額との売買差益（中継

差額）を取る取引方式である。したがって、契約の形態は、輸出業者と中継者、中継者と輸入業者との２つの契約が締結される。輸出者は輸入価格と輸出価格の差益をとることになる。

中継貿易は関税上の利点があり、金融・倉庫保管などの側面から直接貿易より簡便な金融体系と港が存在しなければより効率的に達成できる。中継貿易は一般に中継貿易港を通じて行われており、このような中継貿易港となるために交通が便利な自由貿易港要件、商品の集産地要件、外国為替取引の自由保障等の要件を満たす必要がある。代表的な中継貿易港は香港とシンガポールである。

中継貿易は加工貿易と同様の点があるが、加工貿易は加工過程を経て輸出される一方、中継貿易は加工過程を経ないという点で異なる。中継貿易は、物品を国内に持ち込むことなく外国から外国に移動させて輸出代金を国内で受け取り、輸入代金を国内で支給する輸出と輸入が同時に起こる取引形態である。すなわち、中継貿易は輸出契約と輸入契約が同時に付随する取引形態であり、委託加工貿易は委託加工契約に従って原材料を送り加工であることを支給し、加工品を輸入する取引形態が基本である。

仲介貿易と中継貿易の区分も必要である。仲介貿易で仲介者は仲介手数料を対価で輸出者と輸入者が直接取引できるように仲介・斡旋する者なので、直接的な貿易取引当事者ではない。したがって、仲介者は紛争発生時に直接的な紛争当事者ではない。しかし、中継貿易では、中継者は輸入者及び輸出者との貿易契約当事者であり、契約の主体である。すなわち、物品を買い取り売りすることで売買差益を得て、取引時に紛争が発生した場合でも直接的な紛争の当事者となる。したがって、中継貿

易時には、通常、物品と船積書類が中継者を経由して輸入国に引き渡され、仲介貿易時には物品と船積書類が輸出者から輸入者に直接引き渡される。中継貿易の形態は＜図7＞のとおりである。

| 図7 | 中継貿易の形態

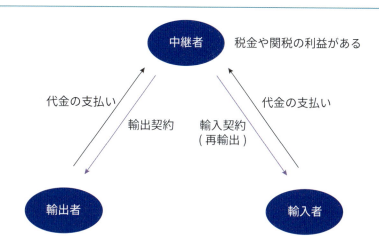

| 出典：各種資料を参考にして作成

③ 通過貿易

通過貿易（Transit Trade）は、両国間で貿易が行われたときに物品が輸出国から輸入国に直接渡されず、第三国を経て輸入国に伝わる形の貿易をいう。この時、第三国はこれを通過貿易という。第三国は、この過程で通過税、停泊料、保管料、運賃などを獲得することができる。通過貿易は仲介貿易、中継貿易と似ているが、第三国の仲介人が自ら介入をするわけではない点、第三国が貿易契約に直接参加しないという点で異なる。通過貿易の形態は＜図8＞のとおりである。

| 図 8 |　通過貿易の形態

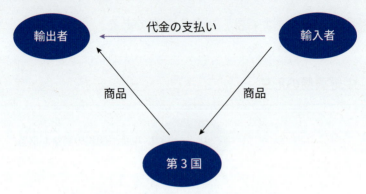

|出典：各種資料を参考にして作成

④ スイッチ貿易

　スイッチ貿易（Switch Trade）は輸出業者と輸入業者が直売買契約を締結し、約定された物品も直接輸出地から輸入地に直行するが、代金決済に第3国の業者であるスイッチャ（Switcher）が介入されている場合を言う。つまり、売買契約と物品の移動は輸出国と輸入国の間で直接行われるが、代金決済時に第3国の決済通貨や口座を使用する形態である。このときスイッチャはそれに対応するスイッチ手数料（Switch Commission）を受ける。スイッチ貿易の形態は＜図9＞のとおりである。

| 図9 |　スイッチ貿易の仕組み

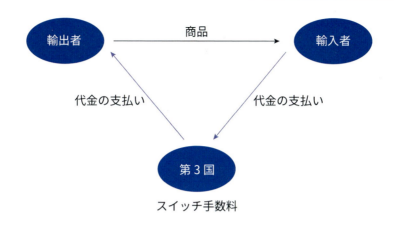

出典：各種資料を参考にして作成

⑤ 委託加工貿易

　委託加工貿易（Processing Trade）とは、収入を獲得するために原材料の全部または一部を外国から輸入してこれを加工した後、再び外国に輸出する貿易をいう。つまり、海外の製造工場を利用して製造された物品を輸入したり、現地での販売または第三国に輸出する貿易形態である。委託加工貿易は大きく分けて、順委託加工貿易と逆委託加工貿易の二つに分類できる。

　順委託加工貿易（Outward Processing Trade）は、国外から材料を輸入し、その材料を国内で加工・組み立てた後、製品を海外に輸出する形態である。日本には資源が少なかったため、加工貿易初期にはこの形態が主流であった。代表的な成功事例は家電や自動車で、過去に大きな利益を得た。しかし最近では中国や韓国などアジア各国の工業力が上がり、日本より低コスト生産が可能となったため、家電などの順委託加工貿易は減少している。順委託加工貿易の仕組みは＜図10＞のとおりである。

| 図 10 | 順委託加工貿易の仕組み

| 出典：各種資料を参考にして作成

逆委託加工貿易（Inward Processing Trade）は、材料を国外に輸出して海外で加工・組立を行い、完成した製品を国内に輸入する形である。これは、加工が安い国の労働力を活用したり、外国の高度技術を利用したい場合に主に活用される。前者の場合、企業は労働賃金が安い開発途上国で加工することで、国内生産よりも安く商品を作ることができる。近年、中国経済の成長によるリスク分散のため、タイ、ベトナムなどのASEAN諸国での委託生産が増加している。後者の場合、高級精密加工が必要な部品を外国工場に委託して再輸入する航空機産業が代表的である。逆委託加工貿易の仕組みは、＜図11＞のとおりである。

| 図 11 | 逆委託加工貿易の仕組み

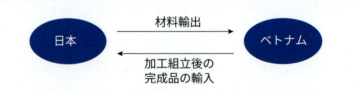

| 出典：各種資料を参考にして作成

⑥ 連携貿易

　連携貿易（Counter Trade）とは、輸出業者が商品、機械、技術、ノウハウなどを輸出し、これに関連して輸入業者から輸出価額の全部または一定比率を対応製品として購入する貿易である。すなわち、商品と技術の輸出入価額の全部または一部を現金決済以外の形態で連携する貿易だと言える。連携貿易の代表的な形態としては、物物交換方式のバター貿易（Barter Trade）、輸出者が輸出金額の一定割合に該当する商品を輸入者から購入する対応購入（Counter Purchase）、輸出と輸入による代金決済を対応する輸入または輸出で相殺する構想貿易（Compensation Trade）、輸入国が生産した部品と資材を輸出国が輸入して輸出品に結合させることにより輸出代金の一部を相殺させる相計貿易（Offset Trade）などがある。

練習＆討論問題

1. 商品貿易とサービス貿易の違いを比較し、将来起こり得るサービス貿易の種類にはどのようなものがあるか討論してください。
2. 貿易取引は、国内取引と比較したときにどのような特徴を持っているかを比較し、貿易取引形態の種類を説明してください。

1.2章　貿易実務一般

概要と要約

　輸出入者は、成功した貿易取引のために必ず輸出取引の流れと輸入取引の流れを正確に把握する必要がある。さらに、輸出入取引で使用される代表的な貿易書類の役割の理解も必要である。この章では、輸出取引と輸入取引の流れ、出荷書類、その他の貿易書類に関する重要な内容について説明する。市場調査、契約、運送、保険、通関、決済などの詳細な説明はPart 2で行う。

01　輸出取引の流れ

　輸出取引の流れとは、取引相手方を発掘して相談を進めるなど、海外マーケティングと国内マーケティングの過程を経て輸出契約を締結した後、契約内容とおりに輸出取引を履行する一連の過程をいう。本章では、輸出取引の流れを8つの段階に分けて簡単に説明し、続いて、Part 2で貿易取引の流れ別の詳細を説明する。輸出取引の流れは＜図12＞のとおりである。

| 図12 | 輸出取引の流れ

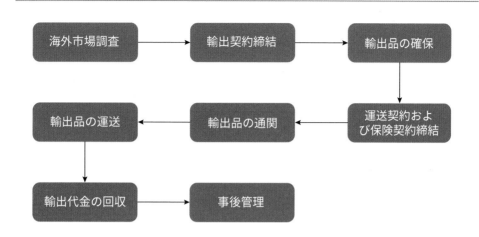

| 出典：各種資料を参考にして作成

① 海外市場調査

　貿易取引を始める際に、まず先に行うべきことは海外市場調査である。これは、自分の商品をどの国、どの輸入者に輸出するかを決定するための事前作業であるからだ。輸出者は、対象国を選定するために各国の政治、経済、社会、文化的条件を全般的に調査する。次に、取引相手（バイヤー）を選定するために、貿易関係機関とのコンタクト、展示会参加、インターネット調査などを通じて関連内容を調査する。バイヤー発掘後、バイヤーの信用状態を調べるために銀行、信用調査専門機関などを通じて相手の信用状態をチェックする。信用調査結果が良好であれば、輸出者はバイヤーに取引勧誘（Business Proposal）をする。

② 輸出契約締結

　取引勧誘を受けたバイヤーが貿易取引をする意思があれば輸出者に引き合い（Inquiry）をする。バイヤーから引き合いを受けた輸出者はできるだけ早く要求された商品の取引条件が明記されたオファーシート（Offer Sheet）を送る。輸出者が提示したオファー（Offer）をバイヤーが承諾（Acceptance）すると契約が締結され、必要に応じて別途の契約書を作成する。オファーをバイヤーが直ちに承諾せず、価格と条件に対して条件を提示し交渉する場合はカウンターオファー（Counter Offer）と称する。

③ 輸出品の確保

　契約締結後、輸出者は商品の準備に着手する。このとき、契約に定められた船積期限や納期を守らなければならない。輸出者が直接商品を製造する場合は、自社工場に商品の製造を指示する。輸出者が商品を製造していない場合は、商品供給者に注文を入れる。輸出する商品の内容や輸出先によっては、政府の輸出許可を受けなければならない場合も存在する。輸出物品が完成したら検査、包装を行い出荷準備をする。

④ 運送契約および保険契約締結

　運送契約と保険契約の締結当事者は通常、売買契約の貿易条件（Trade Terms）によって決定される。輸出物品の出荷準備が終わったら、輸出通関の準備とともに運送会社と運送契約を締結しなければならない。運送契約は、輸出者が船積依頼書（S/I; Shipping Instruction）を提出し、船会社が本船予約票（B/N; Booking Note）を交付すれば成立し、船荷証券（B/L; Bill of Lading）は運送契約成立の推定的証拠となる。インコターム

ズ（Incoterms）のCIF、CIP条件の場合には、輸出品に対して輸出者が海上保険会社と保険契約を締結しなければならない。保険契約締結の証明書類としては、海上保険証券（Marine Insurance Policy）や保険証明書（Certificate of Insurance）が発行される。

⑤ 輸出品の通関

　輸出の場合は、輸出申告手続きを税関で行う。税関への届出は輸出者が自ら行うことも可能だが、通関業者に届出業務を委託する代理申告が一般的である。現在、ほとんどの通関業者はNACCS（Nippon Automated Cargo and Port Consolidated System）という「輸出入・港湾関連情報処理システム」を活用している。輸出者は、通関手続きに必要な書類の作成及び準備をする。必要な書類は、一般的に商業送り状・インボイス（Commercial Invoice）、梱包明細書（P/L; Packing List）、原産地証明書などである。輸出の場合、通関手続の指示や船積手続きの指示を詳細に記載した船積依頼書（S/I; Shipping Instruction）を添付して依頼する。

⑥ 輸出品の輸送

　輸出者は商品を準備できるタイミングに合わせて運送を準備する。輸出者は、商品が輸出地を離れ、輸入地に向かうとすぐに輸入者に出荷通知をする。船積後の輸出者は、輸入者が輸入地で商品を受け取るために必要な書類を備えて送らなければならず、この書類を総称して船積書類という。代表的な船積書類は、インボイス、船荷証券、保険証券、原産地証明書（C/O; Certificate of Origine）、梱包明細書（P/L; Packing List）である。船舶運送で最も重要な書類は船荷証券（B/L; Bill of Lading）であり、

これは書類の保有者が商品の所有権を持つことになる有価証券である。船荷証券がなければ、輸入者は商品を受け取ることができない。したがって、輸出者は、商品が輸入先に到着する前に、この書類を輸入者に送信する必要がある。

⑦ 輸出代金の回収

　商品の出荷が終了すると、輸出者は代金回収の手続きを行う。輸出代金の回収については、契約書に支払条件（前払、後払、割賦等）が定められている。貿易代金決済の代表的な方法である信用状（L/C; Letter of Credit）の場合、輸出者は信用状条件に記載されている船積書類を備え、為替手形（Bill of Exchange）を発行し、自身の取引銀行に為替手形の買取（Negotiation）を依頼することにより輸出代金を回収する。取立方式の場合、為替手形と書類を用意し、取引銀行を通じて取立（Collection）を依頼し、輸出代金を回収する。事後送金方式の場合には、輸出者が物品を送った後、バイヤーが送る輸出代金を受け取ればよい。

⑧ 事後管理

　輸出者が物品を船積み、輸出代金を受け取ると、輸入者との契約関係は終了する。輸出品に関して輸入者がクレーム（Claim）を提起した場合、契約書上の条項に基づいてクレームを解決しなければならない。その方法としては、当事者間の妥協と和解（Compromise, Amicable Settlement）、斡旋（Intercession）、調停（Mediation）、仲裁（Arbitration）、訴訟（Litigation）がある。貿易クレームが妥協と和解、斡旋、調停で解決されない場合、訴訟に比べて多くの長所を有する仲裁で解決することが望ましい。

02 輸入取引の流れ

　輸入取引の流れとは、輸入者が輸入契約を締結した後、契約内容とおりに輸入取引を履行する一連の過程をいう。本章では、輸入取引の流れを8つの段階に分けて簡単に説明し、貿易取引の流れ別詳細についてはPart 2で説明する。輸入取引の流れは、＜図13＞のとおりである。

| 図13 | 輸入取引の流れ

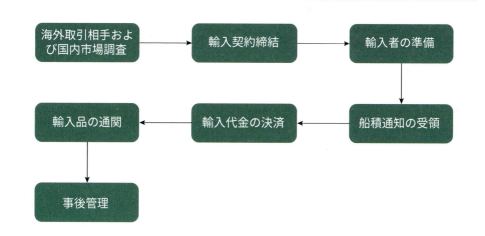

出典：各種資料を参考にして作成

① 海外取引相手および国内市場調査

　輸出者には目的市場と輸入者を選定することが最も重要だが、輸入者には輸入する商品に対する国内の需要動向と販売経路を把握することが最も重要である。その後、輸入者は国内市場の需要に合った商品を供給できる輸出者を物色する。輸出者を物色する作業は、輸出取引の流れで買い手を探す方法と同じである。

② 輸入契約締結

　国内市場調査の結果市場性があり、輸入に問題がなければ、輸入者は輸出者に引き合い（Inquiry）をする。輸出者からオファーを受けると、価格及び取引条件を検討し、これを承諾（Acceptance）又はカウンターオファー（Counter Offer）の提示を通じて交渉をする。カウンターオファーを提示した場合、交渉を通じて最終的に価格と取引条件が合意されると承諾をして最終確定オファーを要請する。その後、輸出者に注文書（Purchase Order）を発行し、契約書を作成する。

③ 輸入者の準備

　契約条件によって輸入者の準備は異なる。決済条件が信用状（L/C; Letter of Credit）決済の場合は、取引銀行に信用状の開設を依頼しなければならない。決済条件が前払いの場合は、代金を直ちに支払わなければならない。契約条件どおりに適時に行わないと、輸出者は商品の準備を開始できず、これは配送遅延につながる可能性がある。貿易条件によって運送（FOB）や保険（FOB、CFR）を輸入者が行う場合もある。この場合には、輸入者が輸出者の商品準備の進行状況を確認しながら、運送及び保険を準備する。

④ 船積通知の受領

　2014年から日本は輸入海上コンテナ貨物を対象に出港前報告制度（AFR; Advance Filling Rules）を導入している。したがって、運送人は、本船が外国の船積港を出港する24時間前までに貨物情報を輸出入・港湾関連情報処理システム（NACCS; 日本自動化カーゴ及びポート合同シス

テム）を通じて日本税関に通知する義務がある。輸出者が輸出手続きを終えて商品運送準備が完了すると、輸入者は輸出者から船積通知を受け取る。船積通知には商品の輸入地への到着予定日時が書かれているので、そこに合わせた輸入の準備が必要である。

⑤ 輸入代金の決済

　信用状決済の場合、輸入者は、信用状銀行に輸出者からの代金決済書類が到着したかどうかを確認する。その後、輸入代金を決済した後、船積書類（インボイス、船荷証券、保険証券、原産地証明書、梱包明細書など）を受領する。この時、船積書類が信用状の内容と一致することを確認しなければならない。

⑥ 輸入品の通関

　航空会社、船舶会社は、物品が到着したら輸入者に到着通知（Arrival Notice）をする。その後、輸入申告（Import Declaration）は輸入者が直接することもできるが、税関の許可を受けた通関業者が輸入者を代理して申告することもできる。一般的に通関業者に申告業務を委託する代理申告が行われている。輸入通関手続き後、税関の輸入許可（I/P; Import Permit）が完了すると、必要な関税を納付し、保税倉庫から商品を引き受けることができる。

⑦ 事後管理

　輸入者が輸入通関後に輸入品を受領することにより、輸入手続きは終了する。輸入者は、物品を受け取った後、その物品が契約条件と矛盾す

ると、輸出者の契約違反を理由にクレームを提起することができる。貿易クレームは、和解、調停、仲裁または訴訟などの方法で解決することができる。和解や調停で解決されない場合、訴訟ではなく仲裁によってクレームを解決することが望ましい方法である。

03 貿易書類の役割と流れ

　貿易書類とは、輸出入が行われる過程で会計、運送、代金決済、許可、検査等に必要な書類をいう。貿易取引における書類の役割は非常に大きい。したがって、貿易実務を円滑に進めるためには、貿易書類の役割と流れを正確に知ることが重要である。

① 主な船積書類

　主な船積書類としては、＜表３＞のように商業送り状、梱包明細書、船荷証券、航空運送状があり、貿易取引条件によって保険証券、原産地証明書などが追加されることもある。貿易取引は商品と代金を同時に直接交換することはできない。したがって、商品に代わって船積書類を流通売買することで代金を決済する。船積書類は輸出者から輸入者に送付され、送付経路は決済方法によって異なる。つまり、船積書類は「商品の代役」に流通し、商品の流れと代金の流れを仲介する役割をする。

表 3　主な船積書類

日本語	英語	略称
商業送り状・インボイス	Commercial Invoice	C/I
梱包明細書	Packing List	P/L
船荷証券	Bill of Lading	B/L
保険証券	Insurance Policy	I/P
原産地証明書	Certificate of Origin	C/O

出典：各種資料を参考にして作成

① 商業送り状

商業送り状（C/I; Commercial Invoice）は代表的な船積書類で、輸出入時に最も多く使われる。したがって一般的にインボイスといえば商業送り状を指す。この書類は輸出通関時にはもちろん、船積後銀行に為替手形買取を依頼する場合にも必要である。輸出者は、契約に関する情報、商品に関する情報、船積みに関する情報、代金請求に関する情報を記入する。特に貿易条件及び決済条件を必ず正確に記入しなければならない。なお、信用状取引の場合は、信用状の指示に従って作成しなければならない。

② 梱包明細書

梱包明細書（P/L; Packing List）は、インボイスのように輸出者が作成する必須船積書類の一つである。輸出者は商品を出荷する前に貨物包装ごとの梱包明細書を作成する。梱包明細書は、輸出する貨物がどのような状態にあるかを詳細に説明する書類である。一般に、梱包明細書は、輸出入通関手続き中に商業送り状と一緒に税関に提出し、税関職員が貨

物を検査するためにも使用される。包装明細書は商業送り状と同じ形式で作成されるが、価格や支払いに関する情報は含まない。輸出者はこの書類に輸出入者に関する情報（会社名、住所、連絡先等）、商品運送に関する情報（船積港、到着港、運送便、船積日など）、商品に関する情報（商品名、品番、重量、箱数、包装形態など）を記載する。

③ 船荷証券

船荷証券（B/L; Bill of Lading）は船積書類の一つで、船舶会社は船積が完了すると船荷証券を発行して輸出者に交付する。輸出者は船荷証券を受け取ると記載内容を確認し、輸出代金回収に着手する。船荷証券は貨物受領証、運送契約書、権利証券、流通証券の役割をする。船荷証券は船積書類の中で最も重要な書類の一つであるため、記載事項にミスがある場合は直ちに船舶会社に修正を依頼しなければならない。特に、信用状条件の取引である場合には、信用状が要求する条件と一致しなければならないため、この点に注意する必要がある。船荷証券の特性は＜表4＞のとおりである。

表4　船荷証券の特性

区　分	内　容
貨物受領証	荷主から貨物を受け取ったことを証明する
運送契約書	船荷証券を発行した船舶会社が運送することを証明する
権利証券	船荷証券の所持者が貨物の引き渡しを要求することがある
流通証券	船荷証券の裏書（Endorsement）を通じて他人（会社）に転売することができる

出典：各種資料を参考にして作成

④ 保険証券

保険証券（I/P; Insurance Policy）は、保険会社が発行する保険条件や保険金額を記載した書類である。これは、貨物の海上運送で発生するリスクに備えて加入した保険契約の成立および内容を保証する証拠証券である。つまり、保険証券は、船荷証券のように有価証券ではなく、単に保険契約の成立を証明する書類である。CIF条件の場合、保険加入者である輸出者に発行され、証券表面に保険条件や保険金額などの必要事項が記載されている。

⑤ 原産地証明書

原産地証明書（C/O; Certificate of Origin）は、輸出商品が輸出国で生産または製造された事実を証明する公的書類で、日本商工会議所などが発給機関となっている。原産地証明書は、輸入関税率の決定の他に、セーフガード措置など通常手段を適用する際の判定資料としても使用される。原産地証明書には、インボイス情報、運送手段の詳細情報、原産国名が記載されている。

② 各業務別貿易書類の種類

船積書類とともに貿易をする過程では、各業務別に様々な書類が作成される。契約の準備及び締結、運送業務、通関業務、決済業務、保険業務に伴う代表的な貿易書類の種類は、＜表5＞のとおりである。

表5　貿易書類の種類

区分	日本語	英語	略称
契約準備と締結	オファーシート	Offer Sheet	—
	輸出承認申請書	Export License	E/L
	輸入承認申請書	Import License	I/L
	見積送り状（プロフォーマインボイス）	Proforma Invoice	P/I
	売買契約書	Sales Contract	—
	信用調査報告書	Credit Report	
運送業務	船荷証券	Bill of Lading	B/L
	海上運送状	Sea Waybill	SWB
	サレンダード B/L	Surrender B/L	—
	航空貨物運送状	AirWayBill	AWB
	船積通知	Shipping Notice	S/N
通関業務	商業送り状（インボイス）	Commercial Invoice	C/I
	梱包明細書	Packing List	P/L
	原産地証明書	Certificate of Origin	C/O
	船積依頼書	Shipping Instruction	S/I
	輸出許可通知書	Export Permit	E/P
	輸入許可通知書	Import Permit	I/P
決済業務	信用状	Letter of Credit	L/C
	為替手形	Bill of Exchange	B/E
保険業務	保険証券	Insurance Policy	I/P
	クレーム通知書	Notice of Claim	—

出典：各種資料を参考にして作成

① プロフォーマインボイス

プロフォーマインボイスは見積書の役割を担うもので、売買契約成立前にバイヤーに提供する書類である。契約内容がまだ固まっておらず、金額や数量などの変動がある段階で作成される。

② 売買契約書

取引交渉が成立すると、取引当事者は売買契約を結ぶ。売買契約書は輸出者側が作成する契約書である。輸出者は、輸入者との契約内容に従って契約書を作成する。この書類には、交渉段階で合意した条件を記載するとともに、交渉段階で議論しなかった不可抗力条項、準拠法などの一般的な条件も作成する。

③ 海上運送状

海上運送状は、海上運送を利用する場合に発行される運送状である。船荷証券の機能の中で有価証券の特徴を除いた書類であり、貨物受取証と運送契約書の機能を持っている。海上運送状には「Non negotiable（流通性がない）」という文章が表示されており、これは比証券であることを示している。つまり、海上運送状には貨物引渡請求権が存在しない。なお、海上運送状の荷受人（Consignee）欄は必ず記名式で発行しなければならない。輸入者は貨物引渡し時に海上運送状を船会社に提示する必要がなく、海上運送状に記載された荷受人であることを確認できれば貨物の買収が可能である。

④ サレンダード B/L

　サレンダード B/L は、輸入地で貨物の配達を円滑にするために使用される書類である。貨物買収には B/L の原本の提示が必要である。しかし、アジア域内の近距離航路では、B/L 書類よりも船が先に仕向港に到着する場合があり、このような状況でサレンダード B/L を利用することができる。本船が出航して B/L が発行された後、荷送人の依頼により船積地の荷送人が白地裏書である B/L 原本を回収する。その後、運送人は回収した B/L 原稿に「Surrendered」のスタンプと日付を記載し、同時にこの原稿は無効となる。サレンダード B/L は、あくまで便宜的な方法で、法律、条約等で規定されたものではない。このためサレンダード B/L の処理方法は、運送人により多少異なることにも注意が必要である。

⑤ 航空貨物運送状

　航空貨物運送状は、貨物を航空で運送する場合、航空会社が発行する書類である。海上運送の船荷証券に該当するが、船荷証券と異なり、有価証券ではなく、譲渡性、流通性がない。航空貨物運送状は航空会社代理店（フォワーダー）でも発行する。したがって、航空会社が発行する運送状を「Master Air Waybill」といい、フォワーダーが発行する運送状を「House Air Waybill」という。航空貨物運送状は流通性がなく、荷物引用原本が貨物とともに荷物に渡されるため、いつも記名式で発行する。＜表6＞は船荷証券と航空貨物運送場の違いである。

表6　船荷証券と航空貨物運送場の違い

船荷証券	航空貨物運送状
有価証券	比喩証券
流通証券 (Negotiable)	非流通証券 (Non-negotiable)
指示式（無記名式）発行	記名式発行
貨物船積み後に発行	貨物受領後に発行

出典：各種資料を参考にして作成

⑥ 船積依頼書

　輸出者が通関や船積みなどの業務を通関業者、港湾業者等に代行させる場合に使用される書類である。輸出者は船積依頼書を直接作成して通関手続き、船積手続きを依頼及び指示し、通関業者、港湾業者等はこの書類の指示内容に従う。

⑦ 信用状

　信用状は、貿易取引で代金決済を円滑にするために、輸入者の取引銀行（信用状 発行銀行）が輸入者の依頼に従って作成し、輸出者に送付する書類である。つまり、信用状に作成された条件と一致する書類を提示すれば、輸出者に代金を支払うことを確約する条件付支払契約書（Conditional Bank Undertaking of Payment）である。輸出者は、通知銀行（Advising Bank）から信用状を受け取ると、信用状の内容を確認する。このとき、信用状の内容が契約内容と一致することを確認しなければならない。契約内容と信用状の記載内容が異なる場合には、直ちに輸入者に信用状の訂正依頼及びアメンドメント（Amendment）を依頼する。その後、輸出

者は信用状の内容に応じて船積手続きの準備をする。船積みが完了した後、輸出者は信用状が要求する書類を準備して買い取り銀行（Negotiating Bank）に提出し、代金を受け取る。

⑧ 為替手形

為替手形は、輸出者が輸出代金を回収するために作成する銀行買取書類の一つである。輸出者は船積を完了したら為替手形を作成し、これを船積書類とともに銀行に提出し、購入（Nego）を依頼する。信用状条件の取引では、為替手形を信用状上の内容に従って作成し、同一内容の為替手形を必ず2通（第1巻、第2巻）作成しなければならない。第1巻には船積書類の原本（Original）を添付し、第2巻には副本（Duplicate）を添付し、それぞれ異なるフライトで銀行前に送付する。為替手形の二重支払を防止するため、第1巻には「Second of the same tenor date being unpaid」と印刷されており、第2巻にも「First of the same tenor and date being unpaid」と印刷されている。つまり、第1巻と第2巻のいずれかが最初に支払われれば決済が完了する。

図14　為替手形のサンプルフォーム

BILL OF EXCHANGE

No.

Document against　　　　　　　　Hong Kong

For　　　　　　　　　　　　　　　Due Date

At　　　　　　　　　　　　　　　of this FIRST Bill Exchange (SECOND being unpaid)

Pay to　　　　　　MUFG Bank, Ltd.　　　　　　　　or order the sun of

　　　　　　　　　　　　　　　　　　　　　　　value received and charge the same

to account of

To

EXPT-E025 (1/2) (07/2019)

出典：三菱 UFJ 銀行

練習 & 討論問題

① 輸出入取引の流れを説明し、デジタル化による変化には何があるかについて述べてください。

② デジタル化による貿易書類の変化は何かを説明し、既存の貿易書類との長所と短所を述べてください。

1.3章 貿易リスクとリスクマネジメント

概要と要約

　リスクとは、損失の可能性または損失の発生に関する不確実性を意味する。リスクは、不安、不快感、財産や人命損失などの被害を引き起こす。したがって、リスクはこれが与える悪影響を抑制し、肯定的な影響を最大化する体系的な管理が必要である。この章では、リスクの概念、リスクの構造、貿易リスクの概念、貿易リスクの種類、およびリスクマネジメントの方法について説明する。

01 貿易リスクの枠組み

① リスクの概念

　リスク（Risk）はフランス語の「Risque」に由来する言葉である。これは17世紀中葉初めて登場した概念であり、1830年頃英国の保険契約で初めて使用された。一般に、リスクは未来に悪いことが起こる可能性を指す。ここで、リスクを構成する3つの重要な要素（将来のこと、悪いこと、可能性）を確認することができる。

　現在、学術的にリスクの単一の定義は存在しない。リスクは、損失

の可能性（Chance of Loss）、損失発生に関する不確実性（Uncertainty regarding Loss）、ハザードの結合（Combination of Hazard）、事故発生の可能性（Possibility）などと定義される。不確実性（Uncertainty）とリスクはしばしば同じ概念として扱われるが、これは別々に考えるべきである。リスクは可能性を推定できる状況で使用されるが、不確実性は確率を推定できない状況で使用される。すなわち、リスクは測定可能な不確実性（Measurable Uncertainty）である。

保険、貿易、企業経営、金融などで使用するリスクとは、損失の可能性（Chance of Loss）あるいは損失発生に関する不確実性（Uncertainty regarding Loss）を意味する。これは個人または組織が保有または追求する価値に損失が生じる可能性を意味する。本書においても、貿易リスクを貿易に関する損失の可能性（Chance of Loss）と定義する。

② ハザード、ペリル、損失

リスクに関する重要な概念にはハザード（Hazard）、ペリル（Peril）、損失（Loss）がある。

ハザード（Hazard）は、発生頻度（Frequency）や損失強度（Severity）を増加させる条件を意味する。すなわち、損失発生の確率や損失の規模を増加させる条件（Conditions that Increase the Probability and/or Severity of Loss）と定義することができる。ハザード（Hazard）は、物理的ハザード（Physical Hazard）、モラルハザード（Moral Hazard）、モラールハザード（Morale Hazard）の3つの形態があり、＜図15＞のようになる。

| 図15 |　ハザードの形態

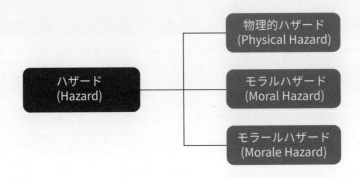

| 出典：各種資料を参考にして作成

　物理的ハザード（Physical Hazard）は、損失が発生または増加する可能性がある物理的条件を意味する。例えば、道路の氷結、電線の老化、作業場の暗い照明などがある。モラルハザード（Moral Hazard）は、損失発生可能性を意図的に増大させる個人の特性や態度を意味する。これは、違法な、反道徳的な動機や行為としてリスクを高める条件である。例えば、不正直な被保険者が保険金に乗る目的で放火をしたり、交通事故を誘導することである。モラールハザード（Morale Hazard）は故意性はないが、不注意や無関心で損失発生可能性を増大させることができる個人の精神的な態度を意味する。これは法や道徳的次元では問題になるわけではないが、不注意や過失によってリスクを増加させる条件である。例えば、保険に加入した運転者が発生する可能性のある損失に対して無関心になる傾向、不健康な喫煙習慣などがある。

　ペリルは、損失の直接的な原因となる事件または事故である。ペリルは自然なペリル（Natural Peril）、人的ペリル（Human Peril）、経済的ペ

リル（Economic Peril）に分けることができる。自然なペリルは台風、洪水など人間の制御外のことを意味する。人的ペリルは窃盗、事故など人間の制御下にあることを意味する。経済的ペリルはインフレ、ストライキなど人間の制御下にあるが、経済全体に及ぼす影響が大きいことを意味する。

損失（Loss）は、非意図的（Unintentional）である資産価値の下落または消滅である。損失は、損失を被った者を基準に本人損失と第三者損失に区分し、損失の性格を基準に人的損失と物的損失（財産、費用、責任損失）に分けることができる。

ハザード（Hazard）、ペリル（Peril）、損失（Loss）の関係は＜図16＞のとおりである。

図16　ハザード、ペリル、損失の関係

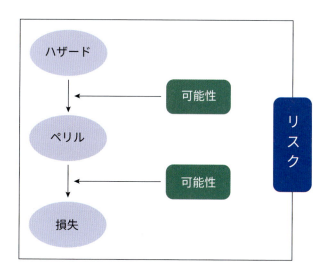

出典：各種資料を参考にして作成

すべての損失の根本原因は、不可抗力の物理的条件または人間による条件によるものである。このようなハザード（事故の可能性に影響する条件）によってリスク（事故の可能性）が引き起こされ、具体的な事故（損失の原因）が発生する。この事故は、特定の人または特定の財産に発生し、その価値が減少する損失を引き起こす。つまり、ハザード→ペリル→損失の関係が成立する。例えば、金融制裁によりリスクが発生し、送金と決済が不可能になった場合、企業は決済代金未回収により被害を受ける。この時金融制裁はハザード、送金と決済の不可能はペリルそれによる決済代金未回収は損失となる。

③ 貿易リスクの概念

　貿易リスクとは、取引に関連する一般的な不確実性または測定可能な不確実性を意味する。貿易取引には、国際性、文化の違い、距離の問題など、特殊な特徴による様々なリスクが存在する。したがって、持続可能な発展のためには、適切な方法で貿易リスクを管理する必要性がある。

02 貿易リスクの種類と内容

① 国内取引との比較による分類

　貿易は、異なる国で事業を営む相手の間の取引であり、契約締結と履行の間に相当な時差がある。したがって、貿易取引の際には、国内取引では考慮する必要がない次のようなリスクが存在する。
　まず、国家管理のリスクである。貿易は国境を変える国家間の取引である。したがって、各国の政府は自国の産業を保護するために、また輸

出増大で国部を増大させるために直・間接的な政策を貿易と外国為替部門で実施している。それだけでなく、国家間の社会、文化、政治、慣習などの違いによりリスクが存在することになる。したがって、貿易業者は国内のニュースだけでなく海外のニュースにも注意を払う必要がある。例えば、ロシア・ウクライナ戦争勃発の場合、該当地域輸出に対する制限、ロシアへの海外送金に対する制限が加えられるなどカントリーリスクが存在した。貿易取引者にとって国家管理が重要なのは、貿易取引当事者である輸出者と輸入者の間に問題が発生すれば妥協を通じて問題解決が可能であるが、国家による禁止または制限状況が発生した場合、貿易取引手続きが中断されるため、より大きな損失を被る可能性があるためだ。

　第二に、取引相手に対するリスクである。国際貿易とは、輸出者と輸入者が売買条件を合意した後、輸入者は輸出者に代金を支給し、輸出者は輸入者に物品を引き渡すことである。したがって、輸出者は物品引渡し義務を、輸入者は代金支払義務を負うことになる。このとき、輸出者にとっては、輸入者から輸出代金を確実に回収できない「信用リスク」が存在する可能性がある。信用リスクは、特に輸出者がまず輸入者に商品を船積し、輸入者が商品を受領した後に代金を送金する事後送金方式の取引で主に発生する。一方、輸入者には、輸出者から約定された船積期日内に契約物品を買収できるかどうかに関する「商業リスク」が存在する。これは、輸入者が貿易代金の全額を商品船積前に輸出者に事前に支給し、輸出者は一定期日以内に契約商品を船積する事前送金方式取引で主に発生する。

　第三に、時間・場所的リスクである。貿易は時間・場所的差異から来るリスクがある。国際貿易取引では、売買契約時期、船積と買収時期、

代金決済時期などにおいて時間の差が存在する。したがって、時差の間に発生する為替レートの変動による為替リスクがある。また、貿易の契約時点と商品の引渡時点との間に時間的な差異が発生し、このような時間的な差異により、さらに商品の国際相場が急変することになる場合、価格変動リスクも存在することになる。

　第四に、他のリスクである。貿易は異なる国家間の取引であるため、これを達成するためには追加の契約が必要である。物品の引き渡しのための運送契約、代金の支払のための支払契約、リスクをカバーするための保険契約などがそれぞれ運送人、銀行、保険会社などと締結される。また、両国間で使用される言語が異なる場合が多いため、当事者間のコミュニケーションと契約書には主に英語が使用されます。したがって、ビジネス英語を身につけることで業務を円満に行うことができる。最後に貿易取引は書類取引である。契約に合致する物品と一緒に書類を提供することにより、売主の引渡義務が完了する。したがって、貿易関連書類の正確な作成と解読は重要な部分である。

　代表的な４つの貿易リスクは＜表７＞のとおりである。

表7　代表的な貿易リスク

区　分	定　義
信用リスク	商品を送ったが代金を回収できない場合（回収リスク） 代金を払っても商品が届かない場合
カントリーリスク	相手国の急激な変化による損失
為替リスク	為替レートの変動による損失
運送リスク	運送や保管による商品の損失

出典：各種資料を参考にして作成

② 貿易取引プロセスによる分類

貿易取引過程による貿易リスクの分類は、＜図17＞のとおりである。

| 図17 | 貿易取引過程による貿易リスクの分類

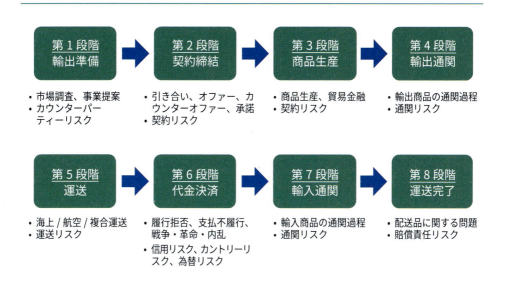

| 出典：各種資料を参考にして作成

　まず、カウンターパーティーのリスクである。輸出準備段階は、輸出のための市場を調査したり、貿易取引を勧誘する過程である。貿易取引は国内取引とは異なって異なる言語を使用し、文化・社会的差異が存在する。特に商慣習の違いにより、バイヤーとの間でリスクが発生する可能性がある。また、国内取引相手に比べて海外バイヤーの信用情報を入手することは難しく制限されている。そのため、不適切なバイヤーの選択によるリスクが発生する可能性がある。

　第二に、契約のリスクである。契約締結段階は、バイヤーからの引き合い、輸出者とバイヤー間とのオファーとカウンターオファーが行き来

して、最終的に承諾した後、契約を締結する過程である。この段階で貿易取引対象の価格、質、量、保険及び運送条件等を定めることになる。例えば、貿易関連書類の偽造や操作などのリスクが発生する可能性がある。また、輸出物品確保過程で輸出者は契約書に合わせて輸出物品を準備し、貿易金融などを活用することもある。この場合、輸出者が故意または過失に約定された商品、品質、数量などを契約条件や内容どおりに従わないリスクが発生することがある。これは、貨物を買収した後に請求が発生する可能性がある。

　第三に、通関リスクである。通関過程は輸出と輸入に不可欠である。輸出入の過程で輸出者や輸入者は、提出書類の不備、禁止品目の輸出入、通関拒否、関税問題などのリスクを経験することができる。

　第四に、運送リスクである。貿易取引は、海上運送、航空運送、国際複合一貫輸送などの多様な運送方法を通じて行われる。国際輸送は運送距離が長く、長期間の時間がかかる。また、運送経路及び運送方法が多様で複雑な段階を経て履行されるため、国内運送に比べてはるかに多くのリスクを有している。例えば、運送過程で発生する物品の滅失又は毀損、テロ及び海賊行為による損失等がある。

　第五に、信用リスク、カントリーリスク、為替リスクである。貿易取引は代金決済過程でリスクが頻繁に発生する。例えば、履行拒否（Repudiation）、支払不履行（Failure to Pay）、戦争・革命・内乱などによる代金決済問題、為替変動による損失、金融危機及び決済遅延などによる損失などがある。

　第六に、賠償責任リスクである。商品が出荷された後に商品に関連して請求が発生する可能性がある。

03 貿易リスクマネジメントの基本的な流れ

① リスクマネジメントの概念

　リスクは、不安、不快感、財産や人命損失などの被害を引き起こす。この望ましくないリスクの否定的な効果をリスクコストと呼ぶ。リスクを減らしたり調整したりする方法を模索するのは自然な現象であり、科学的な方法を通じてリスクコストを最小化しようとする一連の意思決定をリスクマネジメント（Risk Management）という。言い換えれば、リスクマネジメントは、リスクの悪影響を抑制しながら肯定的な影響を最大化する体系的なアプローチである。

　リスクマネジメントの目的は大きく次の2つで話すことができる。まず、事前的目的（Pre-loss Objective）である。これは、最小限の費用で潜在的な損害を最小限に抑えることを意味する。つまり、予想される損失よりも少ないコストで損失の頻度と規模を減らすことになる。第二に、事後的目的（Post-loss Objective）である。事後的目的の例には、組織の生存、持続的な経営活動、収益の安定化、持続的な成長などがある。

② リスクマネジメントのプロセス

　リスクマネジメントの各プロセスは流動的に繋がっている。具体的なリスクマネジメントの過程は＜図18＞のとおりである。

| 図18 |　リスクマネジメントプロセス

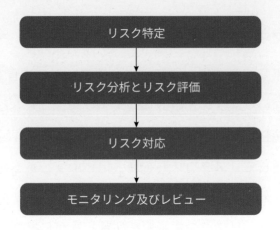

| 出典：各種資料を参考にして作成

① リスク特定（Risk Identification）

　最初のステップは、リスクを認識し、分析することだ。これは、リスクマネジメントの出発点としてリスクをもたらすであろう要因を見つけることである。リスク要素の認識は、リスクマネジメントの過程で最も重要なステップだと言える。リスクを適切に認識できない場合、適切な対策を考えることができないだけでなく、まったく予測できないリスクが多大な損失を引き起こす可能性があるためである。リスクの認識は、発生可能なリスクの種類を特定することから始まり、それはリスク調査を通じて行われる。リスク調査には、アンケート、チェックリスト、記録による調査、フローチャート、インタビューなどの方法を利用する。

② リスク分析とリスク評価（Risk Analysis and Risk Evaluation）

　二番目のステップは、リスクを分析して評価することである。潜在的

なリスクを発見した後は、リスクの影響を分析して評価する必要がある。リスク分析と評価は、識別されたリスクに対して確率または統計的手法を使用して、可能性のあるリスクの頻度と強度を客観的に分析と評価することである。リスクマネジメントは、潜在的な損失の各形態の発生頻度と損失強度の分析と評価を通じて、最適なリスクマネジメント方法を見つけることができる。

③ リスク対応 (Risk Treatment)

潜在的なリスクの頻度と強度を分析と評価した上で、各損失に対処するためのリスク対応の必要がある。リスク対応の手段は、大きくリスクコントロール (Risk Control) とリスクファイナンシング (Risk Financing) に分けることができる。リスクコントロール (Risk Control) は、損失の発生頻度や損失の強度を物理的に制御する事前の方法である。一方、リスクファイナンシング (Risk Financing) は、損失が発生した後に回復または補償のための資金を事前に準備する方法である。リスクコントロールとリスクファイナンスの詳細な手段は、以下のリスクマネジメントの方法で説明する。

④ モニタリング及びレビュー (Monitoring and Review)

モニタリング及びレビューとして、リスクマネジメントの実行過程とその成果を監視する必要がある。つまり、リスクの認識について正確な判断をしたか？リスクの大きさと影響を正しく分析したか？最適なリスクマネジメント手段を選択して実施したか？について、各段階ごとに総合的な評価を行う。これらの事後評価は、将来のリスクマネジメントのデータとして活用される。

③ リスクマネジメントの手段

　リスクマネジメントの手段は、大きくリスクコントロール（Risk Control）とリスクファイナンシング（Risk Financing）に分けることができる。リスクコントロール（Risk Control）には、リスク回避（Risk Avoidance）、リスク低減（Risk Reduction）があり、リスクファイナンシング（Risk Financing）には、リスク移転（Risk Transfer）、リスク保有（Risk Retention）がある。損失強度（Severity）と発生頻度（Frequency）によるリスクマネジメントの手段は＜図19＞のとおりである。

| 図19 | リスクマネジメント手段

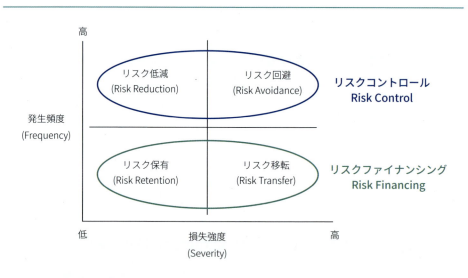

| 出典：各種資料を参考にして作成

① リスク回避（Risk Avoidance）

　リスク回避とは、リスクに対する最も基本的なコントラスト手段として損失の可能性を源泉的に回避してしまう方法である。つまり、リスク

回避は、当面のリスクから発生する可能性がある経済的損失の可能性に対する確率をゼロにすることを意味する。損失の可能性を回避すると、他のリスクマネジメント手段が不要になるという点で最も簡単なリスクマネジメント方法といえる。例えば、カウンターパーティリスクを回避するために、海外市場を探索し、バイヤーを探して新しい市場に進出することをあきらめることである。しかし、リスク回避は常に可能なわけではなく、ほとんどの企業活動では、リスクは現実的に避けにくい場合が多い。また、リスク回避が別のリスクをもたらす場合も少なくない。例えば、海賊による損失可能性を排除するために海上輸送の代わりに航空機輸送を使用すると、テロや航空機事故などのリスクを引き起こす可能性がある。リスク回避は消極的なリスクマネジメント方法であり、利用可能性の制限性があり、非現実的という欠点が存在する。

② リスク低減（Risk Reduction）

リスク低減は、リスクの可能性を減らしたり、リスクが発生したときの影響の大きさを減らしたりすることである。代表的な方法としては、損失防止（Loss Prevention）、損失低減（Loss Reduction）、分散・分離（Separation）、複製（Duplication）、多角化（Diversification）がある。

● 損失制御（Loss Control）

損失制御は、損失の発生回数や規模を減らすための技術、ツール、戦略を意味する。損失が発生した場合、それを回復するためにかかる費用が急激に増加する可能性があるため、損失の発生を事前に抑制、防止、縮小することが望ましいという認識を前提としている。損失管理の目的は、損失の発生頻度や規模を減らし、必要なリスクコストを削減するこ

とによってリスクマネジメントの効率を向上させることである。損失制御 (Loss Control) の方法としては、損失の発生頻度の縮小に焦点を合わせた損失防止 (Loss Prevention) と、発生した損失規模の縮小に焦点を合わせた損失低減 (Loss Reduction) がある。

損失防止 (Loss Prevention) は、損失の頻度を減らすための措置であり、損失の発生の可能性を減らすための対策を意味する。例えば、洪水防止のために堤防を高く積んだり、水路を整備すること、火災警報装置を設置することなどがある。貿易取引における損失防止の例としては、信用リスクを防止するための取引相手に対する信用調査、カントリーリスクを防止するための国家の政治、経済状況に関する調査、契約リスクを予防するための専門家による契約書の検討 などがある。

損失低減 (Loss Reduction) とは、損失強度 (Severity) を減らす措置を意味する。これは、損失が実際に発生したときの損失の被害額を最小限に抑えるための対策を意味する。すなわち、損失の拡大を防止し、事故の影響が拡散するのを抑制するためのものに焦点を当てる。例えば、船舶で火災が発生したときに火災を早期に進化させて損失を減らすための消火器、スプリンクラーの設置などがある。

● 分散・分離 (Separation)

分散と分離は、損失の規模を最小限に抑えるためにリスクの露出を時間的または空間的に分割することを意味する。すなわち、分散・分離 (Separation) とは、単一事象による被害を最小限に抑えるために損失にさらされる可能性のある資産を多様に分散させることである。たとえば、貿易業者は、輸出商品を異なる都市の2つの物流倉庫に分散して保管することで、リスクを減らすことができる。

- 複製（Duplication）

　複製とは、損失が発生した場合に備えて重要な文書や資産のバックアップまたはコピーを保持することを意味する。複製は、リスクが避けられないと仮定し、運用の再実行のために重要な資源を安全に保管して損失を軽減することである。今日のデジタル化が進むにつれて、複製の方法はさらに進化し普及した。例えば、企業は電子契約書はもちろん、契約に関する電子メール、および重要な文書を内部バックアップソフトウェアシステムを使用して複製するか、バックアップドライブを使用して保存する。

- 多角化（Diversification）

　多角化は、リスクコントロールへの巨視的なアプローチを採用することである。これは、会社の運営を１つ以上の産業、さまざまな当事者、または取引にわたって多様化して損失を最小限に抑えることである。つまり、取引を多様化することでリスクを減らすことになる。例えば、貿易企業は輸出国または輸入国を多様化して、特定の国でカントリーリスクが発生した場合の損失の強度を最小限に抑えることができる。

③ リスク移転（Risk Transfer）

　リスク移転は、契約を通じて財産、行為、賠償責任のリスクを第三者の契約者や保険会社に渡す方法である。移転されたリスクは他人に損失をもたらすという点でリスク回避とは違いがある。例えば、海上保険に加入すると、海上事故による財産損失に対する補償責任が海上保険会社に転換される。しかし、海上リスク自体はそのまま存続する。リスク移転の形態としては、契約によるリスク移転と保険がある。

保険はリスク移転の最も代表的な手段である。保険は、リスクを有する被保険者が保険料を納付することで潜在的な損失に対する責任を保険者に移転し、保険者は、約定された手続きと方式に応じて損失を補償することにする契約である。すなわち、被保険者と保険者間の保険料支給によるリスク移転契約である。したがって、リスクにさらされた被保険者は保険に加入することで、損失発生の有無にかかわらず安定した経済的状態を維持することができるようになる。また、被保険者は、保険者の専門サービス（リスク確認及び評価、リスクマネジメントなど）を受けることができる。貿易取引で使用される代表的な保険は海上保険、貿易保険がある。海上保険は民営保険会社で運営中であり、貿易保険は輸出信用機関と民営保険会社で運営中である。

　非保険移転（Non-insurance Transfer）は、契約を通じて第三者にリスクを移転するリスクファイナンシング（Risk Financing）方法である。非保険以前の利点は次のとおりである。第一に、リスクマネジメント者が商業的に保険に付随することができない潜在的なリスクを移転することができる。第二に、保険を通じていた以前に比べてコストが安い。しかし、保険に比べて契約の不完全性が存在するという欠点がある。非保険移転の例としては、信用状（L/C）を活用して輸出者の代金決済リスクを銀行に移転する方法、ヘッジを利用して為替リスクを移転する方法がある。

④ リスク保有（Risk Retention）

　リスク保有は将来の損失の結果を自ら負担する方法である。リスク保有は、損失の頻度や強度に影響を与えないという点で、リスクコントロールではなくリスクファイナンスに属する。また、リスクの経済的結果に対する負担の方法だけ異なる。リスク保有は、消極的リスク保有と積極

的リスク保有に分けられる。消極的リスク保有とは、予期せず無意識のうちにリスクにさらされ、それをやむを得ず保有することを意味する。積極的なリスク保有とは、損失の発生頻度や強度が軽微であり、自らリスクを意図的に負担することを決定することを意味する。リスク保有方法の例には、外部機関から資金を借り入れる方法（信用ローン、貿易金融活用）、積立金を活用する方法、自己保険（Self-insurance）、キャプティブ保険（Captive Insurance）などがある。

代表的な貿易リスクとリスクマネジメント方法は、＜表8＞のとおりである。

表8　代表的な貿易リスクとリスクマネジメント

区　分	方　法
信用リスク	信用状の活用 契約書の作成 代金の前払い（輸出の場合）および後払い（輸入の場合）の検討
カントリーリスク	対象国の調査 取引相手国の分散化 貿易保険の活用
為替リスク	為替レートの予約 円の契約を増やす 為替変動保険の活用
輸送リスク	輸送方法の研究 商品のダメージ保護のための包装 海上保険の活用

出典：各種資料を参考にして作成

練習＆討論問題

❶ リスクマネジメントコース5つの中で、貿易企業の継続的な経営のために最も重要だと考えるものとその理由を述べてください。

❷ 急速に変化する貿易環境で発生する可能性のある新しい貿易リスクと、これに対する企業のリスクマネジメントの過程について述べてください。

Part 02

貿易段階別貿易リスクマネジメント

2.1 章 契約準備段階 ; カウンターパーティーリスク

2.2 章 契約締結段階 ; 契約リスク

2.3 章 物品通関段階 ; 通関リスク

2.4 章 商品運送段階 ; 運送リスク

2.5 章 代金決済段階 ; 代金決済リスク

2.6 章 運送後の段階 ; 貿易クレームリスク

2.1章 契約準備段階；カウンターパーティーリスク

> **概要と要約**
>
> 　貿易取引成功可否の第一段階は、正しい海外市場と取引相手を選定することである。特に輸出における海外市場調査とは、輸出者が自分の物品を長期的かつ最も効率的に輸出先を探すために情報を収集し、総合・比較分析する活動である。海外市場調査を終えた後は、有能な取引相手を探さなければならない。カウンターパーティーリスクとは、このような海外市場調査及び取引相手方選定時に発生可能なリスクを意味する。本章では、貿易企業がどのように海外市場調査を行い取引相手方を選定できるか、これに伴うカウンターパーティーリスクとリスクマネジメントにはどのような方法があるかを調べる。

01 海外市場調査及び取引相手選定

① 海外市場調査

① 海外市場調査の概念

　物品を輸出または輸入するためには、まず目標とする市場から選定しなければならない。目標市場を選定するためには、複数の市場を対象に

取引に関連する項目を調査し、互いに比較・検討する手続きが先行されなければならない。これを海外市場調査（Overseas Market Research）という。

市場調査は「物品を生産者から消費者への流通・販売に関連する問題に関するすべての事実を収集・記録・分析する活動」と定義することができる。特に輸出において海外市場調査とは、輸出者が自分の物品を長期的かつ最も効率的に輸出先を探すために情報を収集して総合・比較分析する活動である。輸出入者が市場調査を通じて目標市場を決定したら、取引相手も同じ市場内で決定される。つまり、輸出入業者にとって取引の成功可否は、まさに最初の段階である目標市場の決定にかかっているといえる。

② 海外市場調査の項目

第1段階、一般市場調査である。輸出入者は、第一段階で地理的条件、政治的条件、経済的条件、社会的条件などに関する一般的な内容を調査しなければならない。海外市場調査は世界市場及び貿易環境に対する検討と目的市場に対する購買力測定及び市場相互間の比較・検討が必要である。国内市場の場合とは異なり、海外市場に関する情報は不完全で、統一されていない場合が多く、信憑性が不足している場合が多い。一般市場調査時に考慮すべき調査項目は、＜表9＞のとおりである。

表9　一般市場調査の調査項目

区　分	調査項目
地理的条件	国の面積、地形、気候、距離、都市の分布状況など
政治、経済的条件	金融制度、行政的・法的体系、国内外の投資状況、輸出入の規模、国際収支動向、輸出入規制、通関制度、関税など
社会的条件	人口と特性、所得水準と購買力、人口の都市集中度、言語、教育水準、宗教、インターネット普及度、商慣習など

出典：各種資料を参考にして作成

　第2段階、深層市場調査である。輸出入者は、第2段階で販売効果について調査しなければならない。この段階では、ケーススタディと統計的方法を必要に応じて混合して調査を行う。深層市場調査は品質適応性、価格適応性、納期適応性、決済方式適応性、配給方式適応性に進むことができる。

　品質適応性とは、物品の成功した商品化（Merchandising）のために物品の使用効果と利便性を検討することである。適正商品を適正価格で適正な時期に消費者に提供するために、物品の使用目的、消費者層、今後の改良方向などを把握しなければならない。例えば、物品のサイズ、形状、重量、商標、色、包装などがある。

　価格適応性は、価格競争力の有無を検討することである。競争物品との比較のために目的市場まで各段階別に要する要素費用を調査しなければならない。例えば、運賃、保険料、内陸運送費、内国税、輸入関税、倉庫料などがある。

　貿易は国内取引とは異なり、注文生産の場合が多い。各国別の記号、

気候、風俗などが異なるため、受注後に生産して船積する場合が大多数である。あらかじめ生産する場合、注文が販売されないと処分できない不良在庫になる危険性がある。したがって、納期適応性を綿密に検討しなければならない。

多様な貿易決済方式のうちどのような方式を決済条件として掲げるかということは、取引の成否を左右する重要な条件にもなる。輸出者と輸入者の場合によって有利な決済方法に差がある。自分に有利な決済方式だけにこだわらず、客観的な立場で目的市場の慣習や競争者の決済条件などを調査・検討し、適応可能な決済方式を選択しなければならない。

配給方式は、輸入者が物品を輸入してこれを消費者に伝える配給経路を意味する。輸出者は、直接取引、代理店取引、販売店取引、フランチャイジング取引など、どの配給経路が目的市場に適応性があるかなどを調査しなければならない。輸入流通基盤の確立はまさに販売力増進の基盤となるためである。

③ 海外市場調査の方法

海外市場調査の方法としては、直接調査方法、間接調査方法、委託調査方法、インターネット調査方法などがある。

直接調査方法は、自社の海外支店や事務所に職員を派遣し、直接情報を収集して調査することである。駐在国の新聞・雑誌などから情報を入手したり、取引相手方と着実に接触して迅速かつ機密な情報を得ることができる。また、取引相手国の市場へ直接出張に行って調査したり、取引相手を通じて調査することも可能である。

間接調査方法は、公的・私的機関が発行している調査資料などを収集

して調査する。在日外国公館（大使館、総領事館）あるいは外国に駐在する日本の公館を通じて市場情報を入手することができる。商業会議所、ジェトロ（JETRO、日本貿易振興機構）などを活用することもできる。ジェトロは海外マーケットセミナー、講演会、レポート、報告書などを通じて各国の詳細情報を提供している。また、UN、IMF、OECD、World Bank など国際機関で発表している一般経済統計の活用も可能である。

　委託調査方法は、国内外の専門調査機関あるいは貿易専門商事に費用を負担し、調査を委託するものである。これは、特定の市場や特定の商品に対する専門的で徹底的かつ詳細な市場調査を期待することができる。インターネット調査は、インターネット、SNS などを活用した調査方法を意味する。

② 取引相手選定

① 取引相手選定の概念

　海外市場調査が終わった後、目標市場が選定されたら、次にその市場の誰と取引関係を結ぶかを決めなければならない。つまり、目標市場内で有能な取引相手を探さなければならない。輸出入取引を成功に導く良い方法は、信頼できる取引相手、安定したビジネスを継続できる取引相手を発掘することである。

② 取引相手選定方法

　取引相手を探す方法は大きくインターネット活用、在日外国公館及び貿易関連機関活用、海外広告及びホームページの広報、直接出張、貿易専門商社活用などがある。

インターネットを通じた方法は検索エンジン、B2Bマッチングサイト活用が代表的である。検索エンジンマーケティング（SEM; Search Engine Marketing）は、Yahoo、Googleなどの検索エンジンを活用して、バイヤーが会社のホームページや販売サイトを訪問するように誘導するものである。単純な検索で止めるのではなく、主に有料広告を通じて特定のウェブサイトに訪問するよう誘導して商品を広報する技法である。また、Alibaba、Tradekey、GlobalsourcesなどのB2Bマッチングサイト（B2B Marketplace）を活用することもできる。B2Bマッチングサイトは、輸出者と輸入者をオンラインネットワークを介して接続する。利用者が多く、活動が活発な取引斡旋サイトの複数の場所に同時に加入してマーケティングを展開することが取引相手に露出される可能性がはるかに高い。現在活発に運営されているB2Bマッチングサイトは＜表10＞のとおりである。

表10　B2Bマッチングサイト

サイト名	サイトアドレス	内　容
Alibaba	www.alibaba.com	世界1位のB2Bマッチングサイト 中国ユーザーの割合が50％以上
Tradekey	www.tradekey.com	パキスタンで運営するサイト パキスタン、中国、中東地域のユーザーの割合が高い
Globalsources	www.globalsources.com	シンガポールが運営するサイト 中国、米国、インドユーザーが多数

出典：各種資料を参考にして作成

次に在日外国公館及び貿易関連機関を活用することができる。販売したい国が決まっていれば、該当国の在日大使館や総領事館に駐在する商務官などとも相談できる。ジェトロ、日本商工会議所、各自治体商工会議所の活用も可能である。輸出者は、ジェトロの海外事務所が収集した各国・地域別バイヤーリストを通じて取引相手の情報を得ることができる。それだけでなく、ジェトロが主催する相談会などに参加すれば、バイヤー候補と実際に会うことができる。

　国際展示会などに参加して取引相手を直接発掘することもできる。国際展示会への参加は、オフラインでバイヤーに会って取引を実現させる最も効果的な方法である。国際展示会は輸出企業がバイヤーと顧客に直接自社および商品を広報して商談するのに最適な機会だからである。しかし海外に直接出張に行くことは多くの準備と費用などが必要である。したがって、海外マーケティングの初期段階では、地方自治体、貿易関連機関などを活用し、経費支援、情報及び業務協力などで支援を受ける方が有利である。

③ 国別商慣習

　成功した取引相手方マッチングのためには、一般的な国際商慣習はもちろん、国別商慣習を熟知しなければならない。現地の商慣習をきちんと理解できなかった場合には、意図せず取引相手に欠礼をすることになるためである。特に最近の国際貿易環境は国境の障壁が大幅に低くなって急変しており、国家固有の特定の慣習についての知識がなければ効率的な計画を立てることは不可能である。つまり、国際競争力を高めるためには国ごとに異なる商慣習の把握が必須である。

① アジア

　中国とのビジネスでは、連鎖を探すことが重要であり、依然として「關係」が重要である。このためには、中国のバイヤーと持続して関係を固めるなど、双方の信頼が形成されなければならない。中国の若いビジネスマンは最近、西欧的な関係やビジネス慣行にも慣れている。「面子（体面）」を重視する文化は相変わらず、相手の体面や威信を損なうことはあってはならない。また、中国企業との取引時には必ず標準契約書を利用して法律専門家の諮問を受ける方が良い。

　韓国は儒教文化が濃く残っており、厳しい上下関係があるため、上の人に対する方法、マナーに対する注意が必要である。韓国では、握手をする時は、右手で行うが、目の上の人が相手の場合は、自分の肘に他の手を付ける、あるいは他の手を自分の胸に当て、敬意を表現するのがマナーである。ビジネスシーンにおいては、縁石を重要視しており、縁石でのマナーを守ることが重要である。特に日本と異なる点は、外部の人に自身の所属する会社の上司のことを話す時にも敬語を使うという点である。

　ベトナムは最近第三国進出のための投資対象地として評価されており、海外企業の進出が活発な市場である。まず、ベトナムのバイヤーと現地でミーティングの約束をするときは、天候を考慮する必要がある。メーカー訪問日程はできるだけ午前にするほうが良く、午後訪問の場合はランチ時間を考慮して午後2時以降からが無難である。ベトナム企業は70〜80％が国営企業であるため、個人企業とは異なり意思決定に相当な期間がかかるため、ゆったりした姿勢で取り組むことが必要である。

② ヨーロッパ

英国は特に他のヨーロッパ諸国とは異なりメーカーがほとんどなく、輸入に依存することが多い。英国のバイヤーは、会社と相談する際に価格、品質（認証獲得有無）、配送期間などの客観的な指標に集中する。英国のバイヤーとの最初の接触で最も重要なのは、英国人が理解できる正しい言語で書かれた資料を準備する必要があることである。また、英国のバイヤーは、既存のサプライヤー製品の価格、品質、輸送及びA/S支援の有無まで細かく検討した後、取引先を決めるため、徹底した準備が必要である。

ドイツのバイヤーは正確さを最も重要視する。約束時間あるいは納期などが取引関係において少なからず影響を及ぼすことになる。ドイツのバイヤーは、自国の市場が品質とブランドの認知度を重視していることを知っているため、製品の品質、デザイン、包装を価格よりも重要と考えている。また、ドイツ会社では各担当者の業務と責任及び権限が明確に区分されており、製品に対する評価と選択の面では、社長よりは担当者の権限が強い。つまり、担当者を説得できなければ社長もやむを得ない状況になるため、製品の特性を強調することが非常に重要である。

③ 米国

米国ではリファレンスを重要視するため、バイヤーと相談する際、先進国市場に輸出した経験、専門製造技術の保有などを強調する必要がある。米国のバイヤーと貿易交渉をするためには、事前の約束が必須であり、握手をする時は力を与えるのが良い。また、米国のバイヤーは信頼関係を築くために対話時に相手の目を見ながら対話する。そして、意思

表現である「Yes」または「No」が明らかである。連絡したい米国のバイヤーには直接電話やメール、郵便で連絡をすればよいが、ビジネスの約束は勤務時間中にするのが慣習となっているため、一週間ほど前に電話であらかじめ約束すれば良い。世界中の企業が米国進出のために連絡しているため、米国のバイヤーは一般的に注文を慎重に進める方である。そのため、米国のバイヤーに自社の製品や取引条件が他のサプライヤーと比較して競争力があることを知らせる努力が必要である。

02 カウンターパーティリスクの概念

カウンターパーティーリスクとは、海外市場調査及び取引相手方選定時に発生可能なリスクを意味する。成功した貿易取引の最初のステップは、正しい海外市場と取引相手を選ぶことである。したがって、綿密なカウンターパーティリスクの分析とそれに伴うリスクマネジメントが重要である。リスクの構造はハザード→ペリル→損失という体系性を持っている。これをもとにカウンタパーティリスクを分類すれば＜表11＞のとおりである。

表11　カウンターパーティーリスクの構造

	ハザード	ペリル	損失
物理的ハザード	不可抗力、物理的条件	戦争、暴動、不安定な政治・経済状況、輸出入の制限および禁止	海外事業拡大失敗、輸出・粒子の収益喪失及び減少

モラル ハザード	不正職、詐欺など の意図的な行為	バイヤーの詐欺	海外事業拡大失敗、バ イヤーマッチング失敗、 輸出者の費用損失
モラル ハザード	不注意、無関心、 傍観、怠慢などの 行為	準備不足、商慣習理 解不足、市場調査不 足、取引相手調査不足	海外事業拡大失敗、バ イヤー／セラーマッチン グ失敗

| 出典：各種資料を参考にして作成

　まず、物理的ハザード→ペリル→損失の構造である。海外市場調査の際、輸出粒子は地理的条件、政治的条件、経済的条件、社会的条件などに関する一般的な内容を調査することになる。このような海外市場の不可抗力要因を物理的ハザードと言える。この時発生可能なペリルの例には、相手国の輸出入制限及び禁止、不安定な政治・経済状況、戦争、暴動、低出産及び高齢化、暑く湿った気候、都市別の大きな格差などがある。したがって、海外事業を拡大することが難しくなり、新たな収益創出に困難を経験することになる。このような物理的ハザードとそれに伴うペリルを無視して国家や取引相手を選定すると、輸出入者は収益の喪失や減少の損失を被ることができる。

　第二に、モラルハザード→ペリル→損失の構造である。取引相手方に対する故意的行動をモラルハザードといえる。この時、発生可能なペリルの例としては、バイヤーの詐欺がある。貿易取引は国内取引と違って相手の情報を得ることは容易ではない。また、新興企業の場合、適切な取引先を見つけることができず、困難を経験しているうちに詐欺に巻き込まれやすい。これによる損失には、海外事業拡大失敗、バイヤーマッチング失敗、輸出者の費用損失などがある。

第三に、モラールハザード→ペリル→損失の仕組みである。海外市場及び取引相手方に対する無関心、不注意をモラールハザードとすることができる。この時発生可能なペリルの例には、準備不足、商慣習理解不足、市場調査の不十分、取引相手調査の不十分などがある。海外市場で要求する認証や特許の獲得を事前にしないため、新しいバイヤーとのマッチングが失敗する事例が頻繁である。また、国際商慣習及び国別商慣習理解が不足してマッチングにならない場合や、市場調査が不十分で誤った海外市場を選択する場合も発生する。これによる損失としては、海外事業拡大失敗、バイヤー／セラーマッチング失敗などがある。

03 カウンターパーティーリスクマネジメント

表12　カウンターパーテリスクマネジメント

区分		内容
リスクコントロール	リスク回避	リスクの高い地域と取引相手方の回避
	リスク低減	輸出のための特許及び認証事前確保 徹底した市場調査 取引相手の調査 ビジネス商慣習の把握 総合商社の活用 取引先と取引国の多様化
リスクファイナンシング	リスク保有	純利益、準備金、自己保険、外部の借入金
	リスク移転	信用状

出典：各種資料を参考にして作成

カウンターパーティーリスクマネジメント方法は＜表 12 ＞のとおりである。

　第一に、リスクの損失強度と発生頻度の両方が大きい場合、リスク回避を選択することができる。海外市場及び取引相手方を調査した後、リスクが高いと判断される場合、当該海外市場と取引相手方との新たな契約を回避することができる。

　第二に、リスクの損失強度が小さく、発生頻度が大きい場合、リスク低減を選択することができる。損失防止としては、輸出のための特許及び認証事前確保、徹底した市場調査、取引相手方に対する調査、貿易詐欺手法に対する調査、総合商社活用などがある。新しい輸出市場を確保する際、企業は必ず特許及び認証を事前に確保しなければならない。特許と認証はコストだけでなくかなりの時間がかかる。したがって、円滑なバイヤーマッチングのためには、必ず事前にこれを確保し、ビジネス相談会会場に出向くことが望ましい。

　バイヤーに会う前に海外広報用カタログを製作して予想取引相手に配布したり、ホームページに商品を広報して取引相手を買い物することもできる。海外配布用カタログは、制作時に綿密な事前計画を立て、英語や対象地域の言語で制作する必要がある。また、広報物の内容も会社または代表者に対する広報ではなく、物品自体の説明に主眼点を置かなければならない。ホームページは、ホームページを訪れる顧客に会社を知らせ、広報や信頼感を与えることができるマーケティング手段である。ホームページは製作も重要だが、資料の正確性や資料の周期的な更新など事後管理がより重要である。また、英文あるいは主要ターゲット市場言語でホームページを運営して取引相手の関心を集める必要もある。ま

た、バイヤーと簡単にコミュニケーションできる体制を構築する必要がある。電話、メール以外にも簡単にコミュニケーションできるシステムを構築する必要がある。これはお互いの信頼度を高めるだけでなく、迅速な意見交換など大きな利点を享受することができる。例えば、Zoom、Skype、LINE、What's app などを活用できる。

B2B マッチングサイトは、使いやすく、世界中で数多くのバイヤーやセラーが利用するため、海外取引相手を開発するのに有用なツールとして活用できる。しかし、インターネットの特性上、詐欺に遭うこともある。したがって、インターネットだけに頼らず、情報を収集することが重要である。

貿易取引を始めるとき、取引相手に対する信用調査は必須である。貿易取引は言語、商慣習、文化が異なる二国間の取引であるため、信用を事前に綿密に確認することが重要である。信用調査は、信用調査の専門家または信用調査機関を通じて詳細な報告を得ることができる。しかし、これらの報告書にも知りたいすべての情報が含まれているわけではないため、取引相手を十分に理解するのに困難が存在する。したがって、信用調査報告書とともに取引相手との接点を持つ機会を増やし、多角的な観点から総合的な判断をすることが必要である。したがって、信用調査は貿易取引前だけでなく、貿易取引開始後も継続的に実施することが重要である。

海外市場と取引相手方の選定による損失を防止するためには、総合商社を活用することもできる。総合商社は明治維新頃、日本が対外開放されて以来、海外取引を担当してきている。総合商社の主な機能の一つは、日本企業と海外企業の間の貿易を促進し、仲介会社として機能することである。特に日本の中小企業には、総合商社が海外市場との連結のため

の「橋」の役割をしているが、そのために物流はもちろん金融サービスを提供する役割まで引き受けることが多い。日本の五大総合商社としては、丸紅、三菱、三井、伊藤忠、住友がある。

貿易企業は取引前の相手国の商慣習を熟知しなければならない。また、貿易企業は取引先および取引国を多角化し、リスクが発生したときに損失の強度を減らすことができるようにする。

第三に、リスクの損失強度が小さく、発生頻度が小さい場合、リスク保有を選択することができる。企業は発生するリスクに関連して、純利益、準備金を活用したり、外部機関から資金を借り入れ保有することができる。

第四に、リスクの損失強度が大きく、発生頻度が小さい場合、リスク移転を選択することができる。現在、海外市場の選択と取引相手の選択時に発生可能なリスクは、保険を通じた転家の代わりに契約を通じた転家で管理することができる。代表的な例として信用状決済の選択がある。もし信用度の低い海外市場や取引相手方を選択した場合、あるいは取引相手方との初取引なら、決済条件を選択する際にリスクの低い信用状決済を活用するほうが有利である。

練習＆討論問題

① 海外調査の方法と取引相手方を選定する方法について説明し、各方法が持つリスクには、どのようなものがあるか討論してください。

② 海外市場調査及び取引相手選定段階で起こり得る貿易詐欺には、どのようなものがあるか討論してください。

2.2章　契約締結段階；契約リスク

概要と要約

　契約は法的拘束力のある約束である。契約は、オファー（Offer）と承諾（Acceptance）という意思表示が完全に合致したときに成立し、契約当事者は誠実に義務を履行する責任がある。貿易契約は法律・言語・通貨などが異なる国々の当事者間の国際的移動を前提としているため、多様な後続契約が伴う。無約契約締結は、勧誘（Proposal）→引き合い（Inquiry）→オファー（Offer）→契約の締結で行われる。本章では、貿易契約の法的性質、貿易契約締結の流れと種類、インコタームズの条件、契約リスクの意義、契約リスクマネジメント方法について説明する。

01　貿易契約締結

① 貿易契約の概念

　契約は互いに対立する2つ以上の意思表示が合致した法律行為である。つまり、契約は「法的拘束力のある約束」と言える。「法的拘束力がある」とは、意思表示に対して責任を負うことを意味する。「約束」とは意思表示の合致を意味する。したがって、契約は、オファー（Offer）と

承諾（Acceptance）という意思表示が完全に合致したときに成立し、契約当事者は誠実に義務を履行する責任がある。

　貿易契約とは国際物品売買契約のことをいい、輸出者の立場では輸出契約となり、輸入者の立場では輸入契約となる。まず、貿易契約は契約契約（Consensual Contract）であり、当事者間の意思が合致すれば成立する。つまり、貿易契約は、当事者間のオファーと承諾の合意だけで成立する。第二に、貿易契約は不要式契約（Informal Contract）である。特別な形式なしで口頭や行為または署名によっても意思の合致だけが確認されれば契約が成立するという意味である。不要式契約は必ずしも書類要件を必要としないため、当事者が契約書を作成しておらず、後日紛争発生時に契約証明に問題が生じることもある。第三に、貿易契約は双務契約（Bilateral Contract）である。したがって、契約が成立すると、両当事者（輸出者、輸入者）が同時に債務を負担することになる。輸出者は物品引渡しの義務があり、輸入者は代金支給の義務がある。第四に、貿易契約は有償契約（Remuneration Contract）で金銭的対価を負担する。貿易契約の法的性質は、＜表13＞のとおりである。

　貿易契約は法律・言語・通貨などが他国に属する当事者間の国際的移動を前提としているため、多様な後続契約が伴う。その例として、国際運送契約、海上保険契約、代金決済契約がある。したがって、当事者間の売買契約を主契約とする場合、売買契約の履行のために第三者と締結される運送契約、保険契約、支払契約は従属契約と呼ぶ。従属契約の内容は売買契約に明記されたり、取引慣習であるインコタームズによって決定されたりする。

表13　貿易契約の法的性質

区　分	内　容
諾成契約 (Consensual Contract)	当事者間の意思の合意により契約成立 ↔ 要物契約
不要式契約 (Informal Contract)	特別な形式なしで医師の合致で契約成立 ↔ 要式契約
双務契約 (Bilateral Contract)	両当事者が同時に債務負担 ↔片務契約
有償契約 (Remuneration Contract)	金銭的対価を負担 ↔無料契約

出典：各種資料を参考にして作成

② 貿易契約締結の流れ

貿易契約締結の流れは＜図20＞のとおりである。貿易契約締結の流れは、取引の最初の段階である勧誘（Proposal）から始まり、商品に関する詳細情報を要求する引き合い（Inquiry）、契約締結のための具体的な取引条件を提示するオファー（Offer）、および契約成立のための意思表示である承諾（Acceptance）に区分される。

| 図20 | 貿易契約締結の流れ

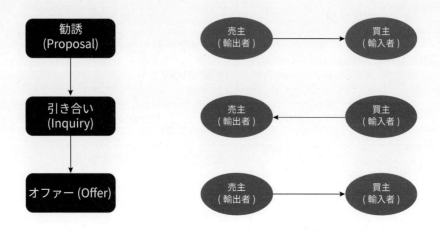

出典：各種資料を参考にして作成

　勧誘（Proposal）は取引相手に取引の提案を開始する段階である。過去には直接、文書を発送する場合も多かったが、現在は e-mail などによるデジタル化が主となった。この時、誇張なしに情報を伝達することが重要である。勧誘を受けた相手は内容を確認した後、関心のあるものについて価格、数量、納期、見積依頼などの詳細を問い合わせる。これは、お互いの要求を相手が満たすことができるかを問い合わせる交渉の前段階であり、カタログの送付あるいはサンプルの購入などで行われる。この過程を引き合い（Inquiry）という。次に、売主（輸出者、売り手）は、具体的な取引条件を買主（輸入者、バイヤー）に提示するが、これをオファー（Offer）という。以後、承諾（Acceptance）またはカウンターオファー（Counter Offer）プロセスが行われる。買主が売主が提示した条件に納得すれば承諾し、最終的に取引が成立する。しかし、現実的に即時の承諾ではなく、カウンターオファーを通じた取引成立がより頻繁であ

る。カウンターオファーは、売主が提示した取引条件に対して買主が希望する新しい条件を提示したり、修正を要求する過程である。カウンターオファー提示時に元のオファー（Original Offer）は無効化される。売主と買主との間の複数のカウンターオファーが繰り返された後、最終合意に達すると承諾（Acceptance）を経て契約が成立する。

オファーと区別される概念として、オファーの誘引（Invitation to Offer）がある。これは、オファーが行われる前の事前予備交渉段階での意思の交換行為を意味する。オファーの場合、相手方の承諾があれば契約が成立し、当事者間の法的関係が成立する。だが、オファーの誘引は相手が承諾しても契約が成立せず、この時の承諾は請約につながる意思表示と同じである。しかし、実務でオファーとオファーの誘引を区別することは容易ではない。したがって、実務的には、オファーの誘引過程ではオファーシートの代わりに見積送り状（プロフォーマインボイス）を使用してオファーの法的拘束力を回避することもある。

申請は分類基準によって＜表14＞のように分けることができる。まず、発行主体による分類である。売オファー（Selling Offer）は、売主が発行するもので、買主に価格、数量、品質、納期及び支払条件を提案するものである。買オファー（Buying Offer）は、買主が売主に発行するもので、特定価格で商品を購入することを提案するものである。第二に、確定性の有無による分類である。ファームオファー（Firm Offer）は確定性が確保されたオファーで、フリーオファー（Free Offer）に反対する概念である。ファームオファーは承諾期間が明示され、その期間内には取り消すことができない。国連統一売買法によると、フリーオファーはオファーではなくオファーの誘引に該当する。第三に、発行方向による分

類である。最初に発行されたオファーを元のオファー（Original Offer）といい、追加要件や修正を加えたものをカウンターオファー（Counter Offer）という。カウンターオファーは元のオファーの拒絶であり、新しいオファーとなる。

表14　申請の分類

分類基準	区分	内容
発行主体	売オファー（Selling Offer）	売主が買主に発行
	買オファー（Buying Offer）	買主が売主に発行
確定性の有無	ファームオファー（Firm Offer）	確定申し込み、承諾期間の明示
発行方向	カウンターオファー（Counter Offer）	再交渉の申請

出典：各種資料を参考にして作成

③ 貿易契約書

① 貿易契約書の内容

貿易契約の内容は、明示条件（Express Terms）と黙示条件（Implied Terms）に区分する。明示条件は、売買契約書に明記される条件である。品質（Quality）、数量（Quantity）、価格（Price）、包装（Packing）、運送（Shipment）、決済（Payment）、保険（Insurance）などの条件と不可抗力（Force Majeure）、仲裁（Arbitration）、準拠法（Governing Law）などが約定される。契約締結時に商慣習や準拠法に従う場合、それが不確かであると判断されれば、これを明示することが取引の安定性のために望ましい。明示条件のうち基本条件（品質、数量など）は取引毎にオファーと承

諾を通じて確定されるが、不可抗力、仲裁、準拠法などはほぼすべての取引に共通の条項として含まれている。したがって、取引ごとに変動する必要がない条項である。貿易契約書に記載される主な明示条件の分類及び内容は＜表 15 ＞のとおりである。

表 15　明示条件の分類と内容

区　分	内　容
品質条件	品質決定方法 ; 見本売買、標準品売買、仕様書売買、規格売買、銘柄売買 品質決定時期
数量条件	数量決定方法 ; 個数、長さ、重量、容積 数量決定時期
価格条件	価格決定方法 ; 通貨、単価、数量単位 価格表示方法
包装条件	包装の種類と方法 ; 外装、内装、個装
運送条件	運送時期、運送方法等
決済条件	決済時期、決済方法等
保険条件	保険条件、付加保険、保険金請求先等

出典 : 各種資料を参考にして作成

　黙示条件は、貿易契約書に明記されていない条件で、商慣習を意味する。これは貿易取引で確立された慣習として広く知られており、通常遵

守されている慣行である。インコタームズは商慣習に対する不確実性、不安定性を除去するための代表的な国際的統一規則である。インコタームズは、国際商業会議所（ICC; International Chamber of Commerce）が1936年に制定した定型的な貿易取引規則である。これは International（国際）の In（イン）と Commerce（商業）の Co（コ）、そして Terms（条件、タームズ）を組み合わせて Incoterms（インコタームズ）と呼ぶ。

　インコタームズの規則はアルファベット3文字で表され、販売者と購入者間の物品の引き渡しに関するリスク以前の分岐点、役割と費用の負担区分等それぞれの規則の下で、売主（売手、売り手）と買主（買手、バイヤー）がしなければならない義務を規定する。インコタームズは国際条約ではないので強制力はないが、売買契約当事者がインコタームズの採用を合意することにより契約の取引条件で効力を発揮する。インコタームズ2020の11の規則は＜表16＞、条件別売主、買主の義務は＜図21＞のとおりである。

表16　インコタームズ2020

すべての運送手段に適した規則
Rules for Any Mode or Modes of Transport

EXW	Ex Works	工場渡し
FCA	Free Carrier	運送人渡し
CPT	Carriage Paid To	輸送費込み
CIP	Carriage and Insurance Paid To	輸送費保険料込み
DAP	Delivered at Place	仕向地持込渡し
DPU	Delivered at Place Unloaded	荷卸込持込渡し
DDP	Delivered Duty Paid	関税込持込渡し

海上および内陸水路運送のための規則
Rules for Sea and Inland Waterway Transport

FAS	Free alongside Ship	船側渡し
FOB	Free on Board	本船渡し
CFR	Cost and Freight	運賃込み
CIF	Cost Insurance and Freight	運賃保険料込み

| 出典：各種資料を参考にして作成

| 図21 | インコタームズ2020の条件別売主、買主の義務

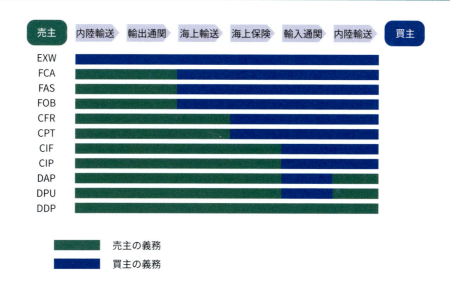

| 出典：各種資料を参考にして作成

② 貿易契約書作成

売主（輸出者）と買主（輸入者）との間で契約が成立したら、書面にて契約書を作成する。貿易契約は本来不要式・許諾契約であるが、商習慣や法制度の違いにより、今後紛争が発生する場合があるため、契約書を

作成する。これは、両当事者間の合意内容を明確に記入し、契約を円滑に履行できるようにする。すなわち、契約書の作成は、関係当事者が合意した権利義務の内容を明確に表現し、それによる紛争を防止するためのリスクマネジメント手段と言える。一般的に契約書はOriginal（正）とDuplicate（副）の2通を作成し、当事者がそれぞれ署名して1部ずつ保管する。契約書は正確な内容を慎重に記載し、必要に応じて専門弁護士と相談して作成することもある。

02 契約リスクの概念

　貿易契約は2つ以上の国の法律が適用され、国際条約が適用され、国際的な慣習や慣行に従う。貿易契約は、関係当事者の意思が合致していれば、契約が口頭の約束で文書化されていなくても原則的に有効である。しかし、国際契約の当事者が口頭で約束した契約は十分であるとは見えない。なぜなら、一定期間が経過すると、契約内容の立証が困難になる可能性があり、クレーム発生時に別のリスク発生が懸念されるからである。

　リスクの構造はハザード→ペリル→損失という体系性を持っている。これに基づいて検討した契約リスクの構造は＜表17＞のとおりである。

表17　契約リスクの構造

	ハザード	ペリル	損失
物理的ハザード	不可抗力、物理的条件	戦争、暴動、文化の違い、言語の違い	収益の喪失、クレーム発生
モラルハザード	不正職、詐欺などの意図的な行為	詐欺契約	収益の喪失、クレーム費用の損失、賠償責任損害
モラールハザード	不注意、無関心、傍観、怠慢などの行為	不完全契約、クレーム、商慣習認識の不十分、国際条約の理解が不十分	収益の喪失、クレーム費用の損失、賠償責任損害

出典：各種資料を参考にして作成

　まず、物理的ハザード→ペリル→損失の構造である。貿易契約は、勧誘（Proposal）→引き合い（Inquiry）→オファー（Offer）→契約の締結で行われる。この時、何度も引き合いとオファーが来て、最終的に契約を締結することになる。引き合いとオファーのやり取りの途中で、取引相手国側の戦争、暴動、不安定な政治・経済状況などが問題となり契約が中断されることがある。文化の違いや言語の違いによって契約が中断されたり、国内取引に比べて契約手続きの時間が増加することがある。また、貿易契約の解釈が難しく、クレームが発生する可能性が高い。つまり、取引相手国の不可抗力要因は物理的ハザードであり、戦争、暴動、文化の違い、言語の違いなどはこれによるペリルとなる。その結果、貿易取引当事者は収益を喪失する損失を被ることになる。

　第二に、モラルハザード→ペリル→損失の構造である。複数回の引合

いとオファーのやり取りの途中で契約書を作成する際、契約当事者は故意に悪意ある行動をとることが可能だ。特に貿易取引は遠隔地にある取引相手を対象とする取引で、取引関連情報の入手が困難かつ制限されている点、貿易取引に伴う様々な貿易関連書類の偽造や操作の可能性を排除しにくいという点で詐欺取引にさらされやすい。つまり、契約時の故意的な行動はモラルハザードとなる。これにより発生しうるペリルは詐欺契約であり、結果的に収益喪失、クレーム費用損害、賠償責任損害等の損害が発生する。

第三に、モラールハザード→ペリル→損失の仕組みである。貿易契約はオファー時に記載すべき内容も多様であり、契約書作成時にも外国語を使用するなど複雑性を持っている。この時、契約時の無関心、不注意のようなモラールハザードが存在する。これにより、不完全契約、クレーム、商慣習認識の不十分、国際条約の理解の不十分などのペリルが発生する可能性がある。そしてその結果、収益喪失、クレーム費用損害、賠償責任損害等の損失が発生する。

03 契約リスクマネジメント

貿易契約は異なる言語を使用するという点、取引相手が遠隔地にあるという点、国内取引に比べて情報を取得することが難しいという点、数多くの貿易書類が付随するという点などにより様々な契約リスクが存在する。特に最近では、国際経済の急速な変化、電子貿易の性行、無信用状決済方式の増加などにより、貿易詐欺による被害事例が急増している。

したがって、契約の締結段階で徹底的にリスクを管理する必要がある。
＜表18＞は、契約リスクマネジメントの方法を示す。

表18　契約リスクマネジメント

区　分		内　容
リスク コントロール	リスク回避	不完全な契約回避
	リスク低減	申請条件の十分な検討 法律専門家による契約書の作成 詳細な契約書の作成 輸出者と輸入者の権利と義務の整理 法律専門家による助言 重要な契約関連書類の複製 貿易契約の多様化
リスク ファイナンシング	リスク保有	純利益、準備金、自己保険、外部の借入金
	リスク移転	保険

出典：各種資料を参考にして作成

　第一に、リスクの損失強度と発生頻度の両方が大きい場合、リスク回避を選択することができる。勧誘（Proposal）→引き合い（Inquiry）→オファー（Offer）過程の中で意見が正しく合致しなかったり、相手が無理な要求をする場合などの状況が発生することがある。この時、リスクが大きいと考えられたり、不完全な契約と考えられる場合には、契約を回避することができる。

　第二に、リスクの損失強度が小さく、発生頻度が大きい場合、リス

低減を選択することができる。まず、請約条件を十分に検討して承諾可否を決定し、契約書は必ず口頭ではなく書面で作成しなければならない。貿易契約は契約の解釈が難しく、クレームが発生するリスクが高い。したがって、契約書作成段階でできるだけ詳細に品質、数量、出荷、価格、仲裁、保険などの条件を作成する必要がある。特に輸入者と輸出者それぞれの権利と義務を客観的に明確に整理しておくことが重要である。すなわち、契約の内容を詳細に文書化する作業が最も重要なステップである。契約書を作成・検討する際、重点的に把握すべき事項は＜表 19 ＞のとおりである。

表 19　契約書作成の基準

- 契約条項を読んで明確に意味がわかるか
- 戦後関係で矛盾する内容はないか
- 重要な点は記載されているか
- 契約書作成の意図が十分に達成されたか
- 不完全な部分を補完するか、あらかじめ指摘しておいたか

出典：各種資料を参考にして作成

　契約書の作成は、取引形態、内容、実情によって違いがあるが、一定の基本枠組みがある。契約内容をいかに明瞭に分析して表現するか、用語をどのように選択して適切に配列しなければならないかなどに注意しなければならない。国際契約で契約上のリスクを防止するために、輸出者や輸入者が自分に有利な事項を契約書に挿入することが多い。このようなリスクを回避するために、専門弁護士の法律文書作成技術を活用す

ることができる。例えば、一定契約書の書式や普通取引約款などの特定の取引書式にリスクを制限したり、事故に対する免責を主張する内容を記載するなどの方法でリスクを減らすことができる。契約書を作成する際に考慮すべき事項は、＜表20＞のとおりである。

表20　契約書作成時の考慮事項

- 契約内容が当事者間の合意内容をすべて示しているか
- 契約書の内容が合法的か
- 契約書の内容が論理的に一貫性を保つか
- 契約書で使用されている用語が平易で正確な表現であるか
- 契約書で使用されている用語が統一されているか

出典：各種資料を参考にして作成

　契約関連の重要な書類は必ず複製して保管するのが良い。また、貿易契約を一つに重視せずに多角化する案も必要である。また、貿易契約書は主に英文で作成され、英米法に基づく。したがって、契約書の作成および検討には英米法の知識が必要であるため、専門家のサポートを受けることでリスクを防止することができる。

　第三に、リスクの損失強度が小さく、発生頻度が小さい場合、リスク保有を選択することができる。不完全な契約書の作成後に発生する可能性のあるリスクについては、請求が発生する。この時、企業は純利益、準備金を活用してリスクを保有することができる。

　第四に、リスクの損失強度が大きく、発生頻度が小さい場合、リスク移転を選択することができる。不完全な契約書作成後に発生するリスク

については、クレームが発生することになる。この時、企業は民間保険会社の賠償責任保険を活用してリスクを保有することができる。

練習 & 討論問題

❶ 貿易契約締結の流れはどのように行われるか。成功した勧誘（Proposal）とオファー（Offer）のためのセラーとバイヤーの役割を討論してください。

❷ 貿易契約で重要な商慣習であるインコタムズについて説明し、必要性と重要性について討論してください。

2.3章 物品通関段階；通関リスク

概要と要約

貿易取引の際には輸出通関と輸入通関を必ず経る。通関とは、国の税関を通過することを意味する。各国の通関手続きは各国の法律に従い、その法には強制力が存在する。通関手続きの際には、必ず必要な書類が多様に存在する。このとき、適切な書類を準備できなかった場合や、通関過程と関税法に関する知識が不十分な場合にはリスクが発生することがある。そしてこれらのリスクは通関の拒否や遅延を引き起こす。本章では、輸出通関の流れ、輸入通関の流れ、関税、関税率、通関リスクの概念、通関リスクマネジメント方法について説明する。

01 貿易通関手続き

貿易商品が国と国との間を移動するときは、必ず二度にわたる通関過程を経る。物品を輸出する国での輸出通関と輸入する国での輸入通関である。通関過程では輸出国や輸入国の法律が強制的に適用される。通関過程で適用される法律は、法律の持つ強制力によって当然適用されるものである。したがって、貿易を希望する場合は、事前に輸出国または輸入国の通関過程で適用される法律上の規制内容を正確に把握することが

必須である。各国が関税法などで輸出入物品に対して統制をし、通関手続の履行を強制し、これを逸脱する行為に対して処罰をする理由は、輸出入に関する適法性の確保のためである。

通関（Customs Clearance）とは、税関を通過することを意味する。貨物の国際間移動には国ごとに様々な規制をしており、これらの規制内容を税関という関門を通じて実現している。日本の関税法第67条によれば、貨物を輸出又は輸入しようとする者は、貨物の品名、数量、価格、その他必要な事項を税関長に届け、貨物に対して必要な検査を経て許可を受ける必要がある。

通関は、貨物の移動経路に応じて輸入通関、輸出通関、搬送通管に区分される。輸入通関は、物品が外国から国内に移動する場合の通関である。輸出通関は、物品が国内から外国に移動する場合の通関である。搬送通関は外国物品が国内に移動した後、そのまま再び外国に移動する場合の通関である。通関手続きは確認手続きを意味し、いくつかの段階を経て行われる。

① 輸出通関

＜図22＞輸出通関の全体的な流れである。各ステップごとの詳細な説明については後述する。

| 図 22 |　輸出通関の流れ

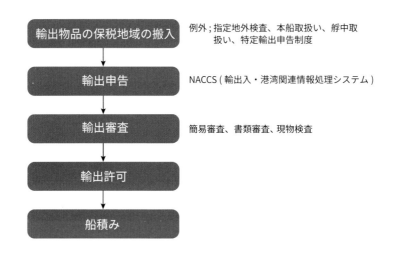

出典：各種資料を参考にして作成

① 通関前事前準備及び保税地域の搬入

輸出通関前の事前準備は次のとおりである。まず、法規制チェックである。税関に輸出申告をするときは、その品目が外国為替法の輸出貿易管理令（リスト）又はその他の法令により規制を受けるかどうかを確認しなければならない。また、必要に応じて、管轄官庁から輸出許可及び承認を取得しなければならない。第二に、代金決済準備及び各種準備である。代金決済に必要な書類の入手準備ができているか、もし出荷前検査が必要な場合は検査人の準備等を行う。第三に、貨物の準備である。貨物の性質、形状、輸送方法等を考慮して輸送に適した包装を行い、包装外面に配送に関連した表示をする。第四に、貨物検査と搬入である。貨物の重量や容積の測定などの証明書（Weight and Measurement List, Tally Sheet）を発行され、貨物の出荷のため保税地域に搬入する。保税地域とは、輸出したい貨物または外国から到着した貨物を置く場所として財務

大臣が指定したり、税関長が許可した場所である。保税地域は、指定保税地域、保税蔵置場、保税工場、保税展示場及び総合保税地域の5種類がある。

② 輸出申告

税関に対する輸出申告（Export Declaration）は輸出者が自ら行うことができるが、一般的に通関業者に申告業務を委託する代理申告が主をなす。通関業者は通関業法により各営業所に通関会社を配置している大多数の通関業者は海運貨物取扱業者も兼ねており、同一業者に出荷準備と通関を依頼する形で効率的な輸出業務が行われている。輸出者が海運貨物・通関業者の前に提出する業務指示書を船積依頼書（S/I; Shipping Instruction）といい、これは通関と出荷を正確にするための情報を含む。船積依頼書には、契約に関する情報（輸出者、輸入者、商品名、数量、重量など）、出荷に関する情報（出荷予定本船、出荷港、出荷予定日など）、書類作成に関する情報（船荷証券上の記載事項等）のような指示を記載する。輸出者は船積依頼書とともに、インボイス、梱包明細書、輸出申告書など輸出通関に必要な書類を海運貨物・通関業者に送付する。図23は、輸出通関手続き時の輸出者、通関業者、税関の関係である。

| 図23 | 輸出者、通関業者、税関の関係

| 出典：各種資料を参考にして作成

通関業者は、NACCS（Nippon Automated Cargo and Port Consolidated System、輸出入・港湾関連情報処理システム）という統合システムに接続して通関手続きを行う。NACCS は輸出入・港湾関連情報処理センター株式会社（NACCS センター）が提供しており、日本の国際物流を支援する重要なシステムである。輸出入貨物、入出港する船舶及び航空機に関して税関及び他の行政機関に対する各種手続きをオンラインで処理するものである。NACCS は民間企業と行政機関をオンラインで連結し、貨物の流れに応じて必要な手続きと貨物情報を総合的に処理することができる。

③ 輸出審査及び許可

税関は輸出申告を3つに区分して審査し、輸出を許可する。まず、簡易審査である。これは、書類の審査や現物検査なしで直ちに許可することを意味する。第二に、書類審査である。これは、関連書類を税関に提出し、審査後に許可することを意味する。第三に、現物検査である。これは、書類審査に加えて現物を検査した後に許可することを意味する。現物検査は、サンプルを確認したり、部分を指定して一部を検査したり、輸入貨物のすべてを検査する方法がある。現物検査の場合、税関からの検査が必要となるため、審査期間が長くなる傾向がある。いずれの場合も、輸出許可取得後に出荷が行われる。

④ 特別輸出通関手続き

輸出許可を受けるためには、原則として保税地域に持ち込む必要がある。しかし、2011年10月、関税法改正により輸出貨物を保税地域に持ち込むことなく輸出申告ができるようになった。特別輸出通関手続きは

以下のとおりである。

　まず、指定地外検査である。巨大重量貨物、腐敗の恐れのある貨物、貴重品、危険物など保税地域への搬入が不適当と判断される貨物の場合は、税関から「他所蔵置許可場所」の許可を受けることができる。すなわち、関税法第69条第2項の規定により指定地外検査を申請し、保税地域外で輸出通関手続きを進めて輸出許可を取得する手続きである。

　第二に、本船扱い、艀中扱いである。粉末状飼料や石炭、コークスなどのバラ積み貨物で、混載されておらず、貨物の積み付けなど税関検査上の支障がない場合には、「本船扱い」または「艀中扱い」として本船や艀に積み込んだ状態での輸出申告及び輸出許可を受けることができる。本船扱いあるいは艀中扱い承認申請書を税関長に提出して承認を受け、その後輸出申告となる。これは艀上または本線上で検査を受けて輸出許可を取得する手続きである。

　第三に、特定輸出申告制度である。これは、貨物を保税地域に持ち込むことなく輸出申告から輸出許可まで受けることができる制度である。これは、税関から貨物のセキュリティ管理、コンプライアンス体制が整備された輸出者として認められた特定の輸出者が利用できる制度である。特定輸出者になると、輸出貨物がどこにいても輸出の許可を受けることができるようになる。また、税関による審査・検査において輸出者のセキュリティ管理とコンプライアンスが反映されることから、輸出貨物の迅速かつ円滑な船積み（搭載）が可能となるほか、貨物の蔵置場所に関わらず、いずれの税関長に対しても輸出申告（輸出入申告官署の自由化を利用した申告）が可能となり、リードタイム及び物流コストの削減等が図られる。

② 輸入通関

<図 24 >は、輸入通関の全体的な流れである。各ステップごとの詳細な説明については後述する。

| 図 24 | 輸入通関の流れ

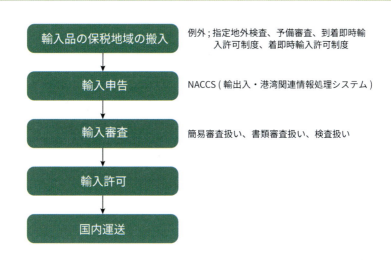

| 出典：各種資料を参考にして作成

① 通関前事前準備

税関に輸入申告をするときは、その品目が外国為替法の輸入貿易管理令又はその他の法令の規制を受けることを確認しなければならない。また、必要な場合には、管轄官庁から輸入許可及び承認を取得しなければならない。輸入者は代金決済を売買契約の条件とおりに実施し、輸入手続きに必要な出荷書類を入手する。日本は輸入海上コンテナ貨物を対象に出港前報告制度（AFR）を 2014 年度から導入して実施している。この制度は、運送人が出荷港出港 24 時間前（近距離地域の場合は出荷港出港

前まで）までに貨物の情報を NACCS 経由で日本税関に報告する制度である。未申告、申告遅延、誤った情報申告、未許可の荷役の場合、1 年以下の懲役に処したり、最大 50 万円以下の罰金が課される。

② 輸入申告

運送業者は、貨物が到着すると輸入者に貨物が到着した旨の到着通知（Arrival Notice）を行う。輸入者は、運送業者から運送契約に関する書類を取得し、輸出者が送った書類等とともに貨物が保管されている保税地域を管轄する税関に輸入申告をする。このとき輸入者は自ら税関に輸入申告をすることもできるが、海運貨物・通関業者に申告業務を委託する代理申告が一般的になされている。海運貨物・通関業者は、輸入者から受け取ったインボイス、梱包明細書、船荷証券、運賃明細書、保険料明細書などとともに輸入申告に必要な事項を NACCS に入力し、税関に輸入申告（Import Declaration）をする。輸入通関手続き時の輸入者、通関業者、税関の関係は＜図 25 ＞のとおりである。

| 図 25 | 輸入者、通関業者、税関の関係

| 出典：各種資料を参考にして作成

③ 輸入審査及び許可

　税関は、輸入申告を3つに区分して審査し、輸入を許可する。まず、簡易審査である。これは、書類の審査や現物検査なしで直ちに許可することを意味する。輸入（納税）申告後すぐに輸入が許可される。第二に、書類審査である。これは、関連書類を税関に提出し、審査後に許可することを意味する。第三に、現物検査である。これは、書類審査に加えて現物を検査した後に許可することを意味する。現物検査の場合、税関の検査が必要となるため、審査期間が長くなる傾向にある。また、検査に要する費用を輸入者が負担することになる。現物検査は、サンプルを確認したり、部分指定して一部を検査したり、輸入貨物のすべてを検査する方法である。

　輸入通関では税関への輸入申告と関税や各種税金の納税申告の2つの手続きを行う。したがって、輸入者は税関の輸入許可（I/P; Import Permit）を得て関税や消費税などの税金を納付した後、貨物を買収することができる。関税納付は、申告納税方式と賦課課税方式の形態で区分される。申告納税方式は、納税義務者（輸入者）の申告により納付すべき関税額を確定する方法である。賦課課税方式は、税関長の賦課決定により納付すべき関税額が決定される方法である。一般的な通関手続きでは申告納税方式が活用されている。

　税関の審査結果、法規違反事項がなく、輸入者が税金を納付したことを証明する書類を提出すると、税関は輸入を許可して、輸入者に許可証を発行する。この時から輸入者は保税倉庫にある物品を流通させることができる。輸入申告が適切に行われ、関税が正しい方法で決定され納付されると、輸入物品への通関が完了する。

④ 特別輸入通関手続き

　輸入許可を受けるためには原則として保税地域に持ち込む必要がある。しかし、2011年10月、関税法改正により輸入貨物を保税地域に持ち込むことなく輸入申告ができるようになった。特別輸入通関手続きは以下のとおりである。

　まず、輸入時も輸出時と同様に、指定地外検査、本船取扱い、艀中取扱いを適用することができる。第二に、予備審査、到着即時輸入許可制度である。予備審査は、新鮮品など迅速な買収が必要なフライトによる輸入貨物の場合、輸入関連手続き終了前でも輸入申告書類を税関に提出し、税関の審査・検査が必要かどうかを事前に通知される制度である。到着即時輸入許可制度は、予備審査制を利用する貨物のうち検査が不要な貨物については、貨物の到着が確認されるとすぐに輸入許可を受けることができる制度である。第三に、特例輸入申告制度である。これは特定の輸出制度と同様であり、貨物のセキュリティ管理やコンプライアンス体制が整備された輸入者が予め税関から特例輸入者の承認を受けるものである。すなわち、特例輸入者は、輸入物品を保税地域に搬入することなく輸入申告及び許可を受けることができる。これは、輸入申告と納税申告を分離する制度で、納税申告前に貨物を買収することが可能であるとともに、貨物が到着する前に輸入申告を行い、輸入の許可を受けることができ、迅速かつ円滑な買収が可能となる。また、貨物の装置場所に関係なく、どの税関長に対しても輸入申告が可能となり、輸入者の事務の効率化やコストの削減などの利点もある。

③ 関税・関税率

関税は、原則として輸入申告時に商品の価格または数量に基づいて法令により課される。関税額の計算には、HSコード（Harmonized Commodity Description and Coding System）が活用される。HSコードは、世界共通で使用されるコードシステムに輸出入されるすべての品目を6桁のコードに分類する。関税は輸入品の価格または数量を課税標準として課せられる。入品の価格を課税標準とすることを従価税、数量を課税標準とすることを従量税という。また、従価税と従量税を組み合わせたものを混合税という。日本で最も一般的な関税率形態は従価税である。日本の関税額を計算する際に活用される課税標準は、＜表21＞のとおりである。

表21　日本の課税標準

種類	説明
従価税	輸入商品の価格に比例して関税を課する
従量税	輸入商品の数量（個数、容積、重量など）を基準にして関税を課する
混合税	従価税と従量税を組み合わせる

出典：日本税関を参考にして作成

日本の関税率は、国内法律により定められた税率（国定税率）と協定により定められた税率（協定税率）に分類される。国政税率の根拠は、関税定率法、関税暫定措置法の2つの法律であり、詳細な細則事項を提示す

る。関税定率法には長期的に適用される基本的な税率（基本税率）が定められている。関税暫定措置法には、一定期間、基本税率に代わって適用される暫定税率（暫定税率）、発展途上国からの輸入品に適用される税率（特恵税率）が定められている。日本関税率の種類及び定義は、＜表22＞のとおりである。

表22　日本関税率の種類

区分		内容
国定税率	基本税率	国内産業の状況に基づいて長期的な観点から設定される税率
	暫定税率	特別な事情がある場合に一時的に適用される税率
	特恵税率（一般特恵税率）	発展途上国からの輸入品に適用される税率
	特別特恵税率（LDC特恵税率）	後発開発途上国からの輸入品に適用される税率
協定税率	WTO譲許税率	WTO加盟国を原産地とする輸入品に適用される税率
	経済連携協定税率（EPA税率）	日本と経済連携協定を結んだ国を原産地とする輸入品に適用される税率

出典：日本税関を参考にして作成

　国政税率の種類としては、基本税率、暫定税率、特恵税率（一般特恵、特別特恵）がある。基本税率は日本国内産業の状況などをもとに、長期的な観点から国内外の価格差など必要な保護水準を勘案して設定する税

率である。暫定税率は、一定の政策上の必要などで基本税率に優先して一定期間だけ一時的に適用される税率である。特恵税率（一般特恵税率）は、発展途上国を支援する目的で、発展途上国からの輸入品に対して原産地証明書の提出などを条件に適用される税率である。これは最恵国待遇の例外として実行税率より低く設定されている。特別特恵税率（LDC特恵税率は、後発開発途上国（LDC; Least Developed Country）を原産地とする輸入貨物に適用される税率であり、ほぼすべての品目に対して無関税が適用される。

協定税率の種類には、WTO譲許税率と経済連携協定税率（EPA税率）がある。WTO譲許税率は、WTO加盟国を対象に一定比率以上の関税を賦課しないことを約束した税率である。国政税率より低い場合、最恵国税率として、WTO加盟国及び両者間の通常協定条約（EPAを除く）で最恵国待遇を約束した国家を対象に適用される。経済連携協定税率（EPA税率）は、日本と経済連携協定（EPA; Economic Partnership Agreement）を締結した国からの商品を対象に適用される税率である。経済連携協定に基づき、関税削減及び撤廃スケジュールにより関税が削減又は撤廃される。経済連携協定税率（EPA税率）を適用するためには、経済連携協定の原産地証明書の提出が必要である。

税率は、原則として、特恵税率、協定税率、暫定税率、基本税率の順に優先して適用される。ただし、特恵税率は、当該国の原産地条件等を満たす場合に限られる。また、協定税率は、暫定税率または基本税率より低い場合にのみ適用される。加えて、EPA税率が適用される品目について、EPA税率≦一般特恵税率の場合、一般特恵税率の適用対象外となる。

02　通関リスクの概念

　貨物の輸出と輸入のためには、必ず通関を通じて税関の許可を受けなければならない。税関は、貨物が輸出入禁止品目であるか、輸出入書類がきちんと準備されているのか、輸出入通関手続が適法な手続きに従って行われたのかを審査した後、輸出入を許可する。通関業務が順調に進むことは貿易取引において重要な意味を持つ。

　リスクの構造はハザード→ペリル→損失という体系性を持っている。これをもとに通関リスクを分類すると＜表23＞のようになる。

表23　通関リスクの分類

	ハザード	ペリル	損失
物理的ハザード	不可抗力、物理的条件	戦争、暴動、ストライキ、自然災害	通関遅れおよび拒否による費用損害、クレーム発生
モラルハザード	不正職、詐欺などの意図的な行為	輸出入不適格物品の輸出入試み、原産地表示違反、税関未申告、虚偽申告、関税士の故意的行動	通関遅れおよび拒否による費用損害、クレーム発生法的責任、貨物没収および廃棄
モラールハザード	不注意、無関心、傍観、怠慢などの行為	証明書不適合、ラベル不適合、原産地表示不備、証明書不備、証明書不備、税関申告エラー、不誠実な届出	通関遅れおよび拒否による費用損害、クレーム発生

出典：各種資料を参考にして作成

まず、物理的ハザード→ペリル→損失の構造である。物理的ハザードは不可抗力、物理的条件を意味する。これにより発生可能なペリルは不可抗力要因で、戦争、暴動、ストライキ、自然災害などがある。通関が遅れると、一般的に商品の納品のリスクが発生する可能性がある。また、通関が拒否された場合には、物品自体を輸出または輸入することが不可能となるリスクがある。また、費用損害、収益損害、クレーム費用発生等の損失が発生することがある。

第二に、モラルハザード→ペリル→損失の構造である。モラルハザードは意図的で悪意のある行動を意味する。輸出者や輸入者が輸出入不適格物品の輸出入を試みる場合をモラルハザードとすることができる。商標権に違反した物品などのように知的財産権に違反した物品を通関する場合がその例である。特に全世界的に知的財産権が強化される傾向であるため、どの国も通関段階で知的財産権に違反する物品を摘発して通関を制限するシステムが強化されている。関税節減のために原産地を意図的に調整したり、貨物の価格を実際とは異なるように調整して書類を作成する虚偽申告も、モラルハザードによるペリルである。これにより、輸出者と輸入者に発生する可能性のある損失には、費用損害、クレーム発生、法的責任などがある。また、輸出入ができない貨物の場合には税関でその物品を没収したり廃棄することができる。

第三に、モラールハザード→ペリル→損失の仕組みである。モラールハザードは無関心や不注意な行動と関連がある。通関過程で発生可能な代表的なモラールハザードによるペリルは、証明書不適合、ラベル不適合、原産地表示不備、証明書不備、証明書不備、不誠実な届出などがある。物品によって通関のために備えなければならない証明書類や資料が必要

な場合があり、これを不適切に準備する際には通関拒否や通関遅延が発生する。また、通関手続きに対する理解不足により通関拒否、通関遅延が発生することもある。原産地表示がされていない商品の通関が禁止されているため、原産地表示をして輸出国に返送され、原産地表示をしてから輸出する場合のリスクもある。これにより、通関遅れや通関拒否の発生によりコストの損失、クレーム発生などの損失が発生する。

03 通関リスクマネジメント

　通関業務が順調に進むことは貿易取引で重要な意味を持つ。通関が遅れたり、通関が拒絶された場合、貿易取引契約条件に違反する状況が生じる。また、適期に物品を販売できず、実際の予想よりも収益が減ったり、被害を受ける場合も生じる。したがって、円滑な貿易取引のために通関リスクを管理することは不可欠である。＜表24＞は通関リスクマネジメントの方法である。

　第一に、リスクの損失強度と発生頻度の両方が大きい場合、リスク回避を選択することができる。時々、悪意のある輸出者と輸入者が輸出入不適格物品の輸出入を試みる場合がある。このような場合には、不適格な製品の貿易取引を回避してリスクを管理することができる。

　第二に、リスクの損失強度が小さく、発生頻度が大きい場合、リスク低減を選択することができる。通関は貿易の主体、貿易書類、費用及び課税等と密接な関係がある。貿易は総体的に輸出者と輸入者が行うものや貿易の各過程に参加する主体はかなり多様である。これら主体の円滑

で効率的な業務処理を望むならば、各過程の単位業務だけでなく通関を含む貿易過程全体に対する総合的かつ深い理解が必要である。

表24 通関リスクマネジメント

区　　分		内　　容
リスク コントロール	リスク回避	違法貨物の契約回避
	リスク低減	通関プロセスの事前理解
		相手国関税法の理解
		相手国市場の情報収集と分析
		誠実な税関申告
		徹底した書類の確認と準備
		通関過程に関する書類の複製
リスク ファイナンシング	リスク保有	純利益、準備金、自己保険、外部の借入金
	リスク移転	不可能

出典：各種資料を参考にして作成

　各国の税関では、外国からの輸入品が自国の法律に適法かを審査し、輸入を許可している。特に税関で輸入通関にならなければ輸入者に物品が引き渡されることができる。税関で通関が遅れると、通常納期に伴うリスクが発生する可能性がある。このような場合には、事前に輸入者にその旨を通知し、信用状条件の代金決済の場合には再発行を要請してリスクに備えなければならない。

　輸入通関には、商業送り状、船荷証券、原産地証明書、梱包明細書などの貿易書類が必要である。特に輸入の場合、貿易契約を締結する段階で、今後の通関を念頭に置いて通関に必要な貿易書類を貿易条件と明記

する必要がある。もし必要な貿易書類を輸入者が入手できなかった場合、当然通関自体が支障を受ける。輸入者が売買契約上で必要な書類であることを明示していなくとも、輸入国税関を通過する過程で特定の書類を要求される場合もある。その他にも、梱包明細書や原産地証明書、検査証明書などの書類による通関書類を備えておらず、通関にならない場合が多い。このようなリスクは日常的な業務として担当者の書類点検が正しく行われていないために発生する。これに対する防止策は、担当者教育を強化したり、関係書類を正確に把握して確認するしかないだろう。日本からの輸入申告時に必要な書類は＜表25＞のとおりである。

表25　輸入申告の際に必要な書類

区　分	書　類
共通書類	商業送り状
	梱包明細書
	船荷証券又や海上運送状(航空貨物運送状)
	運賃明細書
	保険料明細書
貨物の種類による	他法令の許可・承認証 ・植物防疫法などの関税関係法令以外の法令による　許可・承認が必要な貨物の場合
	特恵原産地証明書 ・特恵関税の適用を受けようとする場合
	減免税明細書 ・減免税の適用を受けようとする場合

出典：JETROを参考にして作成

取引価格や運賃、保険料は課税標準となるため、関税の課税と直接的な関連がある。無関税や低い関税率の適用を受ける場合も発生し、特恵関税適用対象であるが原産地証明書がない場合には問題となることもある。商業送り状に価格条件等を表記するにあたって、輸入港到着後に発生する運賃や保険料は、輸入者が輸出者に代金決済時に支払う費用であっても、これを区分表記する場合、課税対象から除外できるため、実質的な節税が可能になる。したがって、必要な場合、貿易書類に表記する具体的な内容も貿易契約段階で取引の条件として明示しておかなければならない。通関が貿易の完成や貿易コストの削減、国際物流の円滑な履行と深い関係があるように、他の貿易過程も通関と密接な関連がある。

　通関は関税法に定められており、貨物の輸出及び輸入は税関の許可を受けなければならない。税関では、輸出禁止品目認可又は輸出入書類が完備されているか、輸出入通関手続が適法な手続により行われたのかを審査した後に輸出入を許可している。したがって、通関業務は輸出入取引の最終段階に属し、輸出者は通関が順調に進行できるように措置を取らなければならない。相手国市場の情報収集と分析が適切でない場合、リスクが発生する可能性がある。特に、輸出契約締結時には、相手国市場の情報を精密に収集して分析し、リスクに備えなければならない。特に輸出取引を進めるには突発的なリスクが発生する可能性が大きい。したがって、輸出者は事前に輸入国税関に問い合わせて該当商品輸入に関する詳細な情報を収集して分析した後に、輸出するならばリスクを管理することができる。日本の輸出入禁止貨物は＜表26＞、＜表27＞のとおりである。

表 26　日本の輸出禁止貨物

- 麻薬及び向精神薬、大麻、あへん及びけしがら並びに覚醒剤
- 児童ポルノ
- 特許権、実用新案権、意匠権、商標権、著作権、著作隣接権又は育成者権を侵害する物品
- 不正競争防止法第二条第一項第一号から第三号まで、第十号、第十七号又は第十八号に掲げる行為を組成する物品

出典：日本関税法

表 27　日本の輸入禁止貨物

- 麻薬及び向精神薬、大麻、あへん及びけしがら並びに覚醒剤
- 拳銃、小銃、機関銃及び砲並びにこれらの銃砲弾並びに拳銃部品
- 爆発物
- 化学兵器製造用火薬類
- 貨幣、紙幣若しくは銀行券、印紙若しくは郵便切手又は有価証券の偽造品、変造品及び模造品
- 公安又は風俗を害する書籍、図画、彫刻物その他の物品
- 児童ポルノ
- 特許権、実用新案権、意匠権、商標権、著作権、著作隣接権、回路配置利用権又は育成者権を侵害する物品
- 不正競争防止法による侵害品

出典：日本関税法

　輸出者と輸入者は、税関から事後調査が発生する可能性があるため、これに対応できるように準備しておかなければならない。輸出者と輸入

者は、貨物に関する書類、帳簿、電子取引の取引情報に関する電子記録を保存する義務がある。したがって、保存すべき対象と保存期間を確実に知っておくべきである。特に最近では、インターネットを通じてあるいは電子メールを活用して契約を結ぶこともあるので、電子メールそのものあるいは注文書や見積書のPDF添付ファイルなどを保存しなければならない。

　第三に、リスクの損失強度が小さく、発生頻度が小さい場合、リスク保有を選択することができる。企業は、純利益、準備金を活用してクレーム発生、貨物の没収及び廃棄による被害、法的責任による被害などのリスクを保有することができる。

　第四に、リスクの損失強度が大きく、発生頻度が小さい場合、リスク移転を選択することができる。通関に関するリスクは、保険やヘッジングなどによるリスク移転が不可能である。

練習＆討論問題

1. 将来、通関リスクを管理するリスク転移方法が可能となるか？もしそうであるなら、どんなことが可能となるかについて討論してください。
2. 日本の主要輸出国を1つを選択し、輸出入通関手続きと留意事項について説明してください。

2.4章　商品運送段階；運送リスク

概要と要約

　貿易運送は貿易取引に伴う国際運送であり、急速な環境の変化に伴い、今日の貿易運送の重要性はさらに強調されている。より多くの数量をどれだけ安全、迅速、低コストで運送するかが全体のマーケティング費用の削減に加えて満足度向上とも直結するためである。国際運送は国内運送とは異なり、様々な運送手段が活用される。さらに、成功した貿易取引のためには、適切な運送手段を選択することが重要である。貿易運送契約は締結方式により定期船と不定期船に区分され、貿易運送には様々な運送書類が必要である。本章では、貿易運送契約の種類、貿易運送手段別の特徴、運送リスクの定義、運送リスクマネジメント方法について説明する。

01　貿易運送手段

① 貿易運送の概念

　貿易運送は貿易取引に伴う国際運送である。運送は、物品が生産された場所と消費する場所との間に存在する空間的距離を狭めるための物品の空間的移動と、時間的な克服を通じて財貨と役務の効用価値を増大さ

せる行為である。今日、産業構造の高度化、国際競争の深化、世界市場の統合、消費者ニーズの多様化などにより、貿易運送の重要性はさらに強調されている。より多くの量をどれだけ安全かつ迅速に、比較的低コストで運送するかが全体のマーケティングコストの削減に加えて顧客サービスの向上とも直結するためである。

運送は場所によって国内運送と国際運送に区別される。国内運送は、運送が同一国内で行われる。輸出者の立場では倉庫や工場から出荷港までの運送、輸入者の立場では到着港から倉庫や工場までの運送を意味する。国際運送とは、国の範囲を超えて他国間で行われる輸送であり、出荷港から到着港または最終目的地までの運送を意味する。

運送は運送契約締結方式により定期船（Liner）と不定期船（Tramper）に区分することができる。定期船は個品運送契約によるものであり、不定期船は傭船契約である。数量運送とは、各物品を対象に契約する運送をいうもので、運送人が多数から貨物を買収して運送するもので、ほとんどの工業製品輸出入は定期コンテナ船による数量運搬方式を利用している。数量運送は、海上、航空、鉄道運送など、1つの運送手段を利用する単一運送と、運送人の責任のもとに2つ以上の運送手段が活用される複合一貫運送が利用される。

不定期船の運送は、船会社から船舶の全部または一部（一部傭船）を借りる方式の運送契約である。全部傭船の場合は定期傭船（Time Charter）、航海傭船（Voyage Charter）がある。

貿易取引成功のための重要な要素の1つは、適切な運送手段の選択である。製品の品質と価格、マーケティング能力、貿易契約、代金決済などに劣らず、適切な運送方法を通じた製品の適期引渡し、運送物流費の

削減及びこれによる信用度の向上が重要である。最適な運送手段を選択する判断基準としては、貨物の種類、重量及び容積、運送経路、運送距離、運送時間、運送費等を考慮しなければならない。

　運送に関して、輸出者は適切な運送書類を取得して代金決済を受けること、そして輸入者は運送書類を正当に取得して輸入物品を入手することが最も重要である。したがって、運送書類の要件が何であるかをよく知り、要求に適応するためには、運送書類に対する理解及び運送人が運送契約に違反した場合、どのような対応をすることができるかについての理解が必ず必要である。このような内容が運送人の責任内容であり、これは運送書類規約及び関連国際規則で規定されているため、運送書類及び国際規則をよく理解しなければならない。運送関連国際規則及び運送書類は＜表28＞のとおりである。

表28　運送関連国際規則及び運送書類

運送手段	輸送書類	国際規則
海上運送	船荷証券 (Bill of Lading)	Hague Rules (1924) Hague-Visby Rules(1968) Hamburg Rules(1978) Rotterdam Rules(2009)
	海上運送状 (Sea Waybill)	海上運送状に関するCMI統一規則(1990)
	傭船契約書 (Charter Party)	契約自由の原則
航空運送	航空貨物運送状 (Air Waybill)	Warsaw Conventions(1929) Montreal Conventions(1966)

複合一貫輸送	複合運送証券 (Multimodal Transport Document)	国連国際物品複合運送条約 (1980) UNCTAD/ICC 複合運送証券に関する規則
道路運送	道路貨物運送状 (Road Consignment Note)	CMR 条約 (国際道路物品運送条約)
鉄道運送	鉄道貨物運送状 (Railroad Consignment Note)	CIM 条約 (国際鉄道物品運送条約)

出典 : 各種資料を参考にして作成

② 海上運送

　海上運送は、海上で船舶を利用して人および財の移転を目的とする海上サービスである。現在の海上運送は造船技術の発達、電子及び情報通信の発達など、持続的な技術革新とともに船舶運送の安定性を増大した。また、船舶の大型化、高速化、専用線画、コンテナ線画が大きく進展した。海上運送は陸上運送や航空運送と比較して次のような長所を持っている。海上運送は大量運送が容易で、長距離運送に適している。また、体積や重量が大きい貨物の運送が可能で、比較的運送費が安い。しかし、気候に敏感で、運送時間が長く、他の運送手段に比べて危険度が高いという欠点も存在する。＜図 26 ＞は海上運送の手続きである。

| 図26 |　海上運送の手順

| 出典：各種資料を参考にして作成

① 海上運送契約

海上運送契約は旅客運送契約と貨物運送契約に分けることができる。貨物海運運送契約は、個品運送契約（COA; Contract of Affreightment）と傭船契約（C/P; Charter Party）がある。個品運送契約と傭船契約の違いは＜表29＞のとおりである。

個品運送契約は個別の物品の運送を目的とする契約で、主に定期船（Liner）により運送が行われる。これは、雑貨などの比較的少ない貨物を運送する際に結び、一定期間内に一定量の運送数量を定めて運送する契約である。個品運送契約は個別契約書が作成されず、船荷証券が発行される。この時、船荷証券は運送契約成立の推定的証拠（Prima Facie Evidence）となる。

表29　個品運送契約 vs 傭船契約

区分	個品運送契約	傭船契約
契約の目的	個別商品の運送	船の一部または全部
運送方法	定期船 (Liner)	不定期船 (Tramper)
適用法規	成文法 (Statute Law)	普通法 (Common Law)
当事者	運送人、荷送人	船主、傭船者
荷主	不特定多数荷主	特定荷主
貨物	小口の貨物	ばら積み貨物
契約の証拠	船荷証券 (B/L)	傭船契約書

出典：各種資料を参考にして作成

　傭船契約は船主と傭船者（運航業者）との間で行われる契約で、主に不定期船（Tramper）によって運送が行われる。船主は船舶の実質的な所有者であり、自分の船舶を傭船者に貸し、一定の傭船料をとることになり、安定した収入を得ることができる。傭船者とは、船主から船舶を借りて他人のために貨物や旅客等を運送する人を意味する。つまり、船主が船舶の全部または一部を提供して物品を運送することを約束し、傭船者がその補修として運賃を支給することにする契約である。

　傭船契約は、航海傭船（Voyage Charter）、裸傭船（Bareboat Charter）、定期傭船（Time Charter）に区分される。航海傭船（Voyage Charter）は、不定期船会社が船腹の全部または一部を使用して、傭船者にある貨物を、ある港からある港まで特定の条件で運送することを約定する契約である。船主は船長及び乗務員を任命し、傭船者に船を提供し、運送に関する全体的な責任を負う。燃料費、港費、船員費等の運送行為に係る全

ての費用は船主が負担する。傭船者は、運送行為に対する対価として運賃を支払う。運賃は積載量にかかわらず、一航海当たりの総括運賃を定めて賦課する形で定められ、これをランプサムレート（Lump Sum Rate）という。

　裸傭船（Bareboat Charter）は船舶の賃貸借契約で、船主が船舶自体を一定期間にわたって傭船者に貸与する契約である。船舶は船舶以外に船長、船員、装備、消耗品に対してすべての責任を負い、船舶の占有権と統制権を持つことになる。

　定期傭船（Time Charter）は、溶船期間に応じて溶船料を支給する運送契約形態である。船主は船舶の設備を備え、船員を乗船させた状態で一定期間、傭船者に貸す。溶船者は燃料、港費などを負担して船舶を運航する。

　海上運送契約の区分は＜図27＞のとおりである。

| 図27 | 海上運送契約の区分

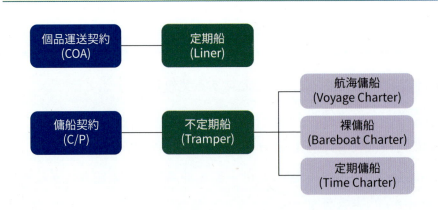

| 出典：各種資料を参考にして作成

② 定期船

定期船（Liner）は、定期航路に就航している船舶を指す。定期船運送は、特定航路を貨物の数量に関係なく規則的に定められたルートを繰り返し運航する運送形態である。定期船は定期的かつ高速で運航するため、不定期船貨物とは異なり、主に規格化された工業製品と包装貨物を運送する。定期船運送人は高価な船舶を所有する専門運送人であり、標準契約書と運賃料金表に従って運送サービスを提供する。定期船が配船スケジュール（Shipping Schedule）を公表すると、荷主が船積依頼書（S/I; Shipping Instruction）を提出し、船主がこれを承諾する買収契約書（Booking Note）を交付することで運送契約が締結される。代表的なのがコンテナ船による運送で、コンテナ船の登場とともに大量の貨物が安全に定期的に運送できるようになった。

③ 不定期船

不定期船（Tramper）とは、特に航路を定めずに貨物があるとき不定期的に運航される船舶を意味する。つまり、荷主の要求があるときに契約を締結し、不定期的に運航する運送形態である。不定期船には貨物の性質もしくは形態に応じて特殊な施設と構造を備えた船舶や特殊専傭船が利用される。主に鉄鉱石、原油、石炭、穀物、LNG、LPGなどのばら積み貨物を運ぶ。特殊専傭船としては、油槽船（Oil Tanker）、冷凍船（Refrigerated Ship）、木材運搬船（Timber Carrier）、自動車運搬船（Car Carrier）などの特殊専傭船が利用される。

不定期船は貨物の運送が地域・時期別に不規則的であり、需要によって航路が決定されるため、グローバル市場を形成する。また、単一企業

では市場シェアが大きくないため、独占が難しく、カルテルの形成も難しい。最後に、不定期船市場は同盟結成が難しいため競争原理が適用され、運賃と傭船料は需給によって決定される。不定期船は毎回交渉を通じて運賃が決定され、船主と荷主の間に傭船契約書が作成される。傭船契約は船舶確保のための傭船者の問い合わせ→船舶会社のファームオファー→傭船者の承諾で成立する。契約の証拠としては、船腹確約書（Fixture Note）及び傭船契約書が作成され、主に傭船仲介人（Charter Broker）を利用する。

　一般的に不定期船の運賃はトン当り重量建てで運賃率が定められている。また、船積作業の費用（積込費用）と陸揚げ作業の費用（荷揚費）を含むか否かを区分して＜表30＞のような4つの運賃条件が用いられる。

表30　不定期船の運賃条件

条件	積込費用	荷揚費用
FIO (Free In & Out)	X	X
FO (Free Out)	O	X
FI (Free In)	X	O
Berth Term	O	O

出典：各種資料を参考にして作成

③ 航空運送

　航空運送とは、航空機を利用して旅客と貨物を運送する運送システムを意味する。航空運送に適した代表的な貨物は次のとおりである。まず、付加価値の高い貨物である電子機器、通信機器、半導体、高度な精密機

械などがある。また、ダイヤモンドや金のような貴重品や新鮮食品、生花、雑誌、新聞などのように迅速性が必要な貨物が代表的である。陸上、海上運送と比較したときの航空運送の利点は次のとおりである。まず、迅速性である。航空運送は商品を運ぶ速度が速いため、季節商品、流行商品、納期が迫る商品などの運送に適している。第二に、安全性である。航空貨物は運送中に紛失、毀損の可能性が少ないため、貨物をより安全に運搬することができる。第三に、経済性である。航空運送の単位当たりの運賃は、海上運送に比べて高い方や、倉庫料、包装費、配達時間などを考慮した総合費用面では、むしろ経済性を備えた場合もある。一方、航空運送は海上運送に比べて運賃が高く、貨物の大きさや重量に制限があるという欠点が存在する。

① 航空貨物の種類

航空貨物は大きく一般航空貨物とチャーター貨物に区分され、一般貨物は直送貨物と混載貨物に分けられる。直送貨物とは、荷送人と航空会社との間で運送契約を締結して航空運送する貨物を意味する。このとき、貨物は航空会社が発行した航空貨物運送状（AWB; Air Waybill）によって運送され、一般に航空会社の代理店でこの書類を発行する。原則として、直送貨物は空港から空港まで運送するものである。チャーター貨物とは、荷送人と混載業者との間で運送契約を締結し、混載業者の責任下で運送される貨物を意味する。混載業者は利用航空運送事業者あるいはエアプレートフォワーダーと呼ぶ。このとき、貨物は混載業者が発行した混載航空運送状（HAWB; House Air Waybill）により運送される。チャーター貨物とは、ある荷送人が航空機の貨物空間の全部または一部を借りて、荷

送人の貨物を運送することを意味する。これは、特定の荷主の大量貨物を一括して特定区間を運送する場合や、定期便が運航しないところに大量の貨物や特殊な貨物を運送する場合に利用する。

② 航空貨物の搭載方式

航空貨物の搭載方式にはバルク搭載方式と ULD 方式（Unit Load Device）がある。バルク搭載は旅客手荷物のように貨物室に個々の貨物を人力により直接積載する方式で、包装の大きさや重量の制限がある。ユニット搭載方式には、コンテナローディングシステムとパレットローディングシステムがある。コンテナローディングシステムは、別途の補助装置なしで航空機内の貨物室への積載と固定が可能なようにアルミニウム製のコンテナを使用するものである。パレットローディングシステムは、アルミ合金製のパレットの上に貨物を航空機の内部形状と一致させるように積載作業を行った後、ネットやストラップで束ねられるように設計された装置を使用するものである。

③ 航空運送契約書類

航空運送契約に発行される航空貨物運送状（AWB; Air Waybill）は、航空運送契約締結の推定的証拠である。航空運送契約の内容は航空貨物運送状の裏面約款に表示される。裏面規約の代表的なものは、国際航空運送協会（IATA; International Air Transport Association）の標準規約（The General Condition of Carriage）である。この約款は、1929 年の Warsaw Convention と 1955 年の Hague Protocol に反しない範囲内でのみ適用され、現在、ほとんどの航空会社が IATA 標準規約を受け入れるか若干修正して使用している。

④ 複合一貫輸送

　複合一貫輸送（International Multimodal Transport）とは、複合運送人によって物品があるある国の支店から他の国の配達支店まで、少なくとも2つ以上の運送方法によって行われる運送である。複合一貫輸送は、複合運送人（Multinominal Transport Operator）が全区間単一責任を負い、複数の運送人が参加する形態である。複合運送人は運送の全区間を準備し、書類作成や通関手続きなどの部隊業務も行う。複合一貫輸送の主な方式は、ランドブリッジ（Land Bridge）、シーアンドエア（Sea&Air）がある。＜図28＞は複合一貫輸送の分類である。

| 図28 | 複合一貫輸送の分類

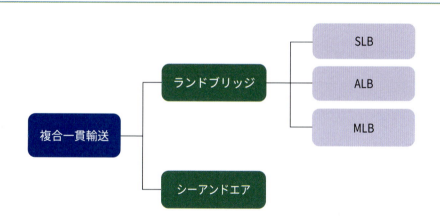

| 出典：各種資料を参考にして作成

　ランドブリッジは大陸と海上を結ぶ複合一貫輸送方式を意味する。大陸を横断する鉄道や道路が海上と海上を結ぶ橋のように活用される方式である。すなわち、海上と陸上を加えた方式で陸地をブリッジのように

利用して運送する方式である。ランドブリッジを利用する場合には、海上運送のみを利用するよりも陸路運送を追加することで、全体運送にかかる時間とコストを削減することができる。ランドブリッジの主要経路には、シベリアランドブリッジ（SLB; Siberian Land Bridge）、アメリカランドブリッジ（ALB; American Land Bridge）、ミニランドブリッジ（MLB; Mini Land Bridge）などがある。

シベリアランドブリッジはシベリア鉄道（TSR; Trans Siberian Railroad）を利用して日本・アジアと欧州・中近東・中央アジアを結ぶ国際複合一貫輸送方式である。貨物は日本からロシア極東のボストーチヌイ港（Vostochny Port）とナホトカ港（Nakhotka Port）まで海上に運送され、シベリア鉄道を利用してロシア西部の国境まで陸上運送され、再び鉄道、トラックを利用して最終目的地まで運ばれる。一般的に、日本からヨーロッパまで、海上運送のみでの運送には約35〜40日かかる。しかし、シベリアランドブリッジを利用すれば約25日程度で運送することが可能となる。

アメリカランドブリッジ（ALB）は日本で北米大陸を横断してヨーロッパに運送する方式である。つまり、日本港から北米西海岸までは海上運送し、北米内陸は北米東海岸まで鉄道運送、北米東海岸からヨーロッパまで再び海上に運送する経路である。

ミニランドブリッジ（MLB）は、まず日本で出荷された貨物が米国の西海岸港まで海上運送される。その後、陸上運送で米国大陸を横断して米国東部港まで運送される。つまり、船と鉄道を組み合わせた海陸複合一貫輸送である。

シーアンドエアは、海上運送と航空運送を組み合わせた運送サービス

である。シーアンドエア（Sea & Air）は1962年、米国のFlying Tiger社が日本の商品をヨーロッパまで運送し始めた。運賃が安いという海上運送の経済性と、運送の所要日数が短縮されるという航空運送の迅速性を組み合わせて、コストと時間の経済性を最大限に活用しようとする方式である。全区間を海上で運送する場合、運送期間が長すぎ、全区間を航空で運送する場合に余裕のある運賃が大きい場合、シーアンドエア方式が利用される。

例えば、日本から北米を経由してヨーロッパへの運送の際、すべての船舶を利用すると約30日ほどかかる。だが、日本から北米西海岸まで海上で運送をしてヨーロッパまで航空で運送するなら、約14日程度に時間が短縮される。運賃設定が自由で利用が容易であることから、北米経由のヨーロッパ用、東南アジア経由のヨーロッパ用など、遠距離ヨーロッパ用を中心としたルートが多様化した。

シーアンドエアの利点は次のとおりである。第一に、海上運送と比較して運送期間が短縮され、航空運送料金より50％以上節約される。第二に、企業の物流管理において、ジャストインタイム（Just in Time）要求を満たすことができる。第三に、体積は少ないが、高価な商品運送での利用が増加する可能性がある。第四に、情報産業の発達によりシーアンドエアのスケジュール調整が可能になると、シーアンドエアの効率性を最大化することができる。主なシーアンドエア航路は＜図29＞のとおりである。

| 図29 |　主要シーアンドエア航路

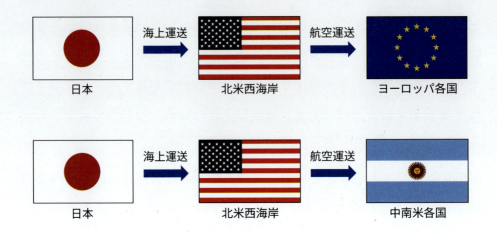

| 出典：各種資料を参考にして作成

02　運送リスクの概念

　環境の変化とともに貿易輸送の重要性はさらに強調されている。物品をどれだけ安全に、どれだけ迅速に運送するかという貿易取引の持続性とも直結する問題である。貿易取引は国内運送とは異なり、多様な国際運送手段を使用する単一の運送手段を使用することも、様々な運送手段を混合することもできる。運送リスクは、貿易商品が輸出者を離れて輸入者に引き渡されるまでの運送過程で発生するリスクである。

　リスクの構造はハザード→ペリル→損失という体系性を持っている。これをもとに運送リスクを分類すると＜表31＞のとおりである。

表 31　運送リスクの構造

	ハザード	ペリル	損失
物理的ハザード	不可抗力、物理的条件	海賊、テロ、沈没、座礁、衝突、悪天候、戦争	費用の損失、貨物の紛失、貨物の品質の低下、貨物の破損
モラルハザード	不正職、詐欺などの意図的な行為	出荷書類を意図的に誤って記入、運送人の故意的行動、運送詐欺、発送詐欺	費用損害、クレーム発生、貨物紛失、貨物の品質低下、貨物の毀損
モラールハザード	不注意、無関心、傍観、怠慢などの行為	不適切な貨物梱包、不適切な航路の選択、出荷書類の作成ミス、運送人の不注意、運送人の無関心	費用損害、クレーム発生、貨物紛失、貨物の品質低下、貨物の毀損

出典：各種資料を参考にして作成

　まず、物理的ハザード→ペリル→損失の構造である。物理的ハザードは、運送中に発生する可能性のあるリスクを高める不可抗力、物理的な条件である。この時発生可能なペリルとしては、海賊、テロ、沈没、座礁、衝突、悪天候などがある。運送手段のうち、特に海上運送は海賊攻撃に脅威を受ける。特に東アフリカ海域、西アフリカ海域、アジア海域、アメリカ海域で頻繁に海賊行為が発生する。2023年11月、イエメンに本拠地を置いたフーティ反軍はヘリコプターとミサイル、ドローンを利用して通り過ぎる商船を攻撃した。これにより海上運送会社は紅海とアフリカ沿岸を通る路線の代わりに北極海など遠く帰る代替路線を選んでい

る。また、海賊の脅威のため、運賃が高い航空運送が増加した。運送時には沈没、座礁、衝突、悪天候、戦争などのリスクが発生することもある。損失には運送が遅れたり、運送が不可能になったりして発生する費用損害、貨物紛失、貨物の品質低下、貨物の毀損などがある。

　第二に、モラルハザード→ペリル→損失の構造である。モラルハザードは、運送時に発生可能なリスクを増加させる不正職、詐欺などの意図的な行為である。このとき発生可能なペリルとしては、出荷書類を意図的に誤って記入、運送人の故意的行動などのような運送詐欺と発送詐欺である。出荷書類は貿易代金決済の必須要件でもあり、輸入国で物品を通関するために必ず必要な書類である。出荷書類は代表的なものとして船荷証券、インボイス、保険証券で行われるが、時として原産地証明書、梱包明細書などが別途含まれることもある。運送詐欺、出荷詐欺を図るためにそれを意図的に操作して運送リスクが発生する可能性がある。次に船長および船員の悪行がある。不正直な船長及び船員が故意に船舶を沈没させたり、貨物を他人に売却する場合などである。このとき発生する損失は、費用損害、クレーム発生、貨物紛失、貨物の品質低下、貨物の毀損などがある。

　第三に、モラールハザード→ペリル→損失の仕組みである。モラールハザードは、運送時に発生可能なリスクを増加させる不注意、無関心、傍観、怠慢などの行為である。このとき発生可能なペリルとしては、不適切な貨物包装、不適切な航路選択、出荷書類の作成ミス、運送人の不注意、運送人の無関心などがある。貨物の梱包状態が悪いと、運送時に深刻な問題が発生する可能性がある。貨物の特性を考慮していない不注意な取り扱い、誤ったパッケージング、不適切な積載方式などで貨物が衝撃を受けて損傷したり破損することもある。

03 運送リスクマネジメント

　国際運送は国内運送に比べて複雑な過程を経るためより多くのリスクを抱えている。運送手段によるリスクも存在するが、運送のための貨物の包装状態自体にもリスクが存在する。これによる経済的損失は荷主、運送人、船会社などすべての企業の負担として戻ってくるため、運送リスクマネジメントは必須である。＜表32＞は運送リスクマネジメントの方法である。

表32　運送リスクマネジメント

区　分		内　容
リスク コントロール	リスク回避	運送中断、運送スケジュールの延長
	リスク低減	運送路線の事前調査 正しいキャリアを選択 貨物の正しい梱包 貨物衝撃案内装置の追加 貨物の特性に応じた運送手段の選定
リスク ファイナンシング	リスク保有	純利益、準備金、自己保険、外部の借入金
	リスク移転	海上保険、契約移転

出典：各種資料を参考にして作成

　第一に、リスクの損失強度と発生頻度の両方が大きい場合、リスク回避を選択することができる。リスク回避は、運送リスクにつながる可能性のあるすべての活動を中断または回避することである。運送を中断し

たり、運送スケジュールを延長するなどの行動をとることができる。

　第二に、リスクの損失強度が小さく、発生頻度が大きい場合、リスク低減を選択することができる。運送路線の事前調査を通じて、該当区間にどのようなリスクがあるかを把握し、対応を設けなければならない。さらに、運送人に関する慎重な調査を通じて、その運送人が信用の有無を把握し、正しい運送人を選択しなければならない。また、貨物の特性に応じて適切な運送手段を選定しなければならない。

　運送中に最も頻繁に発生する可能性のあるリスクには貨物の破損がある。したがって、貨物の破損を減らすためには、材料の取り扱い手順、製品の保管方法、または運送モードなどを複合的に考慮して貨物を運送する必要がある。特に物品を載せる前に正しい梱包方法を選択することは不可欠である。運送中に貨物が揺れたり、内容物同士がぶつかって破損しないように安全に梱包しなければならない。貨物包装のプロセスは次のとおりである。Step 1. 運送すべき物品の重量、体積及び形状、物品の性質、価格、脆弱性、出荷用途、規定等を考慮して包装要件を決定する。Step 2. 物品の強度、大きさ、耐久性などを考慮して適切な包装材を選択する。Step 3. 物品の特性を考慮し、通常の箱包装、二重包装、特殊包装など破損しないように徹底的に包装する。Step 4. 物品が目的地まで損傷なく安全に出荷できるように、シール及び取扱い注意ラベル等を貼り付ける。もしこの過程の一つでも怠ると、運送過程で外部要因の影響を受け、物品が破損する可能性を排除することが難しい。

　今日、海上運送はコンテナを活用して運送されている。海上運送のコンテナに運送される貨物の種類が増加し、より多くの種類のコンテナが登場しながら、現場で対応しなければならない運送手順および方式も複

雑化している。その結果、いくつかの貨物損傷事故が発生し、経済的損失につながる。これを防ぐために、かさばるコンテナの特性を考慮した装置を使用して、貨物が破損しているかどうかを判断することができる。ショックウォッチ（Shock Watch）またはチルトウォッチ（Tilt Watch）を活用できる。

　ショックウォッチは、貨物が一定以上の衝撃を受けると白から赤に変色して視覚的に表示する衝撃表示ラベルである。出荷時に白色のショックウォッチを取り付けたが、到着地でショックウォッチのチューブが赤色になっていれば運送中に衝撃を受けたことが確認できる。ただし、どの区間で衝撃が発生したかを正確に把握するには限界がある。上・下車、内陸運送、倉庫入・出庫時など区間別にショックウォッチを一つ一つ確認しなければならないからである。また、これを写真で記録しなければ明確に究明することは難しい。

| 図30 | ショックウォッチ（Shock Watch）

| 出典：www.shockwatch.com

チルトウォッチは、傾きがあったことを確認する装置である。主に垂直状態を維持しながら運送しなければならない貨物にチルトウォッチを取り付ける。チルトワッチが取り付けられたコンテナやボックスが垂直から80度になると、傾斜センサが赤色になり、取り扱い不注意を防止し管理することができる。また、一段階アップグレードされたもので、傾くかどうかだけでなく、貨物がどの方向にどれだけ傾いたかを詳細にチェックできる装置もある。しかし、輸送過程で発生する事故は、最終的には貨物が到着地から引き渡され、内容物を開いてみたときにのみ確認できる。

| 図31 | チルトウォッチ（Tilt Watch）

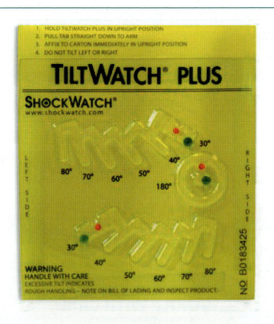

| 出典：www.shockwatch.com

第三に、リスクの損失強度が小さく、発生頻度が小さい場合、リスク保有を選択することができる。リスク保有は、費用対効果を考慮して関連する運送リスクをそのまま受け入れることである。この時、運送リスクを消極的に保有するか、積極的に保有することになる この時、純利益、準備金活用したり、外部機関から資金借入して運送リスクを保有することができる。

第四に、リスクの損失強度が大きく、発生頻度が小さい場合、リスク移転を選択することができる。運送リスクを移転する代表的な保険には海上保険がある。海上保険は貿易に関する代表的な保険の一つで、貨物や船舶に対するリスクを補償する保険である。海上保険の詳細な説明はPart 4 の 4.1 で行う。

練習＆討論問題

❶ 海上運送と航空運送の違いについて説明し、各手段の長所と短所と選択時に考慮すべき点について述べてください。

❷ デジタル化が貿易の運送手段に及ぼす可能性のある影響は何であり、将来的にどのような変化が起こるのかについて述べてください。

2.5 章　代金決済段階；代金決済リスク

概要と要約

　貿易取引において、売主と買主は相互の信頼、相手の信用、商品の特性、商取引慣習、当事者の交渉力、該当国の輸出入規制、カントリーリスクなどを考慮して代金決済方式を選択する。貿易取引で主に使用する代金決済方式は、信用状（L/C; Letter of Credit）、D/P 決済（Document against Payment）、D/A 決済（Document against Acceptance）、送金決済がある。本章では、代金決済方法の特徴、それぞれに応じたリスクマネジメント方法を調べる。

01　貿易代金決済

① 貿易決済の概念

　貿易取引の当事者は、取引に関してさまざまなリスクに直面している。特に売主（輸出者）には代金回収に対するリスクが存在する。したがって、安全な決済条件を選択することで、代金回収のリスクを減らすことにする。売主は物品を出荷する前に決済代金を事前に受け取りたい。一方、買主（輸入者）は決済代金を支払う前に物を受け取りたい。このように売

主と輸入者によって好む決済の方式が異なる。しかし、事前または事後決済方式は、売主あるいは買主の片側にのみ有利な条件である。したがって、ある程度信頼が積まれた貿易取引でなければ、この決済方式を鮮明に選択することは難しい。

　売主と買主は、相互間の信頼、相手の信用、商品の特性、商取引慣習、当事者の交渉力、該当国の輸出入規制、カントリーリスクなどを考慮して代金決済方式を選択する。選択された支払い方法は、通常、売買契約書（Sales Contract）、売却申請書（Offer Sheet）、注文書（Order Sheet）などに支払い条件（Terms of Payment）として表示される。すなわち、代金決済は、売主と買主との間で締結する主契約である売買契約の一部である決済条件を実行するために当事者が銀行など第三者と決済契約を締結して履行するものである。

② 貿易決済方式の分類

　代金決済方式は大きく支給時期と支給方法によって分類できる。まず、支給時期による分類は、物品出荷または出荷書類の引渡時点を基準に代金前払い（Advance Payment）、代金後払い（Deferred Payment）、代金分割払い（Progressive Payment）、同時支給などがある。

　代金前払いは、売主が物品を買主や運送人に引き渡す前に物品代金を支給する方式である。これは主に見本購入、小額取引時に活用され、支給方式には送金小切手、電信為替などがある。代金後払いは、物品または書類が買主に引き渡され、一定期間が経過した後に売主に代金が支払われる方式である。代金分割払いは分割して貿易代金を支給する方式で、例えば前払金は契約締結時、残金は出荷後など活用可能である。

支払方法による代金決済方式は、現金（Cash）方式、小切手（Check）方式、送金（Transfer）方式、為替手形（Bill of Exchange）方式がある。現金方式は、物品または書類が銀行を経由せずに渡される場合に買主が売主に現金を支給する方式である。小切手方式は小切手を使った決済方式で、銀行小切手（Banker's Check）あるいは個人小切手（Personal Check）が使用される。送金方式は、送金銀行が買主に小切手を発行する代わりに輸出地にある支給銀行に一定金額を売主に支給することを委託する支給指示書を発行する方式である。支給指示書は郵便、電信等で送られる。為替手形方式は、債権者が債務者または債務銀行に発行する為替手形を使用する方式である。債権者が為替手形に出荷書類を添付することになれば、これを荷為替手形（Documentary Bill of Exchange）という。

02 貿易代金決済の種類

　貿易代金決済の種類は大きく、信用状（L/C）決済、信用状（L/C）なし決済、その他に区分され、図32のとおりである。信用状（L/C）決済と信用状（L/C）なし決済のうち、契約ベースの決済（D/A、D/P）はいずれも荷為替手形を活用する決済である。その違いは、銀行の支払確約保証の有無である。

| 図32 | 貿易代金決済の種類

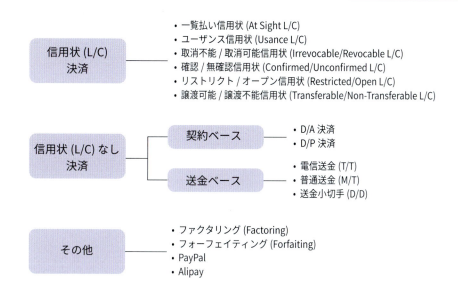

| 出典：各種資料を参考にして作成

① 信用状

　信用状（L/C; Letter of Credit）は、信用状開設依頼人（輸入者）の要請により、開設銀行が収益者（輸出者）に書類要件を満たしたときに代金支払を約束する「条件付支給確約書」である。すなわち、信用状は、信用不足の収入者に代わって信用が十分な銀行が信用を提供する書類である。信用状は、信用状統一規則（UCP 600）により取り扱われ、これは国際商業会議所（ICC; International Chamber of Commerce）が規定したものである。

　信用状は、輸出者と輸入者の間に信用のある銀行が介入し、輸入者の不安な信用を補強する役割をする。したがって、輸出者と輸入者との間

の国際貿易を円滑にする機能がある。輸出者の立場では、輸入者からの代金支給に対する不安を解消することができる。キャンセル不能信用状の場合、輸入者が一方的に注文をキャンセルするリスクを防止することができる。また、外国政府がカントリーリスクを理由に外国為替の対外支給や決済を制限する場合にも、既に発行された信用状に対しては支給規制を行わないため、リスクマネジメントが可能である。輸入者の立場では、契約条件と一致した物品の出荷を文書上で確認することができる。また、輸入者の信用を銀行の信用に置き換えるため、注文と決済に対する確実性を高め、残りの契約条件を自分に有利にすることができる。最後に、輸入者は、注文した商品が約束された期間内に出荷されるという保証を受けることができるため、商業リスクに対する不安から解放される可能性がある。

① 信用状関係者

信用状関係者は基本関係者と他の関係者に区分が可能である。基本関係者は、信用状取引で直接的な権利と義務を負担する者を意味する。その他の関係者は、信用状取引の円滑な取引のために間接的に参加する銀行を意味する。詳細な信用状関係者は＜表33＞と同じである。

表33　信用状関係者

基本関係者	発行依頼人 (Applicant) 受益者 (Beneficiary) 発行銀行 (Issuing Bank/Opening Bank) 確認銀行 (Confirming Bank)
その他の関係者	通知銀行 (Advising Bank) 買取銀行 (Negotiating Bank)

出典：各種資料を参考にして作成

　発行依頼人（Applicant）は、一般的に買主（輸入者）で自分の取引銀行に信用状の開設を依頼する当事者である。受益者（Beneficiary）は、信用状の権利と利得を享受する者で、一般的に売主（輸出者）である。

　発行銀行（Issuing Bank/Opening Bank）は、発行依頼人の指示と要請に応じて、販売者の前に信用状を開設する。また、発行した為替手形に対する支給、買収又は買取することを確約する。さらに、条件に一致する書類を支給、買収、または購入した銀行に対しては補償する義務が存在する。

　確認銀行（Confirming Bank）は、確認信用状（Confirmed L/C）の場合の関係者である。確認銀行は、受益者に支払、買収、または買収を確定した第三銀行を意味する。受益者の立場では、開設銀行の信用問題などで開設銀行の支給確約だけを信じて取引することが難しい場合がある。この時、受益者の要請で信用度の高い銀行に信用状の確認を要請することになる。

　通知銀行（Advising Bank）は、開設銀行の要請で受益者に信用状の開設事実とその内容を通知する銀行を意味する。言い換えれば、Notifying

Bank または Transmitting Bank とも呼ばれる。一般に、受益者が所在する輸出地にある開設銀行の本支店であるか、開設銀行の為替取引銀行である。

　買取銀行（Negotiating Bank）は、荷為替手形を購入する銀行である。受益者は、信用状の条件に従って発行した為替手形に出荷書類を添付し、取引銀行に荷為替手形の購入を依頼することもある。買取銀行は開設銀行が直接指定をする場合もあり、そうでない場合もある。

② 信用状決済の流れ

　受益者（Beneficiary）、発行依頼人（Applicant）、発行銀行（Issuing/Opening Bank）、通知銀行（Advising Bank）、買取銀行（Negotiating Bank）間の信用状決済の流れは、＜図33＞のとおりである。

| 図33 | 信用状決済の流れ

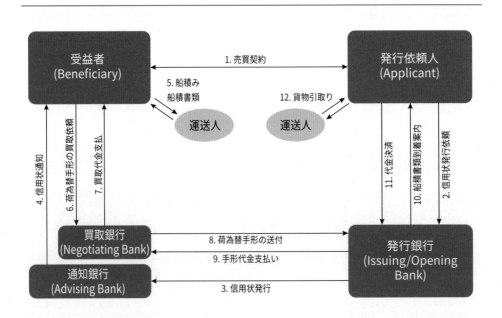

| 出典：各種資料を参考にして作成

138　貿易リスクマネジメント入門

まず、輸出者と輸入者が信用状を決済条件で売買契約を締結する。次に、輸入者は自分の取引銀行に信用状の開設を依頼する。この時、輸入者は発行依頼人となり、輸入者の取引銀行は発行銀行となる。発行銀行は、輸出国の通知銀行を経由して輸出者に信用状を発行する。この時、輸出者は受益者となる。輸出者は物品を生産し、信用状の条件や要求書類が契約内容と一致することを確認した後、物品を出荷する。出荷完了後、受益者は、信用状が要求する出荷書類を添付し、荷為替手形の買取依頼をする。この時、取引銀行は買取銀行となる。買取銀行は荷為替手形をチェックし、問題がなければ受益者に買取代金を支払う。そして、発行銀行に荷為替手形を送付し、手形代金を支給される。その後、発行銀行は、発行依頼人に輸入代金を受けて船積書類を引き渡す。最後に、発行依頼人（輸入者）は、出荷書類を船舶会社に提出し、物品を受領する。

③ 信用状の種類

信用状は国際商取引で決済や保証用に使用される。商業信用状は機能、性格、用途などを基準に種類が多様である。また、一つの信用状は一つの機能だけを持っているのではなく、様々な複合的性格を持っている。

取消不能信用状（Irrevocable L/C）は、一旦信用状が発行された後、発行銀行、確認銀行（確認信用状の場合）、発行依頼人、受益者全員の同意なしに変更や取り消しが不可能な信用状である。取消可能信用状（Revocable L/C）は、発行銀行に信用状を発行した後、受益者に事前の通知なくその条件を変更または取り消すことができる信用状である。

確認信用状（Confirmed L/C）は、発行銀行が信用力が弱い場合や、カントリーリスクのある国の銀行が信用状を発行する場合に多く活用され

る。これは発行銀行とは別に国際的に信用力のある銀行が追加で支払保証を加えたものである。つまり、発行銀行とは独立した支給約束である。無確認信用状（Unconfirmed L/C）は、追加のコミットメントがない信用状を意味する。

　譲渡可能信用状（Transferable L/C）は、受益者が信用状の権利の一部または全部を第三者に譲渡する信用状である。譲渡不能信用状（Non-Transferable L/C）は、いかなる場合にも譲渡が不可能な信用状である。

　一覧払い信用状（At Sight L/C）は、輸入者が為替手形を発行して出荷書類を発行銀行に提示すれば、書類上に欠陥がない限り、直ちに信用状代金を決済しなければならない信用状である。一方、ユーザンス信用状（Usance L/C）は、輸入者が為替手形を提示すれば一定期間が過ぎて代金を支払わなければならない信用状である。

② D/P決済

　D/P決済（Document against Payment）は、信用状以外の決済方法で、手形支払時書類渡し条件である。輸入者が銀行に手形代金を支払った時点で輸入貨物の受取に必要な出荷書類を受け取る決済方法である。D/P決済の流れは＜図34＞のとおりである。

図34　D/P決済の流れ

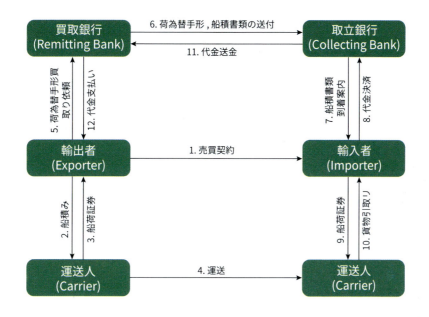

出典：各種資料を参考にして作成

　輸出者と輸入者が売買契約を締結し、契約書上の決済条項でD/P取引をすることに合意する。輸出者は運送人に運送を依頼し、船荷証券（B/L）などの発行を受ける。輸出者の運送人は、輸入者の運送人に物品を運ぶ。次に、輸出者は買取銀行（Remitting Bank）に荷為替手形買取依頼をする。買取銀行は、書類の内容審査なしに依頼書に明記された書類と実際の提出書類リストが一致するか否かを確認した後、書類を輸入地の取立銀行に送付する。取立銀行（Collecting Bank）は、書類を受け取った直後に輸入者に書類到着案内をする。この時、輸入者が書類を受け取ると言えば、代金支払を要求しなければならず、お金を受けずに書類を引き渡してはならない。輸入者は代金支払い後に銀行から受け取った書類を保管して

いるが、船舶会社に船荷証券（B/L）を与えて貨物を引き渡す。取立銀行は輸入者から受け取った代金を買取銀行に送金し、買取銀行はこれを輸出者に支払う。

③ D/A 決済

D/A 決済（Document against Acceptance）は、信用状以外の決済方法で、手形引受時書類渡し条件である。D/A 決済は信用状のない期限付き（Usance）方式の決済方法で、手続きは D/P 決済と同様である。D/A 決済の流れは、＜図35＞のとおりである。

| 図35 | D/A 決済の流れ

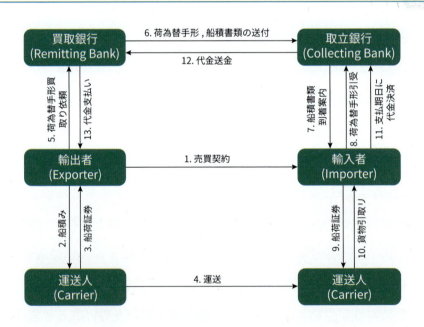

| 出典：各種資料を参考にして作成

輸出者と輸入者が売買契約を締結し、契約書上の決済条項でD/A取引をすることに合意する。輸出者は運送人に運送を依頼し、船荷証券（B/L）などの発行を受ける。輸出者の運送人は、輸入者の運送人に物品を運ぶ。次に、輸出者は買取銀行（Remitting Bank）に荷為替手形買取依頼をする。買取銀行は、書類の内容審査なしに依頼書に明記された書類と実際の提出書類リストが一致するか否かを確認した後、書類を輸入地の取立銀行に送付する。取立銀行（Collecting Bank）は、書類を受取った直後に輸入者に書類到着案内をする。輸入者が書類を買収するという承諾の表示（Accepted）をすれば、取立銀行は代金は受け取らず、出荷書類を輸入者に渡す。この時、取立銀行は、輸出者が発行した為替手形の満期日がいつであるかを具体的に知らせ、満期日に必ず決済がなされなければならないことを言及する。輸入者は船舶会社に船荷証券（B/L）を与え、貨物を引き渡す。満期日になると輸入者は代金を決済し、取立銀行はこの代金を買取銀行に送金する。そして買取銀行は輸出者に代金を支払う。

④ 送金決済

　送金決済は、輸入者が物品を受け取る前・後・同時で電信送金（T/T; Telegraphic Transfer）、普通送金（M/T; Mail Transfer）、送金小切手（D/D; Demand Draft）などの方法で輸出者に送金して代金を決済する方式である。送金決済はほとんど電信送金（T/T; Telegraphic Transfer）方式を使用し、時差なく決済が行われるため活発に利用されている。送金決済の方法は、＜表34＞のとおりである。

表 34　送金決済の方法

区　分	内　容
電信送金 (T/T; Telegraphic Transfer)	支払指図；電信 メリット；送金に時間がかからない デメリット；送金手数料が高い
普通送金 (M/T; Mail Transfer)	支払指図；郵便 メリット；送金手数料が安い デメリット；送金に時間がかかる
送金小切手 (D/D; Demand Draft)	銀行が送金小切手を振り出し、送金依頼人に交付する方法

出典：各種資料を参考にして作成

電信送金・普通送金の流れは、＜図 36 ＞のとおりである。

図 36　電信送金・普通送金の流れ

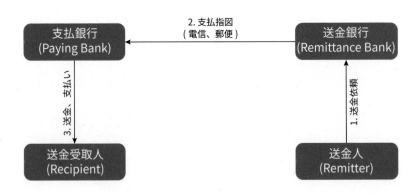

出典：各種資料を参考にして作成

送金小切手の流れは、＜図37＞のとおりである。

| 図37 | 送金小切手の流れ

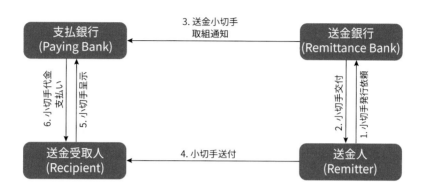

| 出典：各種資料を参考にして作成

　また、送金は決済時期によって前払送金（Advance Remittance）と後払送金（Deferred Remittance）がある。前払送金（Advance Remittance）は、輸入者が契約商品の出荷前に輸出者に貿易代金全額を事前に送金して支払い、輸出者は契約書の約定期日内に商品を出荷する方式である。この方法は、輸出者に代金の回収のリスクがなく、非常に有利である。本支店間の取引や輸出者の資金力が弱い場合に主に利用される。前払送金の流れは、＜図38＞のとおりである。

| 図38 | 前払送金の流れ

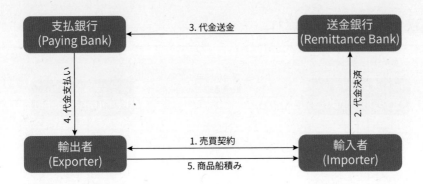

出典：各種資料を参考にして作成

　後払送金（Deferred Remittance）は、輸出者が代金を受け取る前に輸入者に商品と出荷書類を発送し、輸入者は商品を受け取った後、物品代金を輸出者に送金して決済する方式である。この方法は輸入者にとって有利な支払い方法である。後払送金の流れは、＜図39＞のとおりである。

| 図39 | 後払送金の流れ

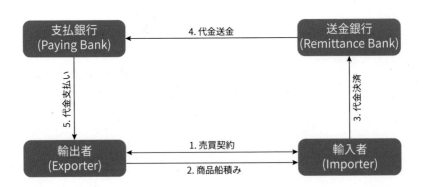

出典：各種資料を参考にして作成

送金決済は銀行手数料が比較的安いという利点がある。しかし、代金決済と出荷書類の動きは関連していない。したがって、この方法は、代金前払い、後払い、または輸出者の出荷の履行と輸入者の支払い実行にリスクが大きくない大企業間の決済時に主に使用される。

⑤ その他の小額決済方式

① PayPal

PayPalは1998年12月、e-Bayの子会社として設立されたインターネットを利用した決済サービスである。PayPalサービスを通じてPayPalアカウント間またはクレジットカードに送金、入金、請求をすることができる。PayPalは手数料がかかるが、取引時にクレジットカード番号や口座番号を知らなくても済むため、セキュリティに安全である。PayPalアカウントの種類には、Personal（個人）、Premier（個人事業者）、Business（法人）がある。この時、Personalの場合はPayPal間の入金手数料が無料で、Premier/Businessの場合には手数料が有料である。PayPalは取引において比較的安全であり、決済管理と払い戻しなども比較的確実である。しかし、時として消費者の口座を使えなくしたり、口座にあるお金を引き出すなどのリスクも発生する。

② Google Wallet

Googleウォレットは、Googleが提供するオンライン決済サービスで、e-BayのPaypalと同様のサービスである。商品代金決済システムが比較的脆弱なオンライン販売者が自分のショッピングモールサイトにGoogleウォレットを追加すると、決済者は簡単に代金を支払うことができる。

③ Alipay

Alipay（アリペイ）は、中国のアリババグループが2004年から運営するオンライン決済サービスである。会員として加入してアカウントを開設し、中国銀行口座と連結させて必要な金額をAlipayアカウントに充電した後、物を購入することができる。購入した商品の正確な配送が確認されたら、販売者にAlipayアカウントに預けられた金額をオンラインで支払う。

⑥ 貿易代金決済方式による比較

送金、信用状、D/A、D/P代金決済方式による長・短所は＜表35＞のとおりである。

表35　代金決済方式による長・短所

方　法	利　点	欠　点
送金	信用状方式に比べて銀行手数料が安い。	出荷書類は銀行を経由せず、銀行は何の責任もない。
信用状	決済代金を銀行が支給保証する。書類を銀行が審査するので、輸入者の決済管理に便利。	物品の実物について保証せず、書類に対してのみ保証する限界がある。輸出者と輸入者ともに各種手数料が多く発生する。
D/A, D/P	銀行関連手数料は発生しない。	銀行は出荷書類のみを輸入者に伝える役割をする。輸入者の信用によってのみ代金決済が決定される。

出典：各種資料を参考にして作成

03 代金決済リスクマネジメント方法

　代金決済方法別売主（輸出者）あるいは買主（輸入者）の選好度は＜図40＞のとおりである。売主と買主の両方がリスクと費用を減らす順に決済方法を選択しようとする。売主には、前払送金（Advance Payment）、一覧払い信用状（At Sight L/C）、ユーザーンス信用状（Usance L/C）、D/P決済（Document against Payment）、D/A決済（Document against Acceptance）、後払送金（Deferred Payment）決済方法順にリスクが高まる。一方、買主には後払送金（Deferred Payment）、D/A決済（Document against Acceptance）、D/P決済（Document against Payment）、ユーザーンス信用状（Usance L/C）、リスト決済信用状（At Sight L）／C）、前払送金（Advance Payment）決済方法の順でリスクが高くなる。

| 図40 | 決済方法別売主、買主のリスク

| 出典：各種資料を参考にして作成

表 36　輸出代金決済方法による輸出者と輸入者のリスク

区　分	輸出者	輸入者
前払送金	リスクなし	商品に関するリスク
後払送金	代金を回収できないリスク	リスクなし
D/P 決済	代金を回収できないリスク	代金支給前商品内容確認不可
D/A 決済	商品や代金を回収できないリスク	商品買収前の商品内容確認不可
一覧払い信用状 (At Sight L/C)	代金を回収できないリスクはなし	代金支給及び商品買収前の商品内容の確認不可
ユーザンス信用状 (Usance L/C)		

出典：各種資料を参考にして作成

　輸出代金決済方法によって輸出者と輸入者に発生する可能性のあるリスクは＜表 36 ＞のとおりである。第一に、事前送金方式の場合、決済に関して輸出者に発生する可能性のあるリスクは存在しない。一方、輸入者にとって最もリスクが大きい決済方式である。輸入者は、商品を受け取る前に輸出者に代金を送金するため、商品を受け取れないか、注文したものとは異なる商品を受け取るリスクが存在する。第二に、事後送金方式の場合、輸入者に発生可能なリスクは存在しない。一方、輸出者には最もリスクの高い決済方式で、代金を回収できないリスクが存在する。第三に、D/P 決済は輸入者が代金を決済するまでは貨物は輸出者の所有となる。D/P 決済で輸出者の場合は、代金を回収できないリスクが存在する。輸入者の場合は、代金を支払うまで商品に対して確認が不可能であるというリスクが存

在する。第四に、D/A決済は輸入者が商品を先に買収し、約束された期限までに代金を支払う方式である。したがって、輸出者は商品や代金を回収できないリスクが存在する。一方、輸入者に商品を買収するまで商品の内容が確認できないリスクが存在する。第五に、信用状取引の場合、輸出者は代金を回収できないリスクはない。しかし、輸入者が代金支給及び商品買収前の商品内容を確認することは不可能である。

① 信用状決済リスクマネジメント

信用状決済は、輸出者と輸入者の両当事者が詐欺のリスクを減らしながら安定的に取引できる方法として知られている。今日、信用状が占める割合はますます減少しているが、過去には貿易取引でほとんどの代金決済が信用状決済方式で処理されている。信用状決済のリスクマネジメント方法は＜表37＞のとおりである。

表37　信用状決済リスクマネジメント

区　分		内　容
リスク コントロール	リスク回避	不可能
	リスク低減	信用状統一規則の確認と明示 信用状内容確認 発行銀行の信用度確認 確認信用状の活用 キャンセル不能信用状
リスク ファイナンシング	リスク保有	純利益、準備金、自己保険、外部の借入金
	リスク移転	貿易保険

出典：各種資料を参考にして作成

第一に、リスクの損失強度と発生頻度の両方が大きい場合、リスク回避を選択することができる。貿易取引の場合、契約段階で事前に決済方法を指定する。したがって、決済段階でリスクを回避することは不可能である。

　第二に、リスクの損失強度が小さく、発生頻度が大きい場合、リスク低減を選択することができる。信用状決済の場合、損失防止と複製を通じてリスクを管理することができる。まず、損失防止で信用状統一規則を確認し、信用状の内容を必ずチェックしなければならない。信用状によるリスクは、一般的に繰り返し業務による書類管理の不備により発生することが多い。信用状統一規則に違反する質問や条項を挿入すると、信用状は無効となる。したがって、信用状統一規則を確認しなければならない。また、信用状自体に矛盾する内容がないかを正確に調査しなければならない。

　信用状の主な点検事項は＜表38＞と同じである。信用状自体に関する事項として、発行銀行、通知銀行、確認銀行、買取銀行、発行依頼人、受益者、信用状発行日及び場所、有効期間、金額等を確認する。決済及び為替手形に関する事項として、指定銀行及び決済方法、為替手形期間、為替手形支給人等を確認する。船積みに関する事項として、船積み方法、運送区間、船積み日付等を確認する。

表 38 信用状の主な点検事項

- 信用状開設依頼者と受益者の確認
- 信用状の金額が十分か
- 信用状の有効期間に十分余裕があるか
- 購入銀行が指定されているか
- 為替手形の手形期間（一覧払い、ユーザンス）
- 商品と数量、価格と取引条件（インコタムズ）
- 運送手段、出荷港と仕上げ港
- 出荷期限の確認
- 船荷証券、保険証券の条件確認
- 商業送り状、梱包明細書、原産地証明書などの書類確認

出典：各種資料を参考にして作成

　信用状は、信用状発行銀行が破産した場合、輸出者が代金を支払われない状況が発生する。したがって、輸出者は事前に信用状発行銀行の信用度を必ず確認しなければならない。国際的に公信力のある機関が毎年発行する Top 1000 World Banks (by Tier 1) リストを参考にして、信用状発行銀行が Top 20 に該当する銀行であることを事前に確認しなければならない。また、信用度の低い国の輸入者と取引をする場合には、確認信用状の開設を要求することが望ましい。輸出者は、信用状発行銀行の対外的信用度が低いか、輸入国の対外支払制限の可能性などに備えて、信用状発行銀行と別途の支払確約を行う確認銀行を要求することができる。したがって、確認信用状を通じて輸出者は、信用状発行銀行と信用状確認銀行からそれぞれ独自の支払確約を受ける信用リスク軽減効果を期待することができる。

一般に、信用状は、信用状の解釈に関する統一規則（UCP600）によって解釈され適用される。ただし、一部の国では、信用状の取り消し可能可否について別途の明示条項がない場合は、これを取り消し可能な信用状とみなしている点に留意しなければならない。国際的取引規範である信用状統一規則より現地国の法律が優先的に適用されるため、信用状の取り消し可否についての言及がない信用状をこれらの国に所在する発行銀行から受け取った場合、これを取り消し可能な信用状と解釈するためである。したがって、貿易契約書に取り消し不能信用状（Irrevocable L/C）を明示しなければならない。また、本契約書に別段の記載がない限り、信用状については、UCP 600 規定を優先的に適用して解釈するという規定を約定する必要がある。

　第三に、リスクの損失強度が小さく、発生頻度が小さい場合、リスク保有を選択することができる。企業は、信用状決済により発生するリスクを純利益、準備金を活用したり、外部機関から資金を借り入れて保有することができる。また、キャプティブ保険会社がある場合は、これを活用したり、自己保険を通じてリスクを保有する方法もある。

　第四に、リスクの損失強度が大きく、発生頻度が小さい場合、リスク移転を選択することができる。信用状は、発行銀行（または確認銀行）の条件付代金支払い確約である。したがって、輸出者は、輸入者の契約破棄、破産、代金支払遅延または拒絶などの信用リスクと輸入国での戦争、内乱または為替取引制限などのカントリーリスクに備えて貿易保険に加入することができる。また、NEXIで新たに創設した信用状確認保険を活用することができる。輸出者は信用状発行銀行の信用力に不安がある場合、信用力のある銀行にその信用状の確認を求めることがある。しかし、

信用状発行銀行の格付や与信枠の状況によっては、確認の依頼を受けた銀行が信用状の確認を行うことができない場合がある。信用状確認保険は、信用状発行銀行から信用状確認銀行への不払いリスクを貿易保険でカバーすることである。つまり、信用状確認保険は信用状確認銀行が確認信用状に基づいて輸出者等への支払を行った後、信用状発行銀行からの支払が期限内に行われないリスクをカバーする。

② D/P決済とD/A決済リスクマネジメント

D/P決済とD/A決済は、信用状決済のように信用状発行銀行の支払保証がない。したがって、輸出代金の回収は、輸入者側の支払いの有無によって決定される。D/P決済とD/A決済のリスクマネジメント方法は、＜表39＞のとおりである。

表39　D/P決済とD/A決済リスクマネジメント

区　分		内　容
リスクコントロール	リスク回避	不可能
	リスク低減	輸入者の信用度の確認 取立統一規則の確認及び明示
リスクファイナンシング	リスク保有	純利益、準備金、自己保険、外部の借入金
	リスク移転	貿易保険

出典：各種資料を参考にして作成

第一に、リスクの損失強度と発生頻度の両方が大きい場合、リスク回避を選択することができる。貿易取引の場合、契約段階で事前に決済方

法を指定する。したがって、決済段階でリスクを回避することは不可能である。

　第二に、リスクの損失強度が小さく、発生頻度が大きい場合、リスク低減を選択することができる。為替手形と取立に関する法律及び慣習が国ごとに異なり、国際条約や規則も不明確な点があり、輸出者と輸入者との間で摩擦と紛争が発生する可能性がある。代表的な国際規範は取立統一規則（Uniform Rules for Collections、ICC Publication No.522 － URC522）でこれを事前に必ず確認しなければならない。また、契約書に別段の記載がない限り、この規定を優先的に適用して解釈することを約定する必要がある。D/P決済とD/A決済は、輸入者の信用に基づいて契約が成立するため、輸入者にとって絶対的に有利な条件である。したがって、輸出者は決済条件を定める前に必ず輸入者の信用度を確認する必要がある。

　第三に、リスクの損失強度が小さく、発生頻度が小さい場合、リスク保有を選択することができる。企業は、信用状決済により発生するリスクを純利益、準備金を活用したり、外部機関から資金を借り入れて保有することができる。また、キャプティブ保険会社がある場合は、これを活用したり、自己保険を通じてリスクを保有する方法もある。

　第四に、リスクの損失強度が大きく、発生頻度が小さい場合、リスク移転を選択することができる。輸出者は、輸入者の契約破棄、破産、代金支払遅延または拒絶などの信用リスクと輸入国での戦争、内乱または為替取引制限などのカントリーリスクに備えて貿易保険に加入することができる。D/P決済とD/A決済では、銀行が手形を購入する際にリスクが発生する可能性がある。したがって、銀行は貿易保険の付保を条件として手形買い入れを行うことができる。

③ 送金決済とリスクマネジメント

　送金決済は為替手形を使用しないので手形法は適用されない。また、適用される国際規則も存在しない。出荷書類等の伝達及び代金決済は、輸出者と輸入者間の合意と責任により直接処理するものであり、お互いの信用による取引線で主に使用される決済方式である。手数料が最も安く、迅速で便利だという長所もあるが、欠点も存在する。送金決済のリスクマネジメント方法は、＜表40＞のとおりである。

表40　送金決済のリスクマネジメント

区　分		内　容
リスク コントロール	リスク低減	不可能
	リスク回避	輸出者及び輸入者の信用度の確認 海外口座確認 貿易書類の確認
リスク ファイナンシング	リスク保有	純利益、準備金、自己保険、外部の借入金
	リスク移転	貿易保険

出典：各種資料を参考にして作成

　第一に、リスクの損失強度と発生頻度の両方が大きい場合、リスク回避を選択することができる。貿易取引の場合、契約段階で事前に決済方法を指定する。したがって、決済段階でリスクを回避することは不可能である。

　第二に、リスクの損失強度が小さく、発生頻度が大きい場合、リスク低減を選択することができる。事前送金の場合は輸入者へ、事後送金の

場合は輸出者にリスクが存在する。したがって、送金決済の場合は、輸出者と輸入者のそれぞれの信用度の確認が必ず必要となる。また、送金決済の場合には送金詐欺事例が頻繁に発生する。したがって、海外口座が実際に存在するかを確認し、取引の途中で口座番号の変更案内を受けたり、第三の口座に送金するように誘導する場合には注意を払わなければならない。取引関連の書類の場合、事前に慎重に偽造の可否を確認する必要がある。

　第三に、リスクの損失強度が小さく、発生頻度が小さい場合、リスク保有を選択することができる。企業は、信用状決済により発生するリスクを純利益、準備金を活用したり、外部機関から資金を借り入れて保有することができる。また、キャプティブ保険会社がある場合は、これを活用したり、自己保険を通じてリスクを保有する方法もある。

　第四に、リスクの損失強度が大きく、発生頻度が小さい場合、リスク移転を選択することができる。輸出者は、輸入者の契約破棄、破産、代金支払遅延または拒絶などの信用リスクと輸入国での戦争、内乱または為替取引制限などのカントリーリスクに備えて貿易保険に加入することができる。

練習 & 討論問題

① 貿易代金決済の種類について比較分析し、日本の貿易代金決済の活用状況と課題について説明してください。

② 将来、貿易代金をデジタルマネー（CBDC）で送受信できるか否かについて述べてください。

2.6 章　運送後の段階；貿易クレームリスク

概要と要約

　貿易クレームとは、当事者間の輸出入契約を履行し、その契約の一部又は全部の不履行により、発生する損害に対する賠償を相手方に請求する権利をいう。一般的には、売買契約にクレームの発生に関するクレーム条項（Claim Clause）を置くことが多い。貿易クレームの請求内容は、被害者が加害者に金銭の請求を内容とするものと、金銭以外の請求を内容とするものがある。貿易クレームは、当事者間または代替的な紛争解決制度を活用して解決することができる。しかし、貿易クレームが発生すると、貿易契約当事者がこのクレームを解決するのにかなりの費用と時間を要しなければならないため、リスクマネジメントが不可欠である。本章では、貿易クレームの種類、請求内容、貿易クレーム提起、貿易クレーム解決方法、貿易クレームリスクの概念、貿易クレームリスクマネジメント方法について説明する。

01 貿易クレーム

① 貿易クレームの概念

　クレームとは、当然の権利を要求、請求または主張できることを意味する。クレームは、当事者間の契約または法律により、一方が相手に提起する客観的性質の請求権である。すなわち、クレームは、損害を被った当事者（Claimant）が損害を起こさせた者（Claimee）に損害を賠償させたり、その他の義務履行を請求するものである。

　貿易クレームは、契約当事者の一方が売買契約内容を不履行して相手方に損害を与えたときに損害を被った当事者が相手方に権利回復または損害賠償を要求することをいう。通常貿易クレームは一方が契約条件に違反して発生する場合がほとんどである。しかし、市場状況が悪化して輸入者が輸出者に価格を引き下げてもらったり、故意に提起するマーケットクレーム（Market Claim）も存在する。貿易クレームは主に物品の性質、出荷遅延、出荷不履行などで輸入者が輸出者に提起する場合と、代金決済に関連して輸出者が輸入者に提起する場合がほとんどである。しかし、貿易取引過程で関連する船舶会社、保険会社、外国為替銀行などがクレームの対象となることもある。

　貿易クレームは双無的かつ客観的な妥当性を持たなければならず、細心の手続きを経ていないクレーム処理は法的効力の保証を受けない。クレーム事由が発生してクレームを提起するときは、当事者間の約定があればその約定に従い、約定がない場合は一定の要件を満たさなければならない。したがって、一般的には売買契約にクレーム発生に関連するクレーム条項（Claim Clause）を置くことが多い。クレーム条項には、クレー

ム提起期間、提起方法、証明書類等を提示する。輸出者の立場では、輸入者がクレーム提出期間内に定められた方法で提起しなかったり、立証書類がない場合にはクレームの修理を拒否することができる。

② 貿易クレームの種類

貿易クレームの種類は、発生原因と性質に基づいて分類することができる。＜表41＞は、発生原因による貿易クレームの分類と詳細種類である。大幅に品質、契約、書類、価格と支払い、配達、包装、数量に分類することができる。

表41 発生原因による貿易クレームの分類

発生原因	詳細種類
品質	品質不良 (Inferior Quality) 品質差 (Different Quality) 低等級 (Inferior Grade) 他の製品の混合 (Different Quality Mixed in) 変質 (Deterioration) 変色 (Discoloration)
契約	契約違反 (Breach of Contract) 契約の取り消し (Cancellation of Contract) 契約終了 (Termination of Contract) 契約拒否 (Rejection of Contract)
書類	不正確なインボイス (Incorrect Invoice) 記載事項の違い (Misdescription) 不十分な書類 (Lack of Document)

価格と支払い	価格調整 (Price Adjustment)
	超過支払い（Over Payment）
	超過費用支出 (Overcharge)
	検査料 (Survey Fee)
	罰金または過怠料 (Fine or Penalty)
	手形割引拒否 (Reluctance to Negotiate Draft)
引渡し	荷役損傷 (Stevedore Damage)
	出荷遅延（Delayed Shipment）
	配達事故 (Non-delivery)
	紛失 (Mission)
	デッキの喪失 (Drifting Away)
包装	包装不充分 (Insufficient Package)
	包装不完全 (Incomplete Package)
数量	出荷数量の不足 (Short Shipment)
	引渡し数量不足 (Short Landing)
	減量 (Diminution)
	重量不充分 (Under Weight)

出典：各種資料を参考にして作成

　品質に関連するクレームは、主に契約商品と異なる低品質の商品が到着した場合に提起されるクレームであり、輸送中に商品が色あせ、変質、破損する場合にも提起される。契約に関連する請求は、契約の違反、取り消し、終了、拒絶に基づいて提起される請求である。契約時に締結した商品の規格と異なる規格の商品が到着した場合、契約内容と異なる商品が引渡される場合などがある。書類による請求は、書類が不足している場合、インボイスが不正確に記載されている場合、または記載事項が

実際と異なる場合に主に発生する。価格及び決済によるクレームは貿易取引上の商品はきちんと到着したが、その商品に対する書類上のミスにより代金支払いを拒否すること等をいう。引渡しに関するクレームのうち代表的なものは出荷遅延がある。出荷遅延とは、契約上または信用状上に明示された出荷期日内に出荷をすることができず、遅延して明示された出荷日が経過した後に出荷されたものに対するクレームをいう。

　包装に関する請求は、国際貿易の特徴と関連している。国際貿易では、商品が長距離運送され、中間に積み替えられたり、様々な形の運送手段が利用されるため、商品が損傷しないように堅固な包装をすることが必須である。数量に基づくクレームは、契約された商品の数量と実際に到着した数量との差異によって引き起こされるクレームで、出荷書類に商品の数量または重量の表示を正確にしなければならない。

　クレームの性質に基づく分類としては、一般クレーム、マーケットクレーム、計画的クレーム、不可抗力によるクレームがある。一般的なクレームは貿易取引を行う過程で発生するもので、主に売買当事者一方の過失や怠慢で発生する。また、製造業者、供給者、運送業者、保険業者などのように、第三者によって引き起こされることもある。マーケットクレームは契約が成立したが、物品の相場が下落して損害を受けると予想されたとき、軽微な過失などの言い訳で提起するクレームである。これは不当なものなので対応する必要はないが、提起された貿易クレームがマーケットクレームなのか、正当なクレームであるかを判断することが困難な場合もある。計画的クレームは、売買当事者の故意によるクレームを意味する。これは、輸入者が最初から詐欺を目的として輸出者が契約を履行するのに困難を引き起こした後に提起するクレームである。最

後に不可抗力によるクレームは、売買当事者が相当な注意を払っても避けにくいクレームを意味する。例えば、台風、地震、大雨などの自然災害や海賊、テロ、カントリーリスクなどがその原因である。

③ 貿易クレームの請求内容

貿易クレームの請求内容は、被害者が加害者に金銭の請求を内容とするものと、金銭以外の請求を内容とするクレーム請求がある。

① 金銭請求を内容とする貿易クレーム

まず、損害賠償請求である。これは、発生した損害を金銭で計算して請求するものである。例えば、低品質引渡し、出荷不履行、不当な契約解除、信用状の発行遅延または発行不可、船舶指定遅延または船舶未指定、代金決済遅延、貨物の不当な買収拒否、契約物品の相違などの事由がある。

第二に、支払いの拒否である。送金決済の場合、信用状条件では出荷する前や、出荷と同時に貿易代金の決済を受けることができるため、支給拒絶が起こらない。しかし、D/A決済やD/P決済の場合、輸入者が代金支払を拒否したり、書類引受を拒否することができる。また、到着物品が契約物品と異なる場合にも代金支払いの拒絶が発生することがある。

第三に、代金減額の要請である。これは、到着物品の品質不良、包装不良、ファインや商標不良など契約内容と一致しない商品が到着したときに発生する。輸入者は輸出者に物品を契約価格よりも安い価格で買収すると要求することができる。

② 金銭以外の請求を内容とする貿易クレーム

まず、物品の買収拒否である。品質上の傷や損傷など、到着物品が約定に違反した場合、輸入者は物品引受を拒否することができる。買収拒否後に取るべき措置には、貨物に関する措置、代金決済に関する措置などがある。

第二に、契約履行請求である。契約そのままの履行を請求することもクレームである。輸出者または輸入者が相手方に対して契約の履行を請求することは当然である。しかし、何度も契約履行を請求したが、相手方が履行しなければ、仲裁や訴訟を通じて履行を強制することになる。輸出者が輸入者にする代表的な契約履行の請求は、信用状発行要求である。輸入者が輸出者にする代表的な契約履行の請求は、出荷要求である。

第三に、代替品の請求である。輸入者が輸入港に到着した貨物の買収を拒否し、出荷地に返送するとともに、輸出者に契約品を再出荷するよう要求するクレームをいう。

第四に、残余分の契約解除である。一次で到着した商品の品質が不良か、規格が異なって販売が困難な場合、残りの契約分の契約を解除要請するクレームをいう。

④ 貿易クレーム提起

輸入物品を引渡し受け取った輸入者は、物品を受領する際に最優先的にその物品が契約目的に合致するかどうかを検査して、瑕疵を発見したり、数量が不足した場合は遅滞なく売り手に通知しなければならない。クレーム提起期間の設定が物品の性質上、合理的に要求される瑕疵発見及び通知期間よりも短すぎると、その効力を否認される場合もあるので、期間を設定する際には注意が必要です。当事者間で提起期間に対する約

定があれば、その期間内にクレームを提起しなければならない。もし約定がない場合は国ごとに期間が異なるため、留意しなければならない。＜表42＞は、様々なクレーム提起期間の例である。

表42　貿易請求制期間の例

区　分	貿易請求制期間
韓国商法	発見即時通知（即発見が困難な場合は6ヶ月以内）
日本商法	即時検査、欠陥発見後直ちに通知
米国統一商法展	合理的な期間内に物品を検査して欠陥を通知する
英国商品売買法	合理的な期間内に物品を検査して欠陥を通知する
Warsaw-Oxford Rules	合理的な検査後3日以内に通知
ウィーン条約	短期間内検査、合理的な期間内に通知（最大消滅時効期間：2年）

出典：各種資料を参考にして作成

　貿易クレームを提起したい場合には、必ず次の備え書類を作成し、相手方に提出しなければならない。まず、クレーム事実陳述書である。これは、適切な文書として簡単、明確、具体的に記述する必要がある 必ず「いつ、どこで、誰が、何を、なぜ、どのように」の6下原則として記載しなければならない。第二に、請求額に対する損害明細書である。この書類には、損害額と諸費用（運送料、関税、検査料等）の内容が含まれる。第三に、検査報告書である。品質不良、色相が、性能未達、数量不足などの場合、必ず検査報告書を添付しなければならない。第四に、その他の取引事実を立証できる契約書、B/L、L/Cなどを提出することができる。

もし貿易クレームを受けた場合には、＜表43＞のような留意事項を考慮しなければならない。

表43　貿易クレームを受けた場合の留意事項

- 契約条件の不備によるものではないか。
- 納品後、合理的期間内に請求されたのか。
- 欠陥を証明する証明書があるか。
- 物品検査は公認検査機関で合理的な期間内になったか。
- 欠陥の程度が契約上、取引慣例上許容比率を超えたか。
- 損害請求額は合理的算出により妥当性があるか。
- 当該契約における特性が十分に考慮されたか。

出典：各種資料を参考にして作成

⑤ 取引クレームの解決

① 取引クレームの解決内容

貿易クレームは、撤回（Withdrawal）およびキャンセル（Cancellation）、拒絶（Refuse）、受諾（Acceptance）の形で解決することができる。これによる代表的な貿易クレームの解決内容としては、損害賠償金の支給、代金の減額、物品の返送、契約の履行請求などがある。まず、損害賠償金の支給である。損害賠償金の支給は、クレーム請求者が被った損害を被請求者が金銭的に弁償するものである。第二に、代金の減額である。代金の減額は、輸出者が品質不良、包装不十分などを理由に輸入者から減額を要請され、これを受け入れるものである。第三に、商品の返送である。これは、輸入者が物品の受領を拒否し、それを再び出荷地に送る行為である。輸入者は、契約と他の物品、品質の悪い物品、破損した物品、

商標違反の物品などを返送することができる。また、輸入者が物品を搬送する際には、輸出者に代替品の供給や代金の返還を要求することもできる。大製品の供給を要求された場合でも、輸出者は、輸入者が支払った返送費用と代替品が到着するまでの市場価格の変動により、輸入者が口を損害まで補償しなければならない。第四に、契約の履行請求である。これは、クレーム請求者が被請求者に契約とおりの履行を要求するものである。

② 貿易クレームの解決方法

貿易クレームの解決方法は大きく当事者間の解決と裁判以外の代替的紛争解決制度（ADR; Alternative Dispute Resolution）に分類される。＜図41＞は、詳細な貿易クレームの解決方法の構造である。

| 図41 |　貿易クレームの解決方法

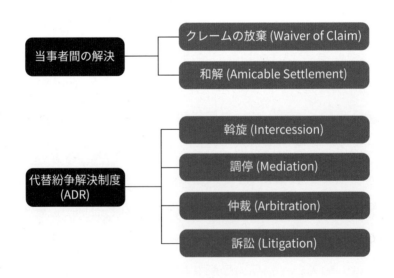

| 出典：各種資料を参考にして作成

まず、当事者間の解決方法にはクレームの放棄と和解がある。クレームの放棄（Waiver of Claim）は、被害当事者が相手方に対する損害賠償請求権を放棄するものである。

和解（Amicable Settlement）は、第三者の介入なしに当事者間の交渉を通じて友好的に譲歩し妥協して解決するものである。実際にはこの方法が最も好ましく、実際にはほとんどのクレームはこの方法によって解決されている。

次に、裁判以外の代替紛争解決制度方法には斡旋、調停、仲裁、訴訟がある。斡旋（Intercession）は、公正な第三者が介入し、合理的な解決策を勧告するものである。代表的な斡旋機関として国際的に広く利用されているのは国際商業会議所（ICC）である。斡旋は強制力がないが斡旋を引き受けた機関が当事者に強い影響力を及ぼすことができる場合には、成功する場合が多い。斡旋は、調停や仲裁とは異なり、形式的な手続きを要しない。

調停（Mediation）とは、当事者が公正な第三者を調停人に選定し、調停人が提示する解決に合意することによってクレームを解決することをいう。調停は両当事者の合意により行われるため、一方が調停を申請しても相手方がこれに応じなければ効力を発揮できない。当事者は、提示された調停案を必ず受け入れる義務がないが、受諾時には拘束力が発生する。

仲裁（Arbitration）は、当事者間仲裁合意により第三者である仲裁人の判定に服従することによりクレームを解決するものである。仲裁と調停の共通点は、両当事者が契約締結時またはクレームが提起された後、これを仲裁に解決することに合意しなければならないということである。仲裁と調停の違いも存在する。調停は調停案を受け入れるか否かが当事

者の自由意思に従うが、仲裁は両当事者が仲裁判定（Arbitral Awards）を拒否できないだけでなく、この判定結果には拘束力が存在する。仲裁は1回の判定で終わり、仲裁に依頼した事件は訴訟によって扱うことができない。

　訴訟（Litigation）は国家機関である裁判所の判決により強制的に紛争を解決する最後のクレーム解決方法である。しかし、貿易取引の場合、相手方が法の影響力が異なる海外に居住するのが普通なので、自国の裁判権が他国に及ばないという限界性がある。また、両国のどちらに裁判管轄権（Jurisdiction）があるかどうかも不明である。

⑥ 貿易取引に適用される日本の法律

　日本での貿易取引に適用される法律は大きく「関税三法」、「外国為替及び外国貿易法」、「輸出入に関する国内法」に分けることができる。貿易取引に適用される法律の構造は＜図42＞のとおりである。

　関税三法とは、財務省所管の法律で、関税法、関税定率法、関税暫定措置法を意味する。まず関税法は、関税の賦課、徴収、輸出入通関、保税制度などのように関税行政に関する基本的な事項を規定した法律である。関税法は関税を支払う方法だけでなく、輸出と輸入が不可能な商品についても規定する。次に、関税定率法は、商品の品目別関税率、課税標準、関税減免制度など関税率に関する事項を規定した法律である。関税暫定措置法は暫定税率、特恵関税制度などの暫定・追加的な関税を規定した法律である。

| 図42 |　貿易取引に適用される日本の法律

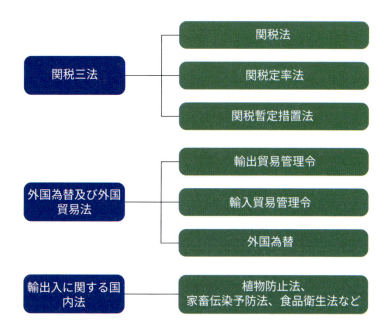

| 出典：各種資料を参考にして作成

　外国為替及び外国貿易法は経済産業省所管の法律で、対外貿易管理の根幹を定めた法である。これは他国の対外貿易法に該当する法律である。外国との資金、物事、サービスの移動、取引及び居住者間の外貨建て取引に適応される法律である。下位法令では、輸出貿易管理令、輸入貿易管理令、外国為替令が規定されており、これは日本の対外貿易管理において実務的に非常に重要な役割を担っている。

　輸出入に関する国内法としては、植物防止法、家畜伝染予防法、食品衛生法などがある。

02 貿易クレームリスクの概念

　貿易クレームリスクは一方的に売買契約の内容を不履行することで相手に損害を与え、損害を被った者が自分の権利回復を要求したり損害賠償を要求する可能性を意味する。リスクの構造はハザード→ペリル→損失という体系性を持っている。これに基づいてリスクを分類すると、＜表43＞のようになる。

表44　貿易クレームリスクの分類

	ハザード	ペリル	損失
物理的ハザード	不可抗力、物理的条件	火災、台風、地震、海賊、テロ、言語の違い、商慣習、法律の違い	収益喪失、費用損害、賠償責任損害
モラルハザード	不正職、詐欺などの意図的な行為	軽微な果実を口頭で提起、巧妙な詐欺	計画的なクレーム、マーケットクレーム、貿易詐欺収益喪失、費用損害賠償責任損害
モラールハザード	不注意、無関心、傍観、怠慢などの行為	契約締結過程の問題、契約内容の問題、契約履行の問題	収益喪失、費用損害、賠償責任損害

出典：各種資料を参考にして作成

　まず、物理的ハザード→ペリル→損失の構造である。物理的ハザードには不可抗力要因、クレームを誘発することができる物理的状況がある。物理的ハザードによるペリルには、火災、台風、地震、海賊、テロ、

言語の違い、商慣習、法律の違いなどがある。特に商慣習と各国別法律の違いをよく知らず、誤って適用して発生する問題が多い。このようなペリルにより、貿易契約当事者は貿易クレームによる収益喪失、費用損害、賠償責任損害などの損害を被る。

　第二に、モラルハザード→ペリル→損失の構造である。モラルハザードは、クレームを引き起こすための意図的な行動と関連がある。モラルハザードによるペリルでは軽微な果実を口頭で提起、巧妙な詐欺などがある。このようなペリルにより、貿易契約当事者は、計画的なクレーム、マーケットクレーム、貿易詐欺による収益喪失、費用損害、賠償責任損害などの損害を被る。

　第三に、モラールハザード→ペリル→損失の仕組みである。モラールハザードはクレームの可能性に対する無関心、不注意と関連がある。モラールハザードによるペリルでは契約締結過程の問題、契約内容の問題、契約履行の問題などがある。契約締結過程でオファーと承諾にクレームが発生することがある。オファーと承諾による契約の有効性に関する問題がしばしば発生する。また、オファーとカウンタオファーが繰り返される間、意思表示の内容に錯誤や詐欺、強迫があると主張する場合にも契約の有効性問題が発生することがある。次に、売買契約内容が不十分であれば、クレームが発生しやすい。売買契約を作成して締結する際には、取引条件についての合意が必要だからである。最後に、契約履行の問題の場合、出荷の遅延、品質問題、数量問題、包装問題などでクレームが発生しやすい。このようなペリルにより、貿易契約当事者は、クレームによる収益喪失、費用損害、賠償責任損害などの損害を被る。

03　貿易クレームリスクマネジメント

　貿易クレームが発生した場合、貿易契約当事者は、このクレームを解決するのにかなりの費用と時間を要しなければならない。したがって、貿易クレームリスクを管理することは不可欠である。＜表45＞は貿易クレームリスクマネジメント方法である。

表45　貿易クレームリスクマネジメント

区　分		内　容
リスク コントロール	リスク回避	不可能
	リスク低減	徹底した市場調査および信用調査 貿易関連知識 取引相談、オファー過程での注意 適切な契約書の作成 信頼性の高いメーカー、運送業者に選定
リスク ファイナンシング	リスク保有	純利益、準備金、自己保険、外部の借入金
	リスク移転	賠償責任保険

出典：各種資料を参考にして作成

　第一に、リスクの損失強度と発生頻度の両方が大きい場合、リスク回避を選択することができる。貿易クレームリスクを回避するためには、新たな貿易取引を開始しないか、既存の貿易取引も中断しなければならない。したがって、リスクの回避は現実的に貿易会社が活用するのが難しい方法である。

第二に、リスクの損失強度が小さく、発生頻度が大きい場合、リスク低減を選択することができる。貿易クレームリスクは防止が非常に重要である。貿易クレームが発生すると、輸入者と輸出者の両方が時間と費用の面で大きな損害を被るからである。貿易クレームを防止するためには、まず徹底した市場調査と信用調査を通じて信用と能力を備えた取引先を厳選しなければならない。貿易締結過程の中で特に取引相談、オファー過程で重ねての注意を検討し、適切な契約書をよく作成しなければならない。貿易契約当事者間の相互訪問と頻繁な対話は友好的な関係の維持に役立つ可能性があり、これは請求の防止と取引の増大に寄与することもある。さらに、事前に貿易に関する知識を含揚することが必要であり、これに限らず相手国の風習、習慣、文化の習得、外国語の習得、国際取引規則と法律知識の習得なども必要である。

第三に、リスクの損失強度が小さく、発生頻度が小さい場合、リスク保有を選択することができる。貿易企業は、貿易クレームリスクが発生した場合、純利益、準備金活用したり、自己保険を通じてリスクを保有することができる。

第四に、リスクの損失強度が大きく、発生頻度が小さい場合、リスク移転を選択することができる。貿易クレームの発生により損害賠償金の支給が必要な場合、貿易企業は保険を通じてリスクを転移することができる。代表的な保険には賠償責任保険（Liability Insurance）がある。賠償責任保険は、保険事故で被保険者が第三者に被害を与えた場合、その損害に対する法律上の賠償責任を負担することにより被った損害賠償金、損害防止費用、法律防御費用などを補償する保険である。代表的な賠償責任保険には、生産物賠償責任保険（Product Liability Insurance）が

ある。これは、被保険者が製造、販売、供給した生産物が他人に譲渡された後、偶然の事故により身体障害や財物損害を被った場合に発生する法律上の賠償責任を補償する保険である。

練習 & 討論問題

1. 貿易クレームの解決方法について比較説明し、どの解決方法が一番効率的であるかについての自身の意見を述べてください。
2. サービス貿易において発生しうる貿易クレームの内容にはどのようなものがあり、それを解決するにはどのようにすればよいかについて述べてください。

Part 03

貿易リスク別
貿易リスクマネジメント

3.1 章 信用リスク

3.2 章 カントリーリスク

3.3 章 為替リスク

3.1 章　信用リスク

概要と要約

　貿易取引は国内取引に比べて信用リスクの発生可能性が高い。信用リスクは、取引相手の不渡りの可能性によって一定期間発生する可能性がある金銭的損失である。特に貿易における信用リスクとは、買い手の信用状態の不確実性によって売り手が経済的損失を被る可能性を意味する。貿易で信用リスクが発生する主な原因は、輸入者の財政状態変動と履行医師の怠慢である。貿易取引を始めるときに取引相手方の信用調査をすることは必ず必要な過程である。信用調査は一般的にCharacter（特徴）、Capacity（能力）、Capital（資本力）を確認し、調査方法は様々である。この章では、信用リスクの定義、信用調査指標、信用調査方法、信用リスクマネジメント方法について説明する。

01　信用リスクの概念

① 取引と信用

　国際売買契約は、2つの異なる国の当事者間の取引で、非対面取引である。したがって、取引相手方が破産などの理由で支払義務を履行でき

なくなる信用リスク（Credit Risk）が発生する可能性が国内取引よりはるかに高い。

「信用（Credit）」という言葉は金融界で多くの意味を持っている。しかし、最も一般的には、借り手が一定の金額またはその他の価値あるものを受け取り、後にローン機関に一般に利子と一緒に返済することを約束する契約上の合意を意味する。信用は個人や会社の信用度や信用履歴を表すこともできる。例えば、「彼は良い信用を持っている」である。信用とは、個人や企業の負債返済能力や信用記録を意味することもある。貿易信用とは、2つの企業間の契約を指し、商品やサービスの供給者が顧客から延払いを受け入れるものである。

② 信用リスクの概念

信用リスクとは、債務者が契約条件に従って債務を履行できなくなる可能性または信用変化による資産価値の変動性を意味する。信用リスクは、協議の概念として債務不履行リスク（Default Risk）として定義される。また、一般に、債務者の信用度が下落したときに資産の市場価値が下落して発生し得る潜在的な経済的損失まで含む概念と解釈することができる。つまり、信用リスクは「取引相手の不渡りの可能性により一定期間に発生する可能性のある金銭的損失」と定義することができる。

貿易における信用リスクとは、買い手の信用状態の不確実性によって売り手が経済的損失を被る可能性を意味する。貿易では、輸出者と輸入者との間での支払い時期の不確実性が生じ、これにより信用リスクが発生する。輸出者の場合、代金を受け取るまですべての販売は「プレゼント」と同じである。したがって、輸出者はできるだけ早く代金を受け取りた

いと思っており、なるべく売買契約が結ばれるとすぐに、あるいは商品が輸入者に発送される前に代金を受け取りたい。一方、輸入者の場合、商品を受け取るまで、すべての支払金は「寄付金」と同じである。したがって、輸入者はできるだけ早く商品を受け取りたいである。同時に、輸入者はできるだけ長く支払いを延期したいと考えている。これは輸入した商品を販売して輸出者に支払うのに十分な収入を創出できる時間を望むものである。

③ 信用リスクの発生原因

　信用リスクが発生する主な原因は２つにまとめることができる。まず、輸入者の財政状態変動である。貿易契約締結後、輸入者の財務状態に変動が発生したり、契約を履行する際に、予想外の急激な変動が発生することがある。これにより、貿易契約の履行や輸出代金の回収が不可能になると、信用リスクが発生する可能性がある。第二に、履行意思の怠慢である。契約した物品の国際価格が暴落したり、市場状況が輸入者に不利な条件で構成される場合が発生することがある。これにより、輸入者が自ら契約履行を意図的に怠慢したり、代金決済を遅延させる行為を行い、信用リスクが発生する可能性がある。

④ 信用リスクの形態

　貿易における信用リスクは、取引主体によってさまざまな形で発生する。商品貿易取引の場合、通常、支払い条件によって信用リスクを負担する主体が決定される。前払い決済条件の場合、輸入者は前金の未回収リスクにさらされる。一方、後払い決済条件で輸出した場合、輸出企業

は代金未回収リスクにさらされる。また、金融機関は融資、支払保証、債権及びデリバティブ金融商品取引など金融及び資本取引に参加するため、物品売買取引に参加する貿易企業とは異なる形態の信用リスクにさらされる。

貿易において、信用リスクは、輸入者リスク（Buyer Risk）、購入者リスク（Purchaser Risk）、商業リスク（Commercial Risk）などの用語で通用される。信用リスクは、通常、輸入者の支払不能（Insolvency）、破産（Bankruptcy）、支払拒否（Repudiation）、支払遅延（Protracted Default）、買収拒否（Non-Acceptance）などの形で発生する。支払不能とは、債務者が満期日までに支払いができないことを意味する。破産は、支払不能に陥った者の財産を債権者に平等に分配することを主な目的とする司法的または準司法的手続きである。支払い拒否とは、輸出者が契約に違反していないにもかかわらず、輸入者が契約した商品を買収することを拒否する場合を指す。支払遅延は、満期日以降の特定期間内に購入者が代金を決済できない状況である。

02　信用リスクの測定

① 信用調査の概念と項目

貿易取引を開始する際に必要な過程の一つは、取引相手方の信用調査である。これは損失防止のために必要な手順である。新しい取引相手だけでなく、継続的に取引をする相手の場合でも、定期的に信用調査をして点検することは必要である。企業の活動を取り巻く経済環境は絶えず

変化しているため、継続的な信用調査が重要である。

　一般的に、信用調査は財務調査と非財務調査を並行して進められる。財務調査は企業の財務諸表を入手し、財務状態及び営業成果等を分析するものである。非財務調査は、決済経験、業力、取引先現況、訴訟現況などを把握するものである。信用調査の項目には様々なものが存在する。しかし、必ず含めるべき内容は＜図43＞のとおりである。

| 図43 |　信用度測定要素 3C's

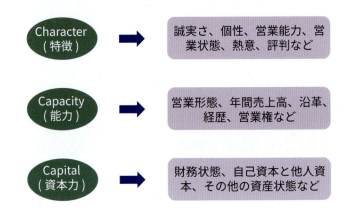

| 出典：各種資料を参考にして作成

　Character（特徴），Capacity（能力），Capital（資本力）は信用度測定要素として 3C's という。Character（特徴）では、相手企業の誠実性、個性、営業能力、営業状態、契約履行の熱意、評判などを調査する。これは、契約に取り組む相手企業の都心に関わる内容で、相手企業が果たして信頼できるかどうかを意味する。Capacity（能力）としては、相手企業の営業形態（個人会社、株式会社、企業公開可否など）、年間売上高、沿革、

経歴、営業権などを調査する。これは相手企業の営業能力に関する内容である。Capital（資本力）では、当該企業の財務状態、自己資本と他人資本、その他の資産状態などを調査する。これは相手企業の支払能力と直結するものである。3C's以外にも、Condition（取引条件）、Collateral（担保能力）、Currency（取引通貨）、Country（所属国）などが調査項目として含まれる。

輸入者信用評価書の主な内容は＜表46＞のとおりである。

表46　輸入者信用評価書の主な内容

区分	項目	主な調査内容
1	企業概要	企業名、住所、連絡先、事業者登録番号、納税番号、主要株主、代表者、経営陣業力、従業員数、業種、主要商品
2	取引先および決済情報	信用評価履歴、関係会社、取引銀行、決済状況、決済条件及び期間、貿易保険の利用状況
3	財務状況	財務状態、経営成績、財務比率
4	産業の危険度	産業リスク指数、同種業種の平均信用格付け比較
5	国の危険度	国家情報、政治経済動向、国家等級、国・地域ごとの引受方針

出典：各種資料を参考にして作成

② 信用調査の方法

信用調査の方法としては、内部調査、直接調査、依頼調査があり、構造は＜図44＞のとおりである。

| 図44 | 信用調査方法の構造

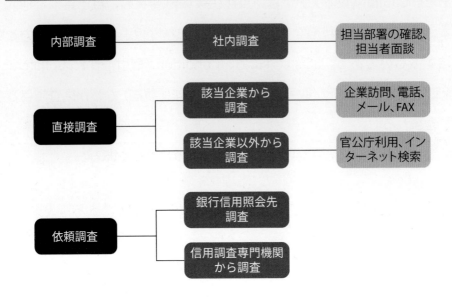

| 出典：各種資料を参考にして作成

① 内部調査

　内部調査は社内調査で、既存の取引先については社内に多くの情報が蓄積されているため、関係部署が保有する情報を調査することができる。特に、経理部、営業部などの担当者個人が多様な情報を保有している場合もあるため、面談を通じて情報を聞くこともできる。

② 直接調査

　直接調査は調査対象から直接情報を得る方法と、当該企業以外から直接情報を入手する方法がある。調査対象から直接情報を得る方法としては、調査対象の企業に直接訪問して調査することが挙げられる。また、距離が遠い場合や追加の調査および確認が必要な場合には、電話、メー

ル、FAXなどを活用することもできる。当該企業以外から情報を直接入手するときは、官公庁を活用したり、インターネット検索などを活用することができる。官公庁に登録された企業情報を閲覧することができ、対象企業のウェブサイトを確認したり、企業情報データベースを検索することもできる。

③ 依頼調査

信用調査は直接行うこともできるが、貿易では他の国にある取引相手方の契約履行能力、決済能力、評判、商道徳、営業態度などの信用度を直接把握するのは難しい場合が多い。したがって、ほとんどの企業は信用調査専門家または信用調査専門機関に依頼して調査を行う。日本の場合、東京商工リサーチ、株式会社帝国データバンク、JETRO、NEXI、世界的な調査機関であるダン＆ブラッドストリート（Dun & Bradstreet）、ブラッドストリートブリティッシュ（Bradstreet British）、世界的な信用保険会社などが利用できる。

NEXIは、海外知事および全世界の信用調査機関と協力して、海外素材企業の基本情報、財務情報などの信用調査を実施する。一般的に信用調査日数は約3週～1ヶ月間かかり、国別に信用調査に対する費用が異なる。NEXIは独自の等級制度でバイヤーの信用レベルを分類する。この詳細については、Part 4の貿易リスク管理と保険の4.2貿易保険で提供されている。

JETROはジェトロ・メンバーズ会員にコファス（Coface）を通じて割引及び特別料金で外国企業の信用調査サービスを提供している。ジェトロメンバーズ会員だけがアクセスできるメンバーズ専用ページで申込をすれば50％割引価格で信用調査サービスを利用できるようになる。外国

企業の信用調査の料金は地域によって異なる。コファスの信用調査報告書は、スナップショットレポートとフルレポートで提供される。スナップショットレポートは60カ国以上をカバーし、申請直後にレポートを提供することができる。これは海外現地で最も競争力のある調査会社のレポートに基づいて簡単な要約を提供するものである。全報告書は195カ国以上をカバーし、申請直ちに報告書を提供するか、一部の国では1～9日以内に提供される。調査会社の報告書に基づいてコファスの評価を追加して提供することである。コファスのスナップショットレポートとフルレポートの詳細は＜表47＞のとおりである。

表47 コファスのスナップショットレポートとフルレポートの内容

区分	内容
スナップショットレポート	・企業の基本情報 ・主な財務指標 ・与信スコア（DRA）に基づく簡易評価 ・コファスの支払経験を考慮した見解 ・当社の最大与信推奨額
フルレポート	・企業と経営陣に関する情報 ・完全かつ図解された財務データ ・今後12ヶ月間に企業が債務不履行に陥る可能性を1～10段階で示した与信スコア(DRA) ・保険金の支払実績 ・取引信用保険会社としての支払実績を考慮したコファスの見解 ・当社の最大信用推奨度

出典：各種資料を参考にして作成

東京商工リサーチは1892年に創業した信用リスク関連専門機関である。調査事業としては日本国内企業の信用調査、海外企業の信用調査、市場調査、各種経済調査を行い、データベース事業ではインターネット、電子データ、紙媒体などを通じた企業関連情報提供サービスを運営している。国内企業調査レポートはTSRレポートで、日本内企業の情報データベースを活用して信用情報を提供している。海外企業調査レポートの場合、世界最大の企業情報を保有するダン＆ブラッドストリート（Dun & Bradstreet）と業務提携を行い、1994年から全世界約5億件以上の企業情報を提供している。インターネット企業情報サービス（tsr-van2）を通じて、600万件以上の日本企業、全世界5億件以上の海外企業の情報をいつでもどこでも簡単に得ることができるようにする。また、海外企業データベース（D&B World Base）を通じて、先進国から新興国まで240以上の国や地域で蓄積された情報をデータ化して提供している。

　ダン＆ブラッドストリート（Dun & Bradstreet）は、1841年に設立された米国の情報サービス会社で、長年にわたり世界中の企業情報を提供してきた。ダン＆ブラッドストリートは、企業データベースにすべて世界標準の企業コードDUNS® Numberを付与している。つまり、これをキーコードとしてリスクマネジメントはもちろん、営業、マーケティングやビジネスパートナー管理のための企業情報を提供している。ダンレポートはダン＆ブラッドストリートが提供する企業調査レポートである。これは世界的に最もよく使われる標準報告書で圧倒的な知名度と信頼性を持っている。本報告書には、＜表48＞のとおり8つの収録項目を共通して提示している。したがって、国や地域を問わず同じ項目での比較が可能な点が最大の強みである。

表 48　ダンレポートの収録項目

区　分	項　目
基本情報	・D-U-N-S®Number ・正式商号、通称 ・略称 ・住所 ・電話番号 ・URL 等
沿革	・変更履歴 ・経営陣 ・株主
業務内容	・従業員数 ・業種 ・販売、調達地域 ・ブランド ・保有認証（ISO 等）
財務情報	・財務諸表 ・財務サマリー ・財務比率
リンケージ情報	・世界最上位親会社 ・国内最上位親会社 ・親会社 ・支店 ・関連会社

リスク指標	・D&B Rating（格付） ・Failure Score ・EMMA Score ・Paydex ・Delinquency Score
支払振り情報	・月次支払振り情報 ・取引金額別支払振り情報 ・取引業種上位10業種 ・取引業種上位10業種別支払振り情報 ・業界平均支払振り情報
公的記録	・登記情報 ・裁判情報 ・担保設定情報 ・倒産情報

出典：ダン＆ブラッドストリート（Dun & Bradstreet）を参考にして作成

③ 信用格付けの評価

　相手方に対する信用調査が完了したとしても、信用リスクを容易に評価できるわけではない。信用リスクは客観的指標で、繰り返し観測が難しいという特徴がある。さらに、同じ取引企業の不渡率は反復観察が不可能である。予想不渡り率が１％というのは、特定企業の不渡り確率が１％という意味ではなく、類似企業100社のうち１社が不渡り確率を示すものである。現実的に、信用リスクを簡単に比較可能な方法で測定する方法は、信用格付けを評価することである。

信用格付け評価時の主な項目の例は＜表49＞のとおりである。財務評価は企業外形、収益性、安定性、流動性などを評価する。非財務評価は主に決済慣行、貿易保険事故、訴訟及び延滞、国家信用等級等を主に評価する。企業外形は納入資本と売上額を基本に評価する。収益性、安定性、流動性は、財務諸表のさまざまな比率分析を通じて行われる。

表49　信用等級評価時の主な項目例

区　分		主な評価項目の例
財務評価	企業外形	納入資本金 売上高
	収益性	総資産の純利益率 総資産の純利益変化量
	安定性	自己資本比率 当座比率 負債総計 / 売上高
	流動性	純流動資産 / 資産総計 在庫資産 / 純流動資産
非財務評価		決済慣行、貿易保険事故、訴訟及び延滞、国家信用等級、支配構造、株主関係、業種リスクなど

出典：各種資料を参考にして作成

03 信用リスクマネジメント

　国際貿易で発生しうる代金決済上の不確実性と不安定性を除去するために、ここ数十年、世界中で最も広く使われている決済方法は信用状である。しかし、代金決済方式が信用状方式から徐々に無信用状方式に変化している。信用に基づく無信用状取引や電子貿易代金決済が増加し輸出企業は代金回収のリスクを懸念せざるを得なくなった。特に大企業に比べて中小企業が代金未回収リスクに高く露出している。

　代金未回収に対するリスクマネジメント対策は、企業の持続可能な経営と成長潜在力の向上には必ず必要である。取引相手の信用リスクを管理することは、企業の生存において非常に重要な課題である。信用リスクマネジメントの失敗は、深刻な財務危機に直結する可能性があるためである。信用リスクマネジメントの方法は＜表50＞のとおりである。

表50　リスクマネジメント

区分		内容
リスクコントロール	リスク回避	契約回避
	リスク低減	信用調査
リスクファイナンシング	リスク保有	純利益、準備金、自己保険、外部の借入金
	リスク移転	信用状 貿易保険（輸出信用機関） 輸出信用保険（民営保険会社）

出典：各種資料を参考にして作成

第一に、リスクの損失強度と発生頻度の両方が大きい場合、リスク回避を選択することができる。信用リスクが高い相手方の場合、また、初めての取引相手で信用度の把握が難しい場合には契約を回避する方法がある。

　第二に、リスクの損失強度が小さく、発生頻度が大きい場合、リスク低減を選択することができる。代表的な損失防止方法としては、取引相手に対する信用調査がある。取引相手を模索し、契約を結ぶ前に取引相手についてできるだけ多くの情報を把握することが必要である。また、既存に取引を進めている取引先の場合でも、定期的に信用調査を行うことが必要である。信用調査方法は企業の財務諸表などによる確認、取引銀行に問い合わせる銀行信用照会先（Bank Reference）、取引相手企業の系列会社に問い合わせる同業者照会先（Trade Reference）がある。また、信用調査専門機関に依頼して有償で正確な情報を得ることができる。日本の場合、東京商工リサーチ、株式会社帝国データバンク、JETRO、NEXI、世界的な調査機関であるダン＆ブラッドストリート（Dun & Bradstreet）、ブラッドストリートブリティッシュ（Bradstreet British）、世界的な信用保険会社などが利用できる。

　第三に、リスクの損失強度が小さく、発生頻度が小さい場合、リスク保有を選択することができる。リスク保有は、取引相手方の信用度を勘案して、余裕がある損失の範囲内で保有金額を管理するものである。純利益、準備金を活用することは、リスク保有における最も簡単な解決策である。しかし、資金が足りない中小企業の場合には、これを活用することが難しいかもしれない。このとき活用可能な別の方法としては、外部機関から資金を借り入れ保有することである。商業銀行を利用したり、

政策ローンを担当とする輸出信用機関を活用することができる。また、キャプティブ保険会社がある場合は、これを活用したり、自己保険を通じてリスクを保有する方法もある。

第四に、リスクの損失強度が大きく、発生頻度が小さい場合、リスク移転を選択することができる。輸出信用機関の貿易保険を活用したり、民間信用保険会社の輸出信用保険を活用して信用リスクを移転することができる。世界的な民間信用保険会社には、フランスの Coface、ドイツの Allianz Trade、オランダの Atradius がある。NEXI の貿易保険でカバーする代表的な信用リスクは＜図 45 ＞のとおりである。

| 図 45 | NEXI の貿易保険がカバーする信用リスク

事故事由
- 契約相手方の破産、破産に準ずる事由
- 契約相手方の 3 カ月以上の不払い（商品に対するクレーム等、輸出者に責ある場合を除く）
- 外国政府等を相手方とする輸出契約等の船積前の一方的キャンセル
- 民間バイヤーの船積前の一方的キャンセルは、対象外

→ 事態発生 →

カバーする損失
- 貨物を船積できないことにより被る損失
- 貨物代金を回収できないことにより被る損失

| 出典：NEXI 資料を参考にして作成

保険以外の以前の方法としては、信用状、ファクトリング、ポペーティングなどの活用がある。信用状は銀行が発行するもので、適切な貿易履行を認証する場合、銀行が代金を支払うという約束と同じである。つま

り、代金未納リスクが銀行に移転され、輸出者は安心して輸出することができ、輸入者は信用が不足しても貿易取引ができるようになる。ファクトリング（Factoring）とは、無信用状方式の貿易取引時にファクトリング会社が信用調査、信用リスク引受、金融提供、代金回収などのサービスを提供することをいう。これは、担保を動員することなくできるだけ早く販売から現金を回収することができる方法で、信用リスクへの暴露を最小限に抑える。

さらに、信用リスクプロセスを文書化して共有し、定期的に評価する必要がある。適切な信用リスクマネジメントは、リスクを防止し、改善の機会を創出し、重要な投資のために会社の流動資本を確保することを可能にする。したがって、信用リスクの目標と行動を確立し、定期的にパフォーマンスを測定し、必要に応じて変更を適用するプロセスが必要である。つまり、信用リスクマネジメントは一回限りではなく、継続的に行っていかなければならない過程である。

練習 & 討論問題

① 信用調査方法には内部調査、直接調査、依頼調査がある。各調査方法の長所と短所を比較し、自身の意見を述べてください。

② 貿易取引では、信用リスクはなぜ重要であり、信用リスクを管理する方法について説明してください。

3.2 章　カントリーリスク

概要と要約

　カントリーリスクの単一の定義はありません。一般的に、国の状況や不確実性、ボラティリティによっていくつかの出来事や結果が発生する可能性があることを意味する。カントリーリスクは、政治リスク、経済リスク、財政リスク、為替リスクなどが結合された複合的な概念である。カントリーリスクは、主にデータベースの定量的分析と定性的ベースの定性的分析によって行われる。この章では、カントリーリスクの概念、種類、カントリーリスクの測定方法、カントリーリスクの管理方法について説明する。

01 カントリーリスクの概念

① カントリーリスクの定義

　カントリーリスク（Country Risk）は、1960～70年代西洋の大型銀行が新興国への融資を増やす過程で不良が拡大すると、それを管理する次元で登場した。カントリーリスクはまだ統一された定義や範囲はないが、一般的に取引相手国の政治、経済、金融状況の不安定により企業や金融

機関が損失を受ける可能性を意味する。カントリーリスクで「カントリー（国）」は、損失または事件自体を意味するのではなく、リスクが発生する空間を指すものである。言い換えれば、カントリーリスクは、国の状況や不確実性、ボラティリティによっていくつかの出来事や結果が発生する可能性があることを意味する。

　カントリーリスクは政治リスク（Political Risk）と同じように見えるかもしれませんが、カントリーリスクは政治リスクと区別されるべきである。カントリーリスクと政治リスクは非常に関連性のある概念であるが、カントリーリスクは政治リスクをカバーするより大きな概念である。また、カントリーリスクをソブリンリスク（Sovereign Risk）と混用する場合もあるが、これはカントリーリスクに比べて狭い概念である。一般的に専門的なカントリーリスク評価機関の場合でも、政治リスク、経済リスク、財政リスクなどをカントリーリスク測定のための変数のカテゴリーとして包括して分析を行っている。本書でも、既存のカントリーリスクの定義と分類を参考に、カントリーリスクを政治リスク、経済リスク、財政リスクをすべて包括する概念と定義する。

　ある国の中でのみ取引を行い、国の状況に受動的にさらされている純粋な内国企業の場合には、カントリーリスクを議論することは無意味である。そのため、カントリーリスクは、国境を越えた取引や国際活動を行う企業、個人、金融機関に直接的な意味があるリスクである。

② カントリーリスクの種類

　カントリーリスクの種類は、発生原因に基づいて政治リスク（Political Risk）、経済リスク（Economic Risk）、財政リスク（Financial Risk）、為替

リスク（Foreign Exchange Risk）、ソブリンリスク（Sovereign Risk）などに区分することができる。カントリーリスクの詳細なタイプは＜表51＞のとおりである。

表51　カントリーリスクの種類

区分	説明
政治リスク (Political Risk)	Political instability (government stability, internal conflict, external conflict, corruption, law and order, etc)
経済リスク (Economic Risk)	Economic policy instability (GDP per capita, Economic growth, Investment openness, Inflation rate, etc.)
財政リスク (Financial Risk)	Foreign debt as a percentage of GDP, foreign debt service as a percentage of the exports of goods and services, etc
移転リスク (Transfer Risk)	Arising from a decision by a foreign government to restrict capital movements
為替リスク (Foreign Exchange Risk)	Unexpected adverse movement in the exchange rate
位置リスク (Location Risk)	Spillover effects caused by problems in a region, with similar perceived characteristics
ソブリンリスク (Sovereign Risk)	Any risk arising on chances of a government failing to make debt repayments or not honouring a loan agreement

出典：各種資料を参考にして作成

① 政治リスク（Political Risk）

政治リスクは、政治的な力がその国の経営環境に大きな変化を引き起こし、その国に投資した企業の成果に悪影響を及ぼす可能性を意味する。

政治リスクの源泉は投資対象国の政府、その政府を主導する政治的な哲学の変化、国粋的な傾向の増大などがある。代表的な例としては、戦争、内戦、革命、テロ、民間企業に対する融資または為替レートの制限、保護主義貿易政策、協定の遵守拒否などがある。政治リスクは、政府が企業や市場への影響力が強いほど高くなる。したがって、政治リスクは特に社会が不安で不安定な国で大きく現れる。

② 経済リスク（Economic Risk）

経済リスクとは、経済不安、国際競争力、産業構造不安、原産地規定、外国為替統制などに関連するリスクを意味する。経済不安の場合、国家の金融資産の価格が急落すると、これは銀行の資産価値の減少につながり、結局預金償還による金融危機につながる。また、通貨価値の下落は為替危機に波及することもある。産業構造不安の場合、競争力、代替可能性、供給者と消費者の能力など、産業の国内状況による変化を意味する。

③ 財政リスク（Financial Risk）

財政リスクとは、ある特定の国への融資または投資における損失可能性にさらされた状態の程度を意味する。代表的な例としては、国家信用リスク、国家信用度、借款導入や債券発行に関する加算金利決定基準、国家の信用取引に関連する債権未回収リスクがある。つまり、財政リスクとは、為替レートと外貨資産の不安定性を意味する。

02 カントリーリスクの測定

　カントリーリスクの測定は、主にデータベースの定量的分析と定性的ベースの定性的分析によって行われる。カントリーリスク測定に関して国際的に認知度の高い定量分析機関及び定性分析機関は、＜表52＞のとおりである。

表52　カントリーリスク測定国際機関

分析方法	機関名
量的分析	ICRG, EIU, IHS Global Insight
質的分析	Euromoney, Control Risk

出典：各種資料を参考にして作成

① 量的分析機関

① ICRG

　1979年に設立された米国のリスク分析機関であるPRSグループ（Political Risk Services GroupInc.）は、政治リスクサービス（Political Risk Services）とICRG（International Country Risk Guide、国際カントリーリスクガイド）を1980年度から提供している。ICRGは、ここで有償で提供されるカントリーリスクに関する指標である。PRSグループによると、四半期ごとに少なくとも140カ国を対象に評価を行っており、さらに26カ国については1年単位で評価する。ICRGのカントリーリスク評価変数は大きく3つの上位カテゴリ（政治リスク、経済リスク、財政リスク）と22のサブカテゴリーで構成されている。詳細なICRGのカントリーリスク評

価変数は＜表53＞のとおりである。

表53　ICRGカントリーリスク評価変数

	政治リスク	得点	経済リスク	得点	財政リスク	得点
A	政府の安定性	12	経常収支(対GDP比)	15	輸出対経常収支	15
B	社会経済条件	12	実質GDP成長率	10	対外債務(対GDP比)	10
C	投資状況	12	年間インフレ率	10	輸出対対外債務	10
D	内部紛争	12	財政収支(対GDP比)	10	為替レート安定性	10
E	外部紛争	12	一人当たりGDP	5	純流動性	5
F	腐敗	6	―	―	―	―
G	政治における軍事	6	―	―	―	―
H	宗教的緊張	6	―	―	―	―
I	法秩序(治安)	6	―	―	―	―
J	民族間の緊張	6	―	―	―	―
K	民主主義	6	―	―	―	―
L	行政の質	4	―	―	―	―
	最大総点	100	最大総点	50	最大総点	50

出典：ICRG Methodologyを参考にして作成

　評価得点の場合は、各構成要素に割り当てられる最小得点は0点であり、最大得点は政治リスク100点、経済リスク50点、財政リスク50点で付与する。このとき、総リスク得点が低いほどリスクは高くなり、総リスク得点が高いほどリスクは低くなる 次に、各カテゴリーの総点を加えて2で割ることで、最終的な総点を100点にする。その後、最終

得点を合計5段階に分けてカントリーリスクを評価する。その際、詳細な区分基準は＜表54＞のとおりである。最終的に得点が大きいほど国家リスクが低く、安全であることを意味する。

表54　ICRGのカントリーリスク区分基準

評価	総得点
非常に高いリスク	00.0 ~ 49.9
高いリスク	50.0 ~ 59.9
中間リスク	60.0 ~ 69.9
低リスク	70.0 ~ 79.9
非常に低いリスク	80.0 ~ 100

出典：ICRGのMethodologyを参考にして作成

② EIU

EIU（The Economist Intelligence Unit）は、英国の経済週刊誌であるエコノミスト（Economist）の系列会社である。1980年代にカントリーリスク評価を開始し、「Country Risk Service」と「Country Risk Model」を発刊している。EIUは、World BankやIMFなどの国際機関と協業して指数開発を行うなど、国際的に認知度が高い機関である。EIUは合計120カ国を対象に分析を行っており、これは新興国108カ国、先進国12カ国を含む。EIUが包括する国の数は他の機関に比べて比較的少ない方であるが、これは発展途上国の分析に特化しているからである。重要77カ国はカントリーリスクを毎月更新し、その他の国は四半期ごとまたは半期ごとに更新する。定性的分析と定量的分析を並行しており、評価変

数は5つの上位カテゴリーと60のカテゴリーで構成されている。詳細なEIUのカントリーリスク評価変数は＜表55＞のとおりである。

表55　EIUカントリーリスク評価変数

一	政治/制度	経済政策	経済構造	マクロ経済	資金と流動性
1	国外紛争	政策立案	所得水準	OECD GDP実質決済率	譲渡と交換のリスク
2	国内紛争	通貨安定性	公的データ	実質GDP成長、48ヶ月	IMFプログラム
3	選挙サイクル	実質金利	GDP成長率の変動性	実質GDP成長、12ヶ月	国際金融支援
4	イベントリスク	財政収支/GDP	輸出集中度	インフレーション、48か月	融資へのアクセス
5	ソブリンリスク	財政政策の柔軟性	外部衝撃/伝染	インフレーション、方向	外貨準備高の変動
6	制度的効率性	財政透明性	公的債務/GDP	貿易加重された実質為替レート	債務弁済率
7	腐敗	国内負債	対外総負債/GDP	為替レートの不一致	延滞/輸出金利
8	金融部門の腐敗	為替制度	債務不履行	為替レートの変動性	対外短期債務/外貨準備高
9	代金の支給	年金/医療債務	債務不履行歴史	輸出収入の増加、12か月	外部資金調達要件
10	平和的政権交代	間接手段の使用	経常収支バランス	当座預金残高、12か月	輸入カバー

11		ブラックマーケット/二重為替レート		資産価格バブル	銀行の外国資産
12					FDI/総資金調達要件
13					対外純負債/輸出
14					OECDの短期金利
15					不良債権
16					銀行の与信管理

出典：EIUのCountry Risk Modelを参考にして作成

　リスク測定結果は数字と文字の両方を使用して表示される。したがって、3大信用評価会社（Moody's Investor Service、Standard & Poor's Ratings Group、Fitch）のカントリー信用リスク評価結果との互換性と比較が可能であるという利点がある。数字は100点満点で算出し、文字は20点間隔でAからEまでで表示する。この時、数字が高いほどカントリーリスクが高い。文字の場合はアルファベット順で後ろにいくほど、カントリーリスクが高いことを意味する。

③ IHS Global Insight

　IHS Global Insightは、IHS社で2001年からカントリーリスクを専担する機関である。204カ国を対象に四半期ごとにカントリーリスクを評価し、北朝鮮および島嶼国まで含む。分析対象期間は中長期（5年）と短期（1年）に分けられる。短期は量的分析（流動性）に重点を置いて60％の重みを付与し、質的分析は40％程度の重みだけを与える。中長期は、

質的分析（政治・経済）にさらに重点を置いて50%の重みを付与し、量的分析（流動性・支払不能）は比較的小さい比重の30%と20%を付与する。詳細なIHSのカントリーリスク評価変数は＜表56＞のとおりである。

表56 IHSのカントリーリスク評価変数

区分	短期（0〜1年）分析		加重値(%)	中長期（1〜5年）分析	加重値(%)
大分類	項目			大分類	
流動性；量的分析 60%	1. 外部流動性ギャップ		10	支払能力指数	20 量的
	2. 外部経常勘定		10		
	3. 毎月の輸入カバー		10	流動性指数	30 量的
	4. 利子サービス率とリスクスプレッド		10		
	5. 銀行システム-外部財務状態		10	経済構造と政治的影響	30 質的
	6. 短期負債の為替カバー		10		
相関関係；質的分析 40%	1. 外部債権者と政治関係		20	政治的要素	20 質的
	2. 以前の支出遅延		20		

出典：IHSのCountry Risk Ratingsを参考にして作成

IHSのカントリーリスクの測定結果は1から5までの数字でのみ表示され、数字が小さいほどカントリーリスクが小さいことを意味する。

② 質的分析機関

① ECR

ECR（Euromoney Country Risk）は1993年からカントリーリスク評価を開始し、現在187カ国を対象にカントリーリスクを測定している。ECRは、既存の定量分析の限界を克服するために定性分析に焦点を当てている。専門家評価の質的分析（70%）と量的分析（30%）を並行して分析する。効果的な質的分析のために社内専門家だけでなく、世界中の専門家の評価を反映している。ECRは、外部の専門家の評価ができるだけ客観的に行われるように、評価のためのガイドラインをホームページに提供する。カントリーリスク評価に含まれる変数は＜表57＞のとおりである。

表57　ECRのカントリーリスク評価変数

大分類	項目		加重値(%)
質的評価 70%	1. 経済的評価	銀行の安定性/リスク、GNP展望、失業率、政府財政、通貨政策/通貨安定性	30
	2. 政治的評価	腐敗、金融資産移転に対する政府の干渉、政府の安定性、情報アクセス/透明性、制度リスク、規制および政策環境	30
	3. 構造的評価	人口統計、物理インフラストラクチャ、労働市場/労使関係、ソフトインフラストラクチャ	10
量的評価 30%	4. 債務指標		10
	5. 信用格付け		10
	6. 銀行金融/資本市場へのアクセス		10

出典：ECRを参考にして作成

カントリーリスクは最小四半期ごとに更新され、数値形式で表示される。0から100点の範囲で数字が大きいほどリスクが小さいことがわかる。また、分析されたリスクを地図を通じて表示し、危険な国家ほど赤色で、安全な国家ほど緑色に表示する。

② Control Risks
　Control Risksは1975年から政治的リスク分析だけを専門的にする機関である。他の評価機関とは異なり、経済関連の分析は利用されず、基本的な経済変数のみが定性的分析のための判断資料として考慮される。約225カ国を対象に、国や分析の種類に応じて四半期ごとまたは1年単位で更新を行う。質的分析だけのため、別途の変数リストは提供しないが、宗教、軍事力など様々なカテゴリーを含めて質的分析を行う。カントリーリスク評価結果は数字で表し、範囲は1から5点であり、得点が低いほどリスクが高い国である。

03 カントリーリスクマネジメント

　近年、関税の引き上げ、非関税障壁の構築、国有化、新保護貿易主義の登場などで世界貿易秩序が変化するにつれて、カントリーリスクマネジメントの重要性も大きくなっている。スクマネジメント方法（リスク低減、リスク回避、リスク保有、リスク移転）によるカントリーリスクマネジメントの管理法は＜表58＞のとおりである。

表58　カントリーリスクマネジメント

区　分		内　容
リスク コントロール	リスク回避	カントリーリスクの高い国との取引を回避
	リスク低減	カントリーリスク現況事前調査 貿易関連機関による国家情報の取得 取引国に関するレポートの確認 国際的なニュース確認 該当国との事前協定 政府当局との緊密な関係維持 取引国の多様化
リスク ファイナンシング	リスク保有	純利益、準備金、自己保険、外部の借入金
	リスク移転	貿易保険（輸出信用機関） 輸出信用保険（民営保険会社）

出典：各種資料を参考にして作成

　第一に、リスクの損失強度と発生頻度の両方が大きい場合、リスク回避を選択することができる。相手国が政治・経済・財政的に不安定な場合、新たな貿易取引を結ばないことで被害を回避することができる。また、既存の取引を行っていた企業であっても、過去に比べてカントリーリスクが増加した場合、追加貿易取引を結ばないことで被害を回避することができる。リスクを完全に扱わないことでリスクをなくすというメリットがあるが、現実的に貿易企業がすべての取引を回避することは難しい。

　第二に、リスクの損失強度が小さく、発生頻度が大きい場合、リスク低減を選択することができる。まず、損失防止方法として、貿易企業は、

新しい国との取引を行う際には、必ずカントリーリスクを確認する必要がある。それだけでなく、既存に継続的に取引を行っていた国家であっても、定期的にカントリーリスクの現況を必ず確認しなければならない。カントリーリスクの状況は、専門的なカントリーリスク測定機関または各国の輸出信用機関を通じて確認することができる。また、国際的なニュース確認、貿易関連機関を通じた国家の情報獲得、取引国家に対する報告書確認などを通じて国家の経済・政治・財務的状況を綿密に把握する必要がある。損失低減方法としては、該当国と事前に協定を締結、主要政府当局との緊密な関係維持があげられる。これは、カントリーリスクが発生したときに損失をさらに縮小するのに役立つ。また、ある国との取引を止揚し、取引対象国を多角化してリスクの露出を分けなければならない。

　第三に、リスクの損失強度が小さく、発生頻度が小さい場合、リスク保有を選択することができる。カントリーリスクの大きさが余裕のある水準であれば、企業は積立金の活用、金融機関からの信用ローン、公的金融（Official Financing Support）などを活用することができる。公的金融は、輸出信用機関が政策的に貿易取引に必要な各種資金を支援してくれるもので、直接融資（Direct Lending）あるいは借り換え（Refinancing）がある。

　第四に、リスクの損失強度が大きく、発生頻度が小さい場合、リスク移転を選択することができる。リスク移転の代表的な方式は保険契約で、カントリーリスクは、輸出信用機関もしくは民間保険会社の貿易保険（Trade Insurance）、輸出信用保険（Export Credit Insurance）を通じてリスクの移転が可能である。NEXIの貿易保険がカバーする代表的なカントリーリスクは＜図46＞のとおりである。

図46　NEXIの貿易保険がカバーするカントリーリスク

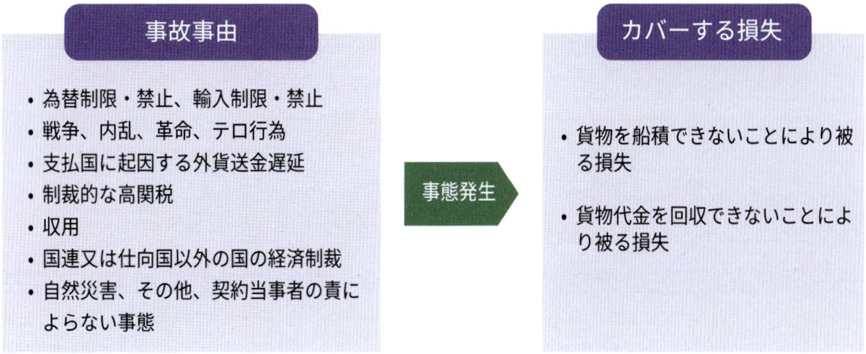

事故事由
- 為替制限・禁止、輸入制限・禁止
- 戦争、内乱、革命、テロ行為
- 支払国に起因する外貨送金遅延
- 制裁的な高関税
- 収用
- 国連又は仕向国以外の国の経済制裁
- 自然災害、その他、契約当事者の責によらない事態

→ 事態発生 →

カバーする損失
- 貨物を船積できないことにより被る損失
- 貨物代金を回収できないことにより被る損失

出典：NEXI資料を参考にして作成

　日本、韓国、中国などの公的輸出機関の場合、輸出保険と輸入保険制度が共に存在するため、貿易保険と呼ばれる。一方、米国、フランス、ドイツ、英国などの公的輸出機関の場合、輸出保険のみ存在するため、輸出信用保険と呼ばれる。また、民間保険会社の場合にも輸出保険のみ存在するため、輸出信用保険と呼ぶ。貿易保険の詳細は、Part 4の4.2章で取り上げている。

練習＆討論問題

① カントリーリスクを測定する機関を比較し、量的分析と質的分析の長所と短所とそれに対する自身の意見を述べてください。

② 最近、多くの企業が新興国への進出を図っている。企業の新興国に参入する際に最も大きな障害となるカントリーリスクとその理由について述べてください。

3.3章　為替リスク

概要と要約

　一般商取引は売主と買主が一箇所で会い、売主は物品を引渡し、買主は代金を支給する。しかし、売主と買主が遠く離れている場合には、為替を利用して債権と債務関係を解決する。外国為替とは、国家間決済に利用される為替を意味する。為替リスクとは、為替変動により企業の収益性や資産の価値が変動する可能性を意味する。貿易取引の場合、売買契約後の輸出、輸入が実際に行われ、貿易代金を受け取ったり決済するまで時差が発生するため、為替リスクが頻繁に発生する。本章では、外国為替市場の機能と種類、為替レートの表示方法、上昇及び下落に伴う経済的効果、為替リスクの概念、為替リスクマネジメント方法について説明する。

01　外国為替と為替レートの概要

　為替（Exchange）とは、隔地間の債権と債務を現金の移動なしで決済するシステムや手段を意味する。主に小切手や手形を利用し、銀行の仲介により行われる。一般商取引は売主と買主が一箇所で会い、売主は物品を引渡し、買主は代金を支給する。しかし、売主と買主が遠く離れている場合には、為替を利用して債権と債務関係を解決する。

① 内国為替と外国為替

為替は内国為替（Domestic Exchange）と外国為替（Foreign Exchange）に分けられる。内国為替とは、国内で決済するために利用される為替を意味する。外国為替とは、国家間決済に利用される為替を意味する。つまり、異なる国にいる人々間の経済的取引で発生する貸借関係を現金の移動なしで決済してくれる手段である。貿易取引では、輸出者と輸入者との間に常に債券・債務関係が発生するため、外国為替取引が続くことになる。＜図47＞と＜図48＞は、内国為替の構造と外国為替の構造である。

| 図47 | 内国為替の仕組み

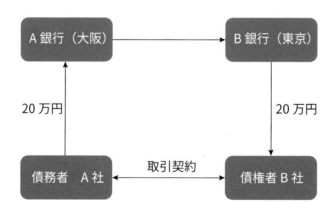

| 出典：各種資料を参考にして作成

| 図48 | 外国為替の仕組み

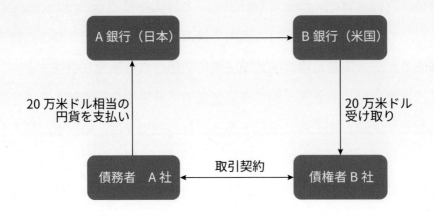

| 出典：各種資料を参考にして作成

　外国為替は次のような特徴がある。まず、外国為替ごとに異なる交換比率（為替レート）である。送金小切手、為替手形、支給指示などの手段別に異なる為替レートが適用される。第二に、為替レートの変動による為替リスクの発生である。決済時点での為替レートによって利益が生じることもあり、損失を見ることもできる。第三に、利子問題である。輸出者と輸入者の間の貸借決済では、郵送期間と同じくらいの差異で利子問題が発生する可能性がある。通常、利子負担者は事前に約定する。第四に、外国為替銀行の仲介である。貿易取引の代金決済はすべて外国為替銀行を通じて行われる。

② 外国為替市場

　外国為替は24時間取引される。外国為替市場（Foreign Exchange Market）は、狭い意味で外国為替の需要と供給がつながる場所をいう。

また、広い意味では場所的概念だけでなく、外国為替取引の形成、流通、決済など外国為替取引に関連する一連のメカニズムを包括する。ニューヨーク、ロンドン、東京は世界の３大外国為替市場と呼ばれている。日本の場合、外国為替取引は外為法と外国為替令により管理されている。

　外国為替市場は次のような機能がある。まず、ある国の通貨から別の国の通貨への購買力移転を可能にする。例えば、ある国の輸出者が輸出代金で稼いだ外貨を外国為替市場を通じて国内通貨に両替すると、外貨で持っていた購買力が国内通貨に変わることになる。第二に、外国為替市場は対外取引で発生する外国為替の需要と供給を清算する役割をする。例えば、外国為替の需要者である輸入者や外国為替の供給者である輸出者は、為替レートを媒介とした外国為替市場を通じて彼らが必要とする対外取引の決済を遂行することになる。このような外国為替市場の対外決済機能は、国家間貿易及び資本取引など対外取引を円滑にしてくれる。第三に、変動為替レート制度では、為替レートが外国為替市場の需給事情に応じて変動することにより、国際収支の調整機能を遂行することになる。ある国の国際収支が赤字を見せると、外国為替の超過需要が発生するため、自国通貨の価値が下落（為替レート上昇）する。この場合、輸出品の価格競争力が改善され、国際収支の不均衡が解消される可能性がある。第四に、外国為替市場は、企業や金融機関などの経済主体に為替変動によるリスクを回避する手段を提供する。外国為替市場で取引される様々なデリバティブ金融商品取引を通じて、経済主体は為替リスクをヘッジすることができる。

　外国為替市場は取引当事者によって、銀行間市場 / インターバンク市場（Interbank Market）と対顧客市場（Customer Market）に区分される。

銀行間市場は狭い意味での外国為替市場を意味するもので、取引当事者がすべて銀行であり、卸売市場の性格を持つ。対顧客市場とは、一種の小売市場の性格を持つ市場で、銀行や個人や企業など顧客間で外国為替取引が行われる市場を意味する。銀行が対顧客取引の結果として発生した外国為替ポジションの変動を銀行間市場（インターバンク市場）を通じて調整する過程で、対顧客市場と銀行間市場（インターバンク市場）の連携がなされる。＜図49＞は外国為替市場の仕組みである。

| 図49 | 外国為替市場の仕組み

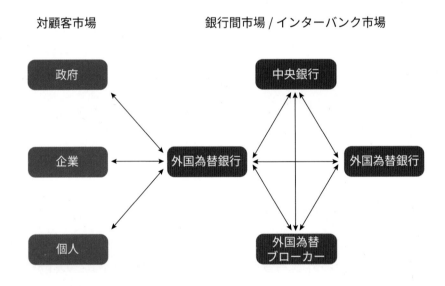

| 出典：各種資料を参考にして作成

③ 為替レート

　為替レートは、2つの異なる通貨間の交換率を意味する。為替レートとは、外国通貨の単位を受け取るために自国通貨を何単位支払わなけれ

ばならないかを示すものである。すなわち、自国通貨と外国通貨との間の交換比率を意味し、両国通貨の相対的価値をいう。

　為替レートの表示方法には、＜表 59 ＞のように 2 つある。自国通貨建は外国通貨 1 単位を基準に自国通貨で何単位に相当するかを表示する方式である。例えば、1 ドル＝ 150 円、1 ユーロ＝ 160 円などで表示する方法で、日本をはじめとする大多数の国でこの方式を採用している。次に、外国通貨建ては外国通貨 1 単位を基準に自国通貨で何単位に相当するかを表示する方式である。英国では、自国通貨であるポンド 1 単位（1 ポンド）が外国通貨の数単位に相当するかどうかの形で為替レートを表示する。例えば、1 ポンド＝ 1.2557 ドル、1 ポンド＝ 1.1650 ユーロなどで表示する方法である。米国、ユーロ圏諸国、オーストラリアなどもこの方式で表示している。為替レートの表示方法をどちらに選ぶかは、その国の慣習に従う。

表 59　為替レートの表示方法

区　分	内　容
自国通貨建て	自国通貨 1 単位を基準に外国通貨で何単位に相当するかを表示する方式 例) 1 ドル =150 円、1 ユーロ＝ 160 円
外国通貨建て	外国通貨 1 単位を基準に自国通貨で何単位に相当するかを表示する方式 例) 1 ポンド =1.2557 ドル、1 ポンド =1.1650 ユーロ

出典：各種資料を参考にして作成

自国通貨建ての場合には、為替レートが動くときに自国通貨の価値を読む方法が重要である。＜図50＞は円・ドル為替レートの上昇と下落に伴う通貨価値を示す。例えば、1ドル＝100円から1ドル＝120円に自国通貨（円）の数値が上昇することは、自国通貨の価値が外国通貨（ドル）に対して低下したことを意味する。つまり、円安（ドル高）を意味する。逆に、1ドル＝100円から1ドル＝80円に自国通貨（円）の数値が下落することは、自国通貨の価値が外国通貨（ドル）に対して上昇したことを意味する。つまり、円高（ドル安）を意味する。

| 図50 | 円・ドル為替レートの上昇と下落

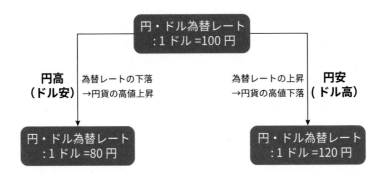

| 出典：各種資料を参考にして作成

　為替レートの上昇と下落は、＜表60＞のように様々な経済的効果をもたらす。為替レートの上昇は、輸出競争力の上昇、経済成長のような肯定的な効果と、輸入価格の上昇、外貨負債の増加、物価上昇のような否定的な効果を誘発する。貿易取引の場合、為替レートが上昇すると輸出者は利益を得、輸入者は損失を被る。一方、為替レートの下落は、輸

入価格の下落、外貨負債の減少、物価の下落などの肯定的な効果と、輸出競争力の低下、経済悪化などの否定的な効果を引き起こす。貿易取引の場合、為替レートが下落すると輸出者は損失を受け、輸入者は利益を得ることになる。

表60　為替レートの変動と経済的効果

区　分	経済的効果
為替レートの上昇	輸出品の外貨表示価格を下げる可能性が生じる→輸出競争力上昇
	円表示の輸入価格の上昇、外貨負債の増加
	輸出増加、輸入減少→経常収支改善→国内生産と雇用増加→経済成長
	原材料や部品などの輸入価格上昇→物価上昇
為替レートの低下	輸出品の外貨表示価格調整が難しい→輸出競争力低下
	円表示の輸入価格の下落、外貨負債の減少
	輸入増加、輸出減少→経常収支の悪化→国内生産と雇用の減少→経済悪化
	原材料や部品などの輸入価格下落→物価下落

出典：各種資料を参考にして作成

02 為替リスクの概念

　為替リスクとは、為替変動により企業の収益性や資産の価値が変動する可能性を意味する。つまり、通貨交換時の相場の変動によるリスクを意味する。特に貿易取引の場合、売買契約後の輸出、輸入が実際に行われ、貿易代金を受け取ったり決済するまで時差が発生する。このとき為替リスクが頻繁に発生する。

① 為替リスク発生の要因

　為替レートは外国為替市場の需要と供給によって決まる。為替変動の要因は、＜図51＞のように長期要因、中期要因、短期要因に区分することができる。

| 図51 | 為替レート変動の要因

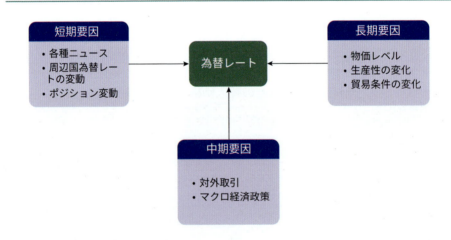

| 出典：各種資料を参考にして作成

① 長期的視点

長期的な観点から見ると、各国の物価水準、生産性などの経済条件の変化は通貨の価値に影響を及ぼす。これは、通貨価値は商品、サービス、資本などに対する購買力の尺度であるため、結局、為替レートは相対物価水準に計上される相対的購買力によって決定されるからである。長期的に為替レートに影響を与えるもう一つの要因として生産性の変化が挙げられる。例えば、韓国の生産性が他の国よりも速い速度で向上すると、自国通貨は切り上げられる。これにより、生産性が向上した場合、財貨生産に必要なコストが削減され、より安い値に財貨を供給できるようになり、物価が下落して通貨価値が上がる。つまり、各国の物価水準と、生産性など経済条件の変化は長期的に通貨の価値に影響を及ぼす。

② 中期的観点

中期的観点から見ると、為替レートに影響を与える要因として対外取引、マクロ経済政策などが挙げられる。対外取引の結果、国際収支が黒字を見せると外国為替の供給が増えるため為替レートは下落し、国際収支が赤字となり外国為替の超過需要が持続すれば為替レートは上昇することになる。通貨政策などマクロ経済政策も為替レートに影響を与える。通貨政策を緊縮的に運用すると通貨供給が減少し、外国の通貨量に変化がなければウォンの相対的な供給が減り、為替レートが下落する。

③ 短期的視点

短期的観点から、為替レートは外国為替市場の参加者の期待や周辺国の為替レートの変動、各種ニュースなどによって影響を受ける。第一に、

市場参加者の為替レートに対する期待が変わると、自己実現的（Self-fulfilling）な取引によって実際の為替レートの変動がもたらされる。例えば、ほとんどの市場参加者が為替レートの上昇を予想する場合、為替レートが上がる前に事前に外国為替を購入すると利益を得ることができるため、外国為替に対する需要が増加することになり、実際の為替レートが上昇することになる。第二に、主要貿易相手国の為替レートの変動は、自国の通貨価値に多くの影響を与えることになる。例えば、輸出競争関係にある国の通貨が切下げられる場合、自国の輸出競争力の弱化によって外国為替供給が減少するという市場期待が形成され、自国の通貨も切下げられる。第三に、各種ニュースも市場参加者の期待変化を通じて短期為替変動に影響を及ぼすことになる。第四に、銀行の外国為替ポジション変動も為替レートに影響を与える。

② 為替リスクの種類

為替リスクの種類は＜表 61 ＞のように区分することができる。まず、為替取引リスク（Transaction Exchange Risk）である。これは、外国為替表示取引における契約の実行中に為替レートの変動により発生する為替リスクを意味する。為替取引のリスクは商品の輸出入の場合に発生する。つまり、外貨で貿易契約を結んだ後、為替レートの変動に応じて、最終的な通貨収益が不利に両替される可能性を意味する。第二に、為替換算リスク（Translation Exchange Risk）である。為替レートの変動により外貨表示資産又は負債に対する評価が変わって発生する為替リスクを意味する。つまり、外貨である資産及び負債を円で表示される財務諸表に作成する際に不利に反映される可能性を意味する。第三に、為替経済性リ

スク（Economic Exchange Risk）である。為替レートが変動することにより、企業の営業活動あるいは経済的価値が不利になる可能性を意味する。例えば、為替レートの下落→輸出単価引き上げ→輸出物量減少→売上高と利益減少である。

表 61　為替リスクの種類

区　分	内　容
為替取引リスク (Transaction Exchange Risk)	外貨での契約後の為替レートの変動により、最終円貨収益が不利に両替される可能性
為替換算リスク (Translation Exchange Risk)	外貨での資産及び負債を円貨で表示される財務諸表作成時に不利に反映される可能性
為替経済性リスク (Economic Exchange Risk)	為替レートの変動により、将来、企業の海外営業活動が不利になる可能性

出典：各種資料を参考に作者作成

03　為替リスクマネジメント

　為替リスクマネジメントは、為替リスクの予測あるいは事後認識に基づいて様々な管理手法を活用して為替リスクをなくすか最小化するものである。貿易取引時の為替レートの変動による損失を最小限に抑えるために、必ず為替リスクマネジメントが必要である。為替リスクマネジメントの究極的な目的は、為替変動リスクを管理し、貿易企業が安定的な活動を行うことである。つまり、為替レートの変動に関係なく、企業の

価値が常に一定に保たれるようにするのである。企業の為替リスクマネジメント方法は＜表62＞のとおりである。

表62　為替リスクマネジメント

区　分		内　容
リスク コントロール	リスク回避	為替リスクの高い取引回避
	リスク低減	為替レートの変動に関する事前把握
リスク ファイナンシング	リスク保有	純利益、準備金、外部の借入金
	リスク移転	内部管理 ・ネッティング (Netting) ・マッチング (Matching) ・リーズアンドラグズ (Leads and Lags) 外部管理 ・リスクヘッジ；先物為替取引 (Forward Exchange Transaction)、スワップ (Swap)、オプション (Option) ・保険

出典：種資料を参考にして作成

　為替リスクの内部的管理方法と外部的管理方法の種類は、＜図52＞のとおりである。

| 図 52 | 為替リスクの管理方法

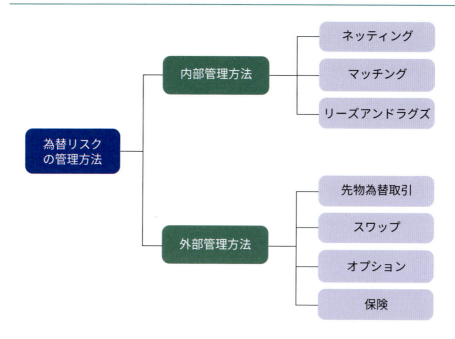

| 出典 : 各種資料を参考にして作成

　まず、リスクの重大さと発生頻度の両方が大きい場合、リスク回避を選択することができる。為替リスクの高い通貨を利用する取引を回避することで、企業は為替リスクの発生を遮断することができる。
　第二に、リスクの重大さが小さく、発生頻度が大きい場合、リスク低減を選択することができる。まず、企業は為替レートの変動の流れを把握していなければならない。そしてこれに基づいて管理方法を選択して為替リスクを防止することができる。
　第三に、リスクの重大さが小さく、発生頻度が小さい場合、リスク保有を選択することができる。企業は為替リスクが発生したとき、純利益、準備金、外部の借入金などを活用して消極的、積極的に保有することができる。

第四に、リスクの重大さが大きく、発生頻度が小さい場合、リスク移転を選択することができる。リスク移転は保険による移転と非保険による移転、リスクヘッジなどがある。為替リスクの内部的管理方法と外部的管理方法は次のとおりである。

① ネッティング

　ネッティング（Netting）は、一定期間の外貨負債と外貨資産を相殺した後、差額のみを決済する方法である。これは決済資金規模を縮小してコストを削減する効果がある。ネットは、主に多国籍企業の本社と子会社間の取引で活用する。つまり、同じ系列の会社間でお互いに払うお金と受け取るお金があれば、キャッシュフローを最小化して換リスクを最小化する方法である。ネッティングで注意すべき点は、外貨負債と外貨資産を相殺した後、純ポジションをどの通貨でどの時点で決済するかを定めることである。

　ネッティングの最も単純な形としては、2社間で行われるバイラテラルネッティング（Bilateral Netting）がある。これは双方間において純債権、債務ポジションのみを一定時点で相互決済する制度である。次に、マルチラテラルネッティング（Multilateral Netting）がある。これは3社以上の企業間で行われるネットである。マルチラテラルネッティングでは、純決済金額の精算と決済を管理するネットッティングセンター（Netting Center）を設置するのが一般的である。

　<図53>は、バイラテラルネッティングの流れを示している。自動車会社であるAは日本に本社を置き、韓国に子会社A1を置いている。韓国にある子会社A1は、日本本社Aから1,000ドルほどの自動車部品を

輸入する。韓国工場で部品を組み立てた後、2,000ドルほどの最終製品を本社Aを通じて輸出する。この場合、子会社A1は輸入代金と輸出金額を相殺して差額である1,000ドルを受け取ることになる。

| 図53 | バイラテラルネッティングの流れ

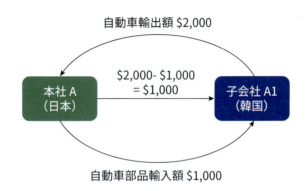

| 出典：各種資料を参考にして作成

② マッチング

マッチング（Matching）は外貨資金の流入と支給を通貨別、満期別に一致させるものである。すなわち、同じ通貨で示された債券及び債務を保有することにより、外貨資金フローの不一致で発生しうる為替リスクを源泉的に除去する方法である。マッチングにはナチュラルマッチング（Natural Matching）とパラレルマッチング（Parallel Matching）がある。ナチュラルマッチングは通貨別に資金の収入と支出を一致させる方式である。これは最も理想的な方法であり、為替リスクヘッジングがほぼ完全に行われることである。ナチュラルマッチングは、同じ通貨の代わりに為替レートの変動の傾向が、類似した他の通貨の現金収支と一致させ

る方式である。これは、通貨の為替レートの変動が異なる場合、完全なマッチングが不可能である可能性がある。

　＜図54＞は、ナチュラルマッチングの流れを示している。電子製品輸出業者である韓国の会社Bは、米国の会社Cと米貨1千万ドルの輸出契約を結んでいる。会社Bと会社Cは、運送条件を物品の引渡し時期を契約日から1年と定めた。決済条件としては輸出代金の50％は契約日から6ヶ月後にあらかじめ受け取り、残りの50％は物品を引き渡す1年後に受け取ることにした。会社Bは、今後の為替レートが下落すると予想し、損失を減らすために為替レートの変化に対する対策を講じようとする。このとき、会社Bは為替リスクを除去するために日本の会社Aから電子部品を輸入することにする。契約金額は輸出契約と同様に1千万ドルに設定する。そして決済条件は、輸出と同じ時点である6ヶ月後に輸入代金の50％を支給し、残りの50％を1年後に支給することにする。すなわち、輸出契約と輸入契約をそれぞれ締結してお互いにマッチングするのである。

| 図54 | ナチュラルマッチングの流れ

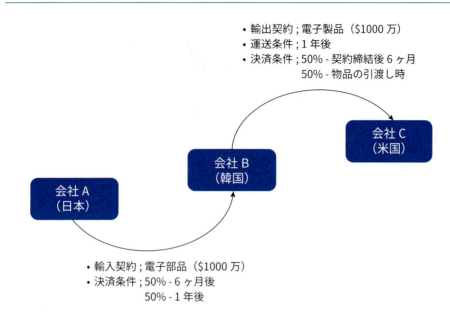

| 出典：各種資料を参考にして作成

③ リーズアンドラグズ

　リーズアンドラグズ（Leads and Lags）は、企業が為替変動に備えて企業の外国通貨表示債券や債務の決済時期を人為的に調整する方法である。この時、企業はリーズ（Leads）とラグズ（Lags）方法を活用することができる。リーズは企業が意図的に決済時期を早めることである。たとえば、企業が支払うべき金額があると仮定して、為替レートが上昇すると予想される場合は、リーズを活用する。ラグズは企業が意図的に決済時期を遅らせることである。たとえば、企業が受け取るべき金額があると仮定して、為替レートが下落すると予想される場合は、ラグズを活用する。＜図55＞はリーズアンドラグズの流れ、＜図56＞は為替変動による輸出者と輸入者のリーズアンドラグズ活用方法である。

| 図 55 |　リーズアンドラグズの流れ

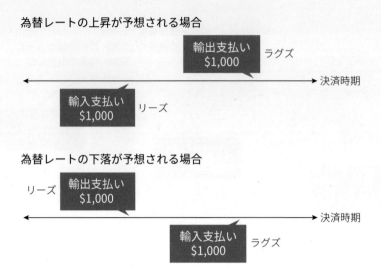

出典：各種資料を参考にして作成

| 図 56 |　輸出者と輸入者のリーズアンドラグズ活用方法

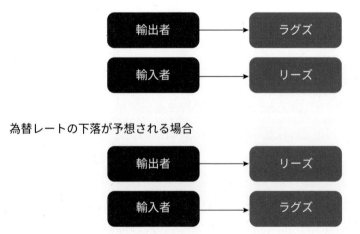

出典：各種資料を参考にして作成

④ 先物為替取引

先物為替取引（Forward Exchange Transaction）は代表的なデリバティブ商品であり、先物為替予約とも呼ばれる。これは将来の一定時点あるいは特定期間にあらかじめ約定した為替レートで外国為替を販売または購入することにした拘束力のある契約である。企業は銀行または外国為替会社と先物為替取引を結ぶ。つまり、先物為替取引は事前に円貨金額を確定することが最も重要な目的である。輸出者は、将来輸出代金を売却したり、輸入代金決済に必要な外貨を買い入れる場合、それぞれ先物為替レートを利用することができ、為替リスクを管理することができる。

＜図57＞は先物為替取引の流れである。会社Aは3ヶ月後に10,000ドルが必要な輸入業者である。会社Aは、為替変動のリスクを管理するために銀行Bと先物為替取引の契約を締結した。この時先物為替レートを$1＝100円で10,000ドルの契約を締結し、予約時期は3ヶ月後に指定した。3ヵ月後、会社Aは契約した為替レートである$1＝100円で10,000ドルを受け取り、銀行Bに1,000,000円を支給する。3ヶ月後の実際の為替レートは$1＝120円だった。会社Aが先物為替取引を活用しなかった場合、1,200,000円を支払わなければならなかっただろう。

| 図57 | 先物為替取引の流れ

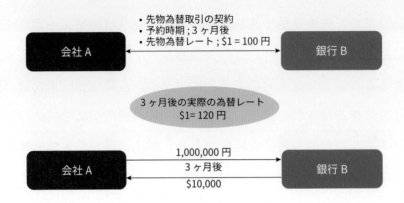

| 出典：各種資料を参考にして作成

⑤ スワップ

　スワップ（Swap）は「引き換える」あるいは「交換する」という意味を持つ用語である。金融におけるスワップとは、両当事者が一定期間の間、定期的に元金や利子支払などのキャッシュフローを交換することを意味する。為替リスクマネジメントのスワップには為替スワップ（Foreign Exchange Swap, FX Swap）、通貨スワップ（Currency Swap）がある。これは相手方と異なる通貨を交換し、一定期間が過ぎてから元金を再交換する取引である。

　為替スワップは、契約の両当事者が現在の契約為替レートによって異なる通貨を交換し、一定期間後に最初の契約時点で定めた先物為替レートに基づいて元金を再交換する取引である。これは、外貨資金の流れを一致させるため、または外国為替取引の決済日を延長または短縮する目的で使用される。

　通貨スワップは、両契約当事者が定められた一定期間にわたって異な

る通貨に対する利子を交換し、満期日に契約当時に合意した為替レートで元金を交換するものである。通貨スワップは主に1年以下の短期資金調達と為替リスクヘッジ手段として利用され、通貨スワップは1年以上の中長期為替リスク及び金利に対するリスクを一緒にヘッジする手段として利用される。

⑥ オプション

オプション（Option）とは、外国通貨を定められた日程価格で、将来の日程または以前に購入または販売する権利を売買することである。オプションには、コールオプション（Call Option）とプットオプション（Put Option）がある。コールオプションは特定通貨を買う権利である。つまり、オプションの所有者に対し、約定日に所定の価格で通貨を買う権利を付与した契約である。プットオプションは特定通貨を売る権利である。つまり、オプションの所有者に所定の価格で通貨を売る権利を付与した契約である。

⑦ 保険

為替リスク保険（Foreign Exchange Risk Insurance）は、輸出または輸入を通じて外貨を獲得または支払う過程で発生する可能性のある為替差損益を除去し、外貨金額を事前に確定させ、為替変動に伴うリスクをヘッジする商品である。＜図58＞為替リスク保険の仕組みである。

| 図58 | 為替リスク保険の仕組み

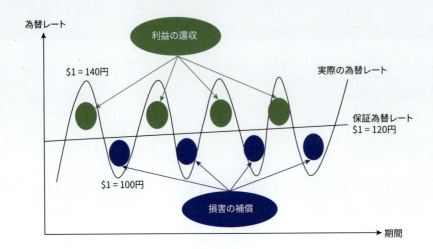

| 出典：各種資料を参考にして作成

練習＆討論問題

① 企業が為替リスクを管理する内部的および外部的管理方法について説明してください。

② 貿易企業の為替レートの変動による為替リスクマネジメントは必須であります。しかし、実質的に大多数の中小輸出企業は為替リスクマネジメントに非常に脆弱であるとみられます。その理由と解決策について話し合ってください。

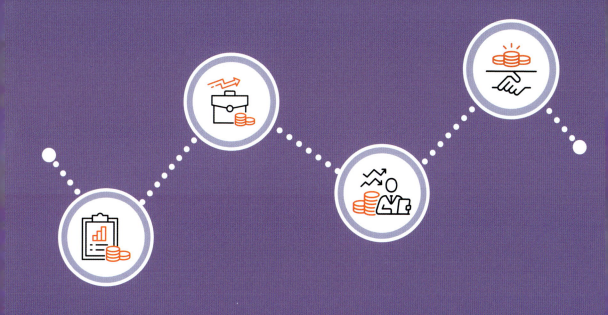

Part 04

貿易リスクマネジメントと保険

4.1 章 海上保険

4.2 章 貿易保険

4.1章　海上保険

概要と要約

海上保険は歴史上最も古い保険である。現代的な形の海上保険は、17世紀のロンドンロイズコーヒーハウスを中心にできた。海上保険は、貿易において見落とすことができないリスク移転方法で、海上や航海事業に関連する陸上および航空で発生した損害まで補償する。代表的な海上保険には貨物保険と船舶保険がある。本章では、海上保険の歴史、海上保険の特徴、海上保険の分類、海上リスクの種類、海上損害の分類、協会貨物約款について説明する。

01　海上保険の枠組み

① 海上保険の歴史

　海上保険（Marine Insurance）は歴史が最も古い保険で、海上保険は貿易の発展とともに誕生した。海上保険の初期のモデルとしては、古代ギリシャで生まれた保険貸借がある。海は予測不可能なため、当時嵐で船が難破して逆風に出会い、漂流することが多反射だった。したがって船主と荷主（貨物所有者）はリスクを防止する方法を工夫するしかなかっ

た。地中海貿易が活発だった古代ギリシャで海上貿易のリスクを軽減するための手段として「保険貸借」ができた。これはギリシャ・ローマ時代から地中海沿岸地方で利用されていた融資制度である。これは船主と荷主が航海に先立って船や貨物を担保して一定期間お金を借りた後、無事に航海を終えれば元金と利子を付けて返済し、事故が起きれば債務を免除される取引である。つまり、お金の多い金融家が航海を行う商人にお金を貸し、航海の成功可否に応じて返済、免除の可否が決定される。もし商人が航海に成功すれば、30%程度の利子とともに返済をしなければならない。反面、もし商人が航海に失敗することになれば元金を返済する義務が免除されるシステムである。

14世紀のルネッサンスヨーロッパは文化芸術と共に航海術を開花した。この時航海用コンパスが作られ、地図学が発展するようになった。また、コンパスと星座を見て海道を開いた開拓者たちが登場し始めた。さらに、船舶の大型化、灯台の構築などで海上貿易が飛躍的に発展し、海上保険の初期モデルは、近代海上保険の起源となる純粋な保険契約に進化した。

現代的な形態の海上保険は17世紀ロンドンで始まった。当時、ロンドンはコーヒーハウスが大流行を始めたが、コーヒーハウスはビジネスマン、金融家、船長、政治家、医師など各界の著名人が集まるロンドンにおける社交生活の中心地だった。その中心にはロイズコーヒーハウス（Lloyd's Coffee House）があった。エドワードロイズ（Eduward Lloyds）はロンドンに約80のコーヒーハウスを持っていた。エドワードロイズのコーヒーハウスは、テムズ川の辺りに位置する地理的利点と、特別なマーケティングでうまく運営されていた。＜図59＞は17世紀当時のロイズコーヒーハウスの様子である。

| 図 59 | 17c ロイズコーヒーハウス

| 出典：ロイズ

　コーヒーハウスでは、船員は主に海の天候と満潮時間、海賊出没地域、国別特産品、船舶の出港及び到着時間など各種貿易取引に関する情報を交換した。これに着目して、エドワードロイズはロイズリスト（The Lloyd's List）を毎日発行し、人々に情報を共有した。1734年に初めて出版したロイズリストは以後、海運業界が購読料を支払って受取ろうとするほど信頼できる情報で名声を築いていった。この新聞は今日までオンライン版で毎週ニュースを提供している。＜図60＞は1734年当時のロイズリストである。

| 図60 | ロイズリスト

| 出典：ロイズ

　海上情報ブローカーの役割を果たしたエドワードは、変数が多い船舶に対するリスク保障の必要性を感じ、船員の事故を補償するという客と船員をつなげ始めた。これが現代的な意味の海上保険の始まりである。

② 海上保険の定義

　英国海上保険法（MIA; Marine Insurance Act, 1906）第1条には、「海上保険契約は、その契約により合意した方法と範囲内で海上損害、すなわち海上事業に伴う損害を保険者が被保険者に補償することを約束する契約である（"A contract of marine insurance is a contract whereby the insurer undertakes to indemnify the assured, in manner and to the extent thereby agreed, against marine losses, that is to say, the losses incident to marine adventure")」と定義している。

また、第2条第1項には「海上保険契約は、明示された特約や商慣習によりその担保範囲を拡張し、海上航海に付随する内陸水路や陸上リスクの損害に対しても被保険者を保護することができる（"A contract of marine insurance may, by its express terms, or by usage of trade, be extended so as to protect the assured against losses on inland waters or on any land risk which may be incidental to any sea voyage")」と定義している。つまり、海上保険は、海上や航海事業に関連する陸上および航空で発生した損害まで補償する保険である。

③ 海上保険の特徴

海上保険の特徴は次のとおりである。まず、国際性。海上保険は国家と国家間の貿易取引を背景にして国際性を持つ。したがって、保険者の責任と補償に関する国際的統一法が求められる。準拠法としては主に英国の法と慣習が適用される。現在、世界中のほとんどの国が英国の海上保険法（MIA）と協会貨物約款（ICC; Institute Cargo Clauses）を使用している。第二に、企業の保険である。海上保険の加入者は個人ではなく貿易会社や船舶会社である。つまり、海上保険は、海運業者や貿易業者が海上リスクを克服するために利用する保険である。第三に、国際貿易の促進剤の役割である。海上保険は貿易と運送産業の活性化に大きな役割を果たす。第四に、保障性保険である。海上保険は、被保険者が実際に被った損害に対して補償する。

02 海上保険の分類

海上保険は、保険加入対象と保険期間によって分類することができる。＜図 61＞は海上保険の分類である。

| 図 61 | 海上保険の分類

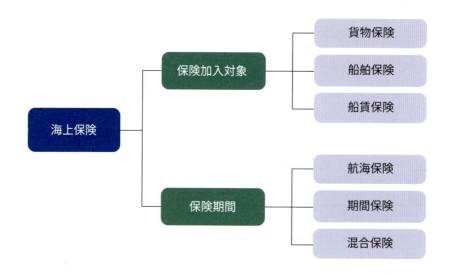

| 出典：各種資料を参考にして作成

① 保険加入対象による分類

貨物保険（Cargo Insurance）は、保険加入対象が貨物の場合に輸出者または輸入者が利用する。これは、海上で運送中の貨物が被った損失を補償する保険である。船舶保険（Hull Insurance）は、保険加入対象が船体の場合で、船主が主に利用する。船舶保険の例には、船舶建造保険、船主責任相互保険などがある。一般的に海上保険は貨物保険と船舶保険が中

心となる。船賃保険（Freight Insurance）は、船主、傭船者、運送主人などが貨物または旅客の運送に伴う船賃を加入対象とする保険である。

② 保険期間による分類

　航海保険（Voyage Insurance）とは、特定の航海区間を定めて保険期間とする時の保険をいう。ほとんどの貨物保険は航海保険である。期間保険（Time Insurance）とは、特定期間を定めて保険期間とする時の保険をいう。ほとんどの船舶保険は期間保険である。最後に、混合保険（Mixed Insurance）は航海区間と期間の2つを同時に保険期間として規定している保険である。

 海上危険および海上損害

① 海上危険

　海上危険（Maritime Peril）は、海上航海に起因するまたは付随する危険を意味する。海上危険は、航海に起因する危険（Perils Consequent on the Navigation of the Sea）と航海に付随して発生する危険（Perils Incidental to the Navigation of the Sea）に分けることができる。航海に起因する危険は、航海が原因となって偶然発生する海上固有の事故である。一方、航海に付随して発生する危険は、航海をしなくても偶然に発生する可能性のある火災、戦争などの危険を意味する。＜表63＞は、ICC 1963の本文約款（担保危険約款）に明示されたリスクの分類である。

表63　ICCの危険規約上の海上危険の分類

海固有の危険 (Perils of the Seas)	座礁 (Stranding)、沈没 (Sinking)、衝突 (Collision)、荒天 (Heavy Weather)
海上危険 (Perils on the Seas)	火災 (Fire)、投荷 (Jettisons)、船員による悪行 (Barratry)、海賊 (Pirate)、盗賊 (Rovers)、強盗 (Thieves)
戦争危険 (War Perils)	軍艦 (Men-of-War)、外敵 (Enemies)、襲撃と捕獲 (Surprisals and Capture)、海上での拘束と差押え (Taking at Sea & Seizure)、官憲の強留、抑止、抑留 (Arrests, Restraints and Detainments King, Princes and People, Letters of Mart and Countermart)
その他の危険 (All Other Perils)	上記の危険と同種のすべて

出典：ICCを参考にして作成

② 海上損害

　海上損害（Maritime Loss）は、被保険目的物が海上の危険により全部または一部が滅失、損傷することにより被保険者が被る経済的損失を意味する。海上損害といっても、必ずしも海上で発生する損害だけを意味するわけではない。これには、海上航海に付随する内需および陸上の損害まで含まれる。

　海上損害は、まず直接損害と間接損害に分類することができる。直接損害とは、被保険目的物自体に発生した損害を意味する。間接損害は、直接損害の結果付随的に被る損害で利益の喪失や運賃の喪失などがある。一般に、海上保険は、直接損害補償の原則に従って直接損害のみを補償することを原則とする。だが、約款で特に定めた場合には、間接損

しても補償をする。

次に、海上損害は＜図62＞のように分類が可能である。まず、物的損害（Physical Loss）には全損（Total Loss）と分損（Partial Loss）がある。全損は、現実全損（ATL; Actual Total Loss）と推定全損（CTL; Constructive Total Loss）に区分され、分損（Partial Loss）は、単独海損（P/A; Particular Average）と共同海損（G/A; General Average）に区分される。そして、費用損害（Expense Loss）は、救助料（SC; Salvage Charges）、単独費用（Particular Charges）、付随費用（Extra Charges）に区分される。

| 図62 | 海上損害の分類

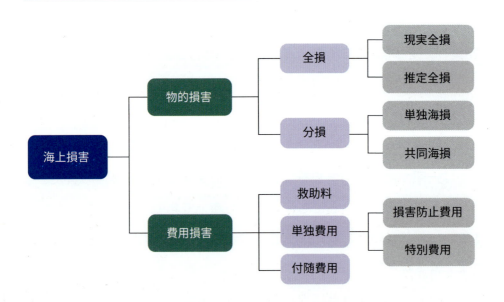

| 出典：各種資料を参考にして作成

① 全損

　全損（Total Loss）は、保険がかけられている全貨物の滅失または損害に起因する損害で、現実全損と推定全損がある。現実全損は、貨物が現実に全滅した場合の損害である。被保険目的物が破壊されたり重大な損傷を受けた場合、被保険者が保険の目的物に対する所有権を奪われ、これを回復できない場合に現実全損が存在する。また、海上事業に従事する船舶が行方不明となり、かなりの期間が経過した後までその行方が分からない時、現実全損（ATL; Actual Total Loss）と推定できる。推定全損（CTL; Constructive Total Loss）とは、被保険目的物が実質的には全損が発生しなかったが、全損が発生したと推定するしかない場合をいう。

② 分損

　分損（Partial Loss）は、被保険目的物の一部が損傷または滅失したものであり、損害の責任の有無によって単独海損と共同海損に区分される。単独海損（P/A; Particular Average）とは、被保険目的物の一部が被った損害を特定荷主が単独で負担することをいう。共同海損（G/A; General Average）は、被保険目的物の一部が被った損害を被保険者と利害関係者が共同で責任を負うことをいう。このとき、利害関係者が各自にその責任をどのように分担するかについては、York-Antwerp Rules（1994）に従って精算規則が決定される。

③ 救助料

　救助料（SC; Salvage Charges）には任意救助料と契約救助料がある。任意救助料は、救助契約によらず第三者が任意に行う救助に対する報酬である。一方、契約救助料は、契約に基づいて行う救助に対する報酬である。

④ 単独費用

単独費用（Particular Charges）には、損害防止費用（Sue and Labor Charges）、特別費用が含まれる。

⑤ 付随費用

付随費用（Extra Charges）とは、損害の調査、確定及び証明のための費用を意味する。

04 協会貨物約款

　貨物海上保険証券は、200年以上前に作られた英国のロイズ保険証券をもとにロンドン保険業者協会が制定した約款にもとづく保険証券が、世界の多くの国々で使用されている。1982年 Lloyd's S.G. Policy が廃止され、新しい MAR フォーム（MAR Form）の海上保険証券様式と協会貨物約款（ICC; Institute Cargo Clauses、以下 ICC という）が導入された。ICC は1963年（旧約款）、1982年（新約款）、2009年（最新約款）に改訂されているが、新旧どちらも使用することが可能である。日本では、かつて1963年版の旧約款を採用するのが主流だったが、年々、2009年版の新約款で付保する会社が増えてきている。

　ICC 1963（旧約款）と ICC 1982（新約款）と ICC 2009（最新約款）、いずれも3種類の保険条件が設定されている。＜図63＞は、ICC 1963 - ICC 1982 - ICC 2009規約の条件の変化である。

| 図63 | ICC規約の条件の変化

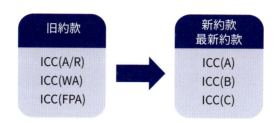

| 出典：各種資料を参考にして作成

① ICC 1963（旧約款）

　ICC 1963（旧約款）は、ICC（A/R）、ICC（WA）、ICC（FPA）条件で構成されている。ICC（A/R）は All Risk、全危険担保である。これは、特定の免責危険を除き、全危険を担保する条件である。このとき免責危険は、貨物の固有の性質や欠陥による損害、航海の遅延による損害及び戦争である。保険者が負担する危険範囲が広く、保険料が高い。ICC（WA）は With Average、分損担保である。これは、ICC（FPA）条件で補償する損害と悪天候による海水侵害、デッキ遺失などを追加で補償してくれる条件である。最後に ICC（FPA）は Free from Particular Average、分損不担保である。

② ICC 1982（新約款）

　ICC 1982（新約款）は、ICC 1963（旧約款）に比べて担保体系が非常に単純化された。旧約款のように損害の形態を分離することなく、リスク中心に統一した。ICC 1982（新約款）は、ICC（A）、ICC（B）、ICC（C）の条件で構成されている。ICC（A）は、旧証券の ICC（A/R）と同様の全リ

スク担保である。旧証券とは異なり、原子力、核による危険も免責危険に追加された。ICC（B）は、旧証券のICC（WA）と同様の担保危険を列挙している列挙担保主義を採択している。ICC（B）は、旧証券に比べて担保範囲が狭い。ICC（C）は、旧証券のICC（FPA）に似ており、最も担保範囲が狭い最小担保条件である。CIF契約において別途の当事者間の約定がない場合、保険加入条件はこの条件とする。旧証券に比べて担保範囲が狭いのが特徴である。

③ ICC 2009（最新約款）

　ICC 2009（最新約款）は、ICC 1982（新約款）と同様にICC（A）、ICC（B）、ICC（C）の条件で構成されている。ICC 2009（最新約款）はテロリズム免責を新設したが、既存の新約款に比べて免責範囲が縮小された。また、全体的に被保険者の立場を反映した新しい規定が多く含まれる形に改正された。

練習＆討論問題

❶ 海上危険のうち、過去には頻繁だったが、今日、次第に消えつつあるものと、今後、新たに発生する可能性のある海上危険にはどのようなものがあるかについて述べてください。

❷ 協会貨物約款の定義と旧証券、新証券、最新証券について比較分析してください。

4.2 章 貿易保険

概要と要約

　公的輸出信用とは、政府が自国の輸出促進を目的に財政を投入して支援する輸出信用（保険・保証・貸出）を意味する。公的輸出信用制度は、通常の商業金融にのみ依存する場合、実現しにくい貿易取引を活性化するために政府が運営する制度である。公的輸出信用制度は第一次世界大戦前後に初めて出現し、現在はほとんどの国で運営されている制度である。貿易保険は代表的な公的輸出信用制度で、日本は現在 NEXI で運営している。本章では、公的輸出信用と輸出信用機関の概念、歴史、貿易保険の概念と分類、日本の貿易保険制度について説明する。

01 公的輸出信用と輸出信用機関

　輸出信用は、輸出取引に関して輸出者や金融機関が信用を提供するものである。輸出者が輸入者に売掛条件で信用を提供することを意味する。輸出信用の提供者は輸出者または融資を提供する金融機関となり、輸出信用の受益者は輸入者となる。

① 公的輸出信用

① 公的輸出信用の概念

公的輸出信用（Export Credit）は、政府が自国の輸出促進を目的に財政を投入して支援する輸出信用（保険・保証・貸出）を通称する。公的輸出信用の支援は、政府が設立した公的機関を通じて行われる。すなわち、公的輸出信用は、通常の商業金融にのみ依存する場合、実現しにくい貿易取引を活性化するために政府が運営する制度である。公的輸出信用は大きく貿易保険（Pure Cover）と公的金融（Official Financing Support）に区分される。貿易保険には輸出保証と輸出保険があり、公的金融には直接融資と借入などがある。貿易保険と公的金融は、WTO補助金協定とOECD公的輸出信用協約によって国際規範の規制を受ける。

② 公的輸出信用の歴史

公的輸出信用は、第1次世界大戦に萎縮した輸出貿易振興及び雇用促進のために、1919年に英国が商務部内に輸出信用保証部（ECGD; Export Credit Guarantee Department）を設置し始めた。以後、第一次世界大戦、大恐慌、第二次世界大戦などを経て、当時の政治、経済、社会状況によって歴史的に変遷過程を経た。公的輸出信用制度の歴史は、次の＜表64＞のように分けられる。

表64　公的輸出信用の歴史

区分	時期	内容
公的輸出信用制度の出現	1910-1930	・初の輸出信用機関設立（英国） ・第一次世界大戦前後復旧のため、欧州地域内に輸出信用機関設立増加 ・国際輸出信用保険機構（BU; Berne Union）設立
公的輸出信用制度の拡大発展	1940-1980	・第二次世界大戦戦後復旧のための輸出信用支援の急増 ・発展途上国の輸出信用機関の設立を促す
公的輸出信用の競争激化及び規制強化	1970-1980	・各国の公的輸出信用競争の加速化 ・各国の公的輸出信用事業収支の不均衡深化 ・OECD公的輸出信用アレンジメント制定
公的輸出信用紛争の発生	1990-2004	・WTO補助金支援禁止紛争発生
グローバル化、開放化、規制緩和	2000-2007	・輸出信用収益性の向上 ・商業銀行、民間保険会社の輸出信用領域本格進出
公的輸出信用領域の拡大	2010-2020	・グローバル金融危機を克服するための輸出信用支援の急増

出典：各種資料を参考にして作成

　1910〜1930年代は公的輸出信用の胎動期である。当時、西欧諸国は英国輸出信用制度の運営効果によって刺激され、第一次世界大戦後貿易を通じた産業復旧及び経済復興を目指し、輸出信用機関を設立した。

1929年の大恐慌以後には雇用及び生産促進という目標が追加され、米国、日本、メキシコに輸出信用機関が設立された。1934年には、輸出信用保険機関間の協力及び情報交流を通じた制度発展を図るため、国際輸出信用保険機関、通称ベルンユニオン（BU; Berne Union）を設立し、制度発展のきっかけを設けた。

1940～1980年代は公的輸出信用制度の成長期である。第二次世界大戦は公的輸出信用を拡大発展させたきっかけとなった。各国が戦争を勝利に導くために輸出信用を活用し、戦争後には復旧目的の輸出信用に対する需要が急増した。特に1970年代以降、発展途上国も輸出信用制度がなければ先進国との競争が不可能だという認識のもと、競争的に輸出信用機関を設立した。これにより輸出促進及び外貨獲得、自国企業の輸出競争力強化、国際収支改善及び経済成長を図った。

1970～1980年代は公的輸出信用の競争深化及び規制強化時期である。1950年代以降、輸出信用環境は大きな変化を迎える。各国の再建事業が活発になり、サプライヤーズクレジット中心の輸出信用市場が購入者信用中心の市場に転換された。また、大型資本財輸出信用に対する需要が拡大し、輸出保険及び公的金融を通じた国家間の受注競争が激化した。このような輸出信用支援は、国家間の過当競争と開発途上国の債務不履行により、各国が輸出信用事業で継続的な累積赤字を記録する原因となった。これは、公正競争と収支均衡の面で公的輸出信用に対する国際規制の必要性を認識するきっかけとなった。1978年、OECDは公的輸出信用分野の公正競争を図るため、OECD公的輸出信用アレンジメントを制定した。

1990～2004年代は公的輸出信用紛争の発生時期である。1995年、世

界貿易機関（WTO; World Trade Organization）が発足し、「WTO補助金および相続措置協定」が発効したWTO補助金および相続措置協定は、附属書として添付された例示リストに禁止補助金に該当する12項目を列挙している。これらのうち2つの項目（j項とk項）が輸出信用に関するものである。この協定に基づいて、1990年代の国家間の公的輸出信用関連紛争が多数発生した。カナダーブラジル航空機紛争（1996年）、米国－ブラジル綿花紛争（2002年）、韓国－EC朝鮮紛争（1999年）などがWTO禁止補助金と関連した代表的な輸出信用紛争事例である。

2000年代は公的輸出信用のグローバル化、開放化、規制緩和の時期である。世界的な景気好況と流動性の増加は、輸出信用事業の収益性を増加させた。このような状況は、グローバルネットワークを持つ商業金融機関と保険会社の輸出信用への進出をもたらした。短期輸出信用分野では大型民間保険会社の進出により公的機関の役割が縮小され、中長期輸出信用分野では豊富な流動性をもとにした国際商業銀行の低金利融資により、公的機関による直接貸付萎縮と輸出保険の拡張をもたらした。

2008年、グローバル金融危機を契機に公的輸出信用領域に進出した国際商業銀行と民間保険会社の役割が大きく萎縮した。これにより、各国政府は公的輸出信用供給を大幅に拡大し、グローバル信用リスクを減少させ、世界経済の正常化に貢献した。2010年代に入って各国は、企業の生産基地移転、海外投資の増加、経済統合などの貿易と投資環境の全体的な変化を反映し、既存の輸出支援水準を超えて国家利益を創出するすべての海外事業を支援する方向で公的輸出信用の領域を拡大している。

② 輸出信用機関

① 輸出信用機関の概念

輸出信用機関（ECA; Export Credit Agency）とは、輸出促進を目的に政府が出資して設立した貿易保険機関または輸出入銀行をいい、国によっては民間銀行または保険会社で政府業務を代行する体制で運営されることもある。輸出信用機関は、自国企業に対して輸出資材の製作資金を支援するか、自国物品を輸入する外国企業に対して輸入に必要な資金を支援する。支援形態は、輸出金融を直接融資するか、商業銀行で融資を受けることができるように輸出保険を支援する方式で行われる。最初の輸出信用機関は1919年に設立された英国の政府機関であるECGDであり、現在、全世界約80カ国で輸出信用機関を運営している。全世界輸出信用機関の設立現況及び年度は＜表65＞のとおりである。

表65　輸出信用機関設立年

区　分	設立国家（年度）
1910年代	英国 (1919)
1920年代	ベルギー (1921)、デンマーク (1922)、ノルウェー (1929)
1930年代	米国 (1934)、スイス (1934)、メキシコ (1937)
1940-60年代	カナダ (1944)、フランス (1946)、ドイツ (1949)、日本 (1950)、ブラジル (1952)、オーストラリア (1957)、インド (1957)
1970-80年代	スペイン (1970)、韓国 (1976)、イタリア (1977)、台湾 (1979)、インドネシア (1985)、トルコ (1987)
1990年代以降	ポーランド (1991)、ハンガリー (1992)、チェコ (1992)、タイ (1993)、中国 (1994)、マレーシア (1995)

出典：各種資料を参考にして作成

② 輸出信用機関の条件

　輸出信用機関になるには、次の条件を満たす必要がある。a) 輸出信用業務に特化した保険会社、銀行、又は政府機関でなければならない。輸出信用機関は政府機関であることもあり、独立した金融機関であることもある。b) 企業の輸出支援のために直接ローンや輸出保険などの公的輸出信用を提供しなければならない。c) 輸出に関する緊急リスクと商業リスクを担保しなければならない。d) 公的輸出信用業務は組織の主な事業でなければならない。e) 政府から輸出信用事業の運営に対する権限を委任されなければならず、事業で発生する損失を保全する約定を受けなければならない。

③ 輸出信用機関の運営形態

　輸出信用機関は、各国の経済および金融環境によって異なる形態で運営される。輸出信用機関の運営形態は、貿易保険機関のみを運営する形態、貿易保険機関と直接融資機関を併立して運営する形態、貿易保険機関と直接融資機関を統合機関として運営する形態など、3種類に分類されている。直接融資機関の種類には、中央銀行、中央銀行の子会社、輸出入銀行、政府委託を受けた商業銀行などがある。貿易保険機関の種類には、政府機関、政府の委任を受けた民間保険会社、公企業、公的基金、政府と民間の合弁保険会社、政府の再保険支援を受ける民間保険会社などがある。現在、OECD 36 カ国のうち 32 カ国が輸出信用機関を運営しており、その形態は＜表 66 ＞のとおりである。

表66　OECD国別輸出信用機関運営形態

区　分	国　数	国　名
貿易保険機関のみ運営 （直接貸出機関部材）	10カ国(31%)	フランス、ギリシャ、イスラエル、オランダ、ニュージーランド、ポルトガル、スイス、ルクセンブルク、スペイン、ラトビア
貿易保険機関および （直接融資機関の併立）	10カ国(31%)	チェコ、フィンランド、ドイツ、イタリア、日本、韓国、ノルウェー、ポーランド、スウェーデン、ハンガリー
貿易保険と直接融資 （統合機関運営）	12カ国(38%)	オーストリア、オーストラリア、カナダ、デンマーク、エストニア、メキシコ、スロバキア、ベルギー、スロベニア、トルコ、英国、米国
合計	32カ国(100%)	

出典：各種資料を参考にして作成

　公的輸出信用を運営するOECD加盟国のうち10カ国は、直接融資機関なしで貿易保険機関のみを運営している。これらの国家は貿易保険を中心に公的輸出信用を運営し、融資は民間商業銀行が実行し、輸出信用機関が貿易保険で商業銀行の代金未回収リスクを担保する形で民間と政府が役割を分担している。貿易保険機関と直接融資機関を併立運営中の国家は韓国、日本、ドイツなど10カ国である。これらの国は通常商業銀行の融資に対して貿易保険機関が代金未回収リスクを買収する形で運営するが、商業銀行が扱えない固定金利融資などに限って、直接融資機関が介入することで民間金融を補完する。米国、カナダ、オーストラリ

アなど 12 カ国が貿易保険と直接融資を単一機関で統合して運営している。これらの国家は通常商業銀行融資に対して貿易保険で代金未回収リスクを引き受ける形で運営するが、商業銀行が扱えない固定金利融資などに限って制限的に直接融資を扱うことで民間金融を補完している。

④ 輸出信用機関の運営理由

世界各国が輸出信用機関を運営する理由は、a) 巨額・長期の輸出信用供与に伴う非常リスクと信用リスクに対する民間商業金融機関の危険気象現象で発生する市場失敗を補完し、b) 各国の輸出補助金競争から自国企業が輸出機会を喪失しないように公的輸出信用を支援する。優位確保に必要な輸出振興目的の開発援助資金の支援窓口の役割をすることなどである。

⑤ 日本の輸出信用機関

日本の輸出信用機関は＜図 64 ＞のとおりである。日本の輸出信用機関は、JBIC（Japan Bank for International Cooperation, 国際協力銀行）と NEXI（Nippon Export and Investment Insurance, 日本貿易保険）に分類される。JBIC は、資源の開発及び取得促進、日本産業の国際競争力維持及び向上、海外事業促進、国際金融秩序混乱に対する取り組みなどのための金融活動を行う組織である。JBIC は、輸出金融、輸入金融、投資金融、出資、保証、ローンなどの業務を担当している。NEXI は、JIBCとは別の組織で、日本企業の保険及び保証業務を担当している。JBIC と NEXI の間の運用ガイドラインには大きな違いはないが、互いに情報を共有することで重複支援を避けるよう努めている。

| 図64 | 日本の輸出信用機関

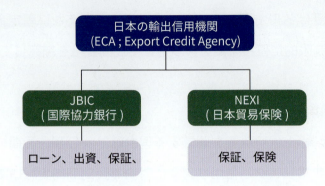

| 出典：各種資料を参考にして作成

 貿易保険の概要

① 貿易保険の概念

　貿易保険は、輸出やその他の対外取引で発生する輸入者の契約破棄、破産、代金支払遅延、支払拒否などの信用リスク（Credit Risk）と輸入国の戦争、内乱、為替取引制限などのカントリーリスク（Country Risk）による輸出者や金融機関が被る損失を補償する保険である。すなわち、貿易保険は、貿易取引に関連する代金決済上の各種リスクを買収することで貿易を促進しようとする制度である。貿易保険は信用保険の領域に属する。信用保険（Credit Insurance）は、売り手が買い手に外傷で物品を売った後、満期に買い手から代金決済を受けられないリスクを担保する。物品の売買が国内で発生すると国内信用保険（Domestic Credit

Insurance)、輸出取引であれば輸出信用保険（Export Credit Insurance）となる。国内信用保険は国内購入者の債務不履行リスクを担保し、輸出信用保険は海外輸入者の債務不履行リスクを担保する。貿易保険は輸出信用保険の別の名前である。

貿易保険は、運営主体によって政府が支援する公的輸出信用保険と民間保険会社が運営する民営輸出信用保険に区分される。公的輸出信用保険は、政府、公的機関、政府支援を受ける機関などが輸出振興を目的に運営する非営利政策保険である。対外輸出の経済活動が民間企業によって主導されるとしても、輸出の国家経済的波及効果は公共性が大きいため、各国の輸出関連政策と制度は政府主導的特性を示す。

特に輸出代金未回収の規模が増大したり回数が増加した場合、当該個別企業の財務的損失だけでなく、国内関連産業や企業にも連鎖的損失が誘発され、国家レベルでの輸出自体に対する取引費用と埋没費用の増大を招くこともある。したがって、企業の輸出と海外投資を促進し、国家経済的波及効果を向上させるために、ほとんどの国は公的輸出信用保険を運用している。この公的輸出信用保険は補助金の性格を帯びており、国家間の過当競争につながるため、OECD公的輸出信用協約、WTO補助金協定などの国際規範として規制している。

② 貿易保険の歴史

貿易保険は1890年代、英国の民間保険業者が国内信用保険を輸出取引に拡大適用して始まった。第一次世界大戦が終わった後、欧州各国が競争的に外国為替及び貿易統制を強化すると、貿易取引の決済リスクが大きくなり、銀行の信用状開設費用が増加した。これにより、無信用状

取引を支援する輸出信用保険に対する需要が増えた。1918年、英国で輸出信用保険を扱う最初の民間保険会社であるTrade Indemnityが設立された。1919年、英国政府は商務省内に輸出信用国を設置し、世界で初めて公的輸出信用制度を導入した。

　1926年にドイツでHermesという民間信用保険会社が設立され、1927年イタリアでSIACという民間信用保険会社が作られた。1934年、輸出信用保険の国際交流と情報交換を目的とする連盟チェーンであるベルンユニオン（Berne Union）が設立された。第二次世界大戦後、後進国の開発需要が増加し、先進国から後進国への資本財輸出が大幅に増えた。資本財の輸出は、通常の輸出よりも取引規模が大きく、代金決済期間が長期であり、輸入国のカントリーリスクが大きく、民間保険会社が輸出信用保険の供給を嫌う市場失敗が発生した。これに米国とヨーロッパ各国で政府が財政を投入して輸出信用保険を支援する公的輸出信用の時代が本格化した。

③ 貿易保険の特徴

　貿易保険の特徴は大きく3つに分けられる。まず、信用保険である。損害保険に属する信用保険は、主債務者の債務不履行を担保する保険であるが、貿易保険は、主債務者である輸入者の債務不履行を担保するため、信用保険に該当する。

　第二に、政策保険である。貿易保険は、リスクの測定や保険料の決定などが一般保険のように代数の法則に従わず、対外取引に対する支援の必要性に応じて行われる。このため、貿易保険の運営は主に輸出国政府が担当する。政府が貿易保険を政策的に運営する理由は次のとおりであ

る。a) 担保危険の特性上、事故発生の確率算定が困難であり、適正保険料率を算定することが難しい。b) 戦争や外国為替取引の制限など、カントリーリスクによる保険事故は多数の取引で同時多発的に発生し、保険事故金額の規模が大きすぎて民間保険会社がリスクを担保しようとしない。c) 民間保険会社は、企業価値を継続的に維持するために毎年適正水準の利益を生み出す必要があるため、輸出支援という政策目標のために収益性を犠牲にすることはできない。d) 貿易保険は輸出振興を政策目標とするため、担保するリスクの種類や範囲が国際貿易環境と対内外的経済条件、輸出国の政策的判断等により決定される。

　第三に、国際規範の適用である。貿易保険は輸出支援を名分に担保するリスクに比べて保険料率を安く策定する傾向がある。そのため、世界貿易機関（WTO）は加盟国の過当競争を防止するために貿易保険事業の長期収支バランスを要求している。政府の財政支援を受ける貿易保険機関が長期収支バランスを達成できなければ、WTO補助金協定違反で相殺関税（Countervailing Duty）の対象となる。なお、決済期間2年以上の資本財輸出取引については、OECD公的輸出信用条約の金融条件を遵守しなければならない。

④ 貿易保険の機能

　貿易保険の機能は以下のとおりである。まず、代金未回収リスク担保である。貿易保険の主な機能は、輸入者の代金未払リスクを担保することである。これにより、輸出者や金融機関のリスク負担を解消することで、輸出取引の環境および条件を国内商取引と同様の水準にすることができる。輸入国で発生するカントリーリスクや信用リスクにより輸出が

不可能になったり、代金回収が難しくなっても、輸出者や金融機関は貿易保険を通じて損失を補償されるため安心して取引を進めることができる。輸出取引における開発途上国市場および無信用状方式取引の比重が増加するにつれて、これらの機能の重要性はさらに高まっている。

　第二に、金融補完機能である。貿易保険は、金融機関に輸出金融を供与するよう誘引を与える金融補完的な機能を持っている。輸出金融では、代金回収可否が金融機関の融資審査において重要な基準となる。貿易保険を活用すればこの問題を解決できるため、金融機関は輸出者に有利な担保条件で輸出金融供給を拡大することができる。また、輸入者の決済遅延などの事故が発生し、代金回収の見通しが不透明になったり、回収に長期間かかる場合でも、貿易保険を通じて輸出者の損害を補償することで企業に流動性を供給することができる。

　第三に、輸出振興政策手段である。貿易保険は、世界貿易機関（WTO）体制の下で許容される間接輸出支援制度として、ほとんどの国で運営されている。貿易保険は貿易及び対外取引促進を目的に政府の財政支援をもとに運営されるため、保険料率などを長期的に収支バランスを目標に安く策定することができる。また、保険金額や報酬比率などにおいて、できるだけ輸出者に有利な形態の制度を採用して輸出競争力を強化する政策手段の機能を有する。WTO体制では、金融や税制上の優遇措置などの直接支援手段に対する規制が厳しいため、国際的に容認される間接支援手段である貿易保険の役割がより重要である。

　第四に、市場志向の産業政策手段である。貿易保険は特定の産業分野に限定されず、すべての輸出取引を支援し、輸出産業全体に対する競争力の向上に有用である。金融や税制上の優遇措置など直接輸出支援手段

は、政府政策への依存度を高め、企業の競争力確保努力を阻害する副作用がある。一方、貿易保険は企業が自ら確保した取引を支援するため、輸出産業の競争力向上のための政策手段になることができる。企業の競争力確保努力を阻害することなく海外市場開拓を促進するという点で、市場志向の産業政策手段である。

 貿易保険の分類

貿易保険を分類する基準には、保険期間、担保危険、出荷時点、保険契約者、付保対象取引、保険付保方式など様々なものがある。

① 保険期間による分類

保険期間は、保険会社が保険契約者に保険金を支払う責任を負う期間である。責任期間または危険期間とも呼ばれる。貿易保険は、保険期間を基準に短期輸出保険と中長期輸出保険に区分する。短期輸出保険は決済期間2年以内の取引を担保し、中長期輸出保険は決済期間2年以上の取引を担保する。決済期間が2～5年であれば中期、5～10年であれば長期、10年以上は超長期取引で区分する。通常、消費財輸出は決済期間2年以内の短期取引がほとんどで、資本財輸出は決済期間2年以上の中長期取引がほとんどである。

② 担保危険による分類

　担保危険は、保険者がそのリスクによって発生した損害を補償することを約束したリスクであり、保険者が補償責任を負担するためには、損害が担保危険によって発生しなければならない。貿易保険の担保危険としては、カントリーリスク、信用リスク、為替変動リスク、金利変動リスクなどがある。これを基準に貿易保険を分類すると、緊急リスクと信用リスクの両方を担保する輸出保険、非常リスクを担保する海外投資保険、為替変動リスクを担保する為替変動保険、金利変動リスクを担保する金利変動保険などがある。

③ 船積時点による分類

　物品船積時点を基準に、船積時点以前のリスクを担保する船積前保険と船積時点以降のリスクを担保する船積後保険に区分する。船積前保険は、輸出者が輸出契約を締結し、契約の効力が発生した後、輸出契約により物品を輸出できなくなった場合に被る損失を担保する。船積後保険は輸出契約を締結し、物品を輸出した後、輸入者や信用状開設銀行から輸出代金を受け取れない場合に被る損失を担保する。

④ 保険契約者による分類

　保険契約者は、自分の名前で保険会社と契約を締結し、契約が成立すれば保険料納入義務を負う者である。貿易保険は、保険契約者に基づき、サプライヤークレジットとバイヤークレジットに分けられる。バイヤークレジット（Buyer's Credit）は、輸出取引で信用リスクまたはカントリーリスクにより輸入者が輸出代金を未決済する場合、それによる損害を保

険契約者である輸出者に補償する保険である。サプライヤーズクレジット（Supplier's Credit）は、輸出取引で輸入代金を金融機関から貸し出された輸入者が信用リスクまたはカントリーリスクにより借入金を返済できない場合、それによる損害を保険契約者である金融機関に補償する保険である。通常、決済期間2年以内の短期輸出保険はバイヤーズクレジットを使用し、決済期間2年以上の中長期輸出保険はサプライヤーズクレジットを使用する。

⑤ 付保対象取引による分類

貿易保険加入対象となる取引を基準に輸出取引を担保する輸出保険、輸入取引を担保する輸入保険、海外投資取引を担保する海外投資保険、海外事業取引を担保する海外事業保険に区分できる。

⑥ 保険付保方式による分類

保険付保方式を基準に個別保険と包括保険に区分することができる。個別保険は輸出者が個別取引件別に選択して保険に付保する方式であり、包括保険は輸出者が保険会社と一定範囲の対象取引を定めた後、対象取引全体を保険に付保する方式である。個別保険は高危険取引だけを選んで加入できるので、保険会社もリスクの大きい取引を拒否する権利がある。包括保険は高危険取引に対する保険加入が容易であるという長所があるが、危険の低い取引も保険に入らなければならいという欠点がある。

04 日本の貿易保険

① 日本貿易保険の歴史

　日本は輸出振興という政治的観点により1950年から政府が貿易保険を運営し始め、現在は政府全額出資の株式会社日本貿易保険（NEXI; Nippon Export and Investment Insurance）でこれを担当している。第一次世界大戦終了後、1914～1918年の間は大戦景気により日本の輸出が増加した。しかし、1919年に輸入が輸出を超え、その後10年間貿易黒字が起こらなかった。輸入超過が続く状況に危機を感じた日本政府は、1930年「輸出補償法」を公布した。これは、第58回帝国議会で成立した輸出に関連する損失の一部を国家が補償する制度であり、主な目的は輸出促進を図りたいということであった。輸出業者が出した輸出手形を銀行が買い入れることで銀行に損失が発生したとき、国家が損失の一部を補償する制度で、現在の貿易保険とは構造的に差異が存在する。昭和12年には変化する国際情勢に対応するため、輸出補償法のうち改正法律が制定される。この改正法には、付保率の引き上げ、手形が不渡りとなったときの損失を補償対象に拡大、補償手続きの簡素化、対象地域の拡張などが含まれた。

　終戦後、日本経済の自立のために日本政府は輸出の振興を通じて国力を回復しようとした。これに取引先の国家における輸入や外国為替取引の制限、戦争や内乱によるリスクへの不安などを解消しようと1950年3月「輸出信用保険法」を公布した。「輸出信用保険法」はその後改正を重ね、「輸出保険法」、「貿易保険法」に名前を変更し、これは現在の貿易保険制度の起源となっている。日本の現代的貿易保険制度は、1950年「輸出信

用保険法」に基づき、当時の通商産業省（現在、経済産業省）の業務の一部として当初の資本金を10億円とし、収支想像・独立採算の原則の下、「輸出保険特別会計」という形で始まった。以後10年間は輸出振興政策の下で、各種輸出促進のために輸出代金保険、包括保険制度、輸出収入保険、海外投資保険などの制度が整備されていった。

　1960年代には、上記制度の整備及び改善が図られた。1965年にはインドネシアで外貨送金遅延が発生したことを皮切りに、発展途上国の大型保険事故が相次いで輸出保険特別会計の収支に懸念が生じた。1970年代には1960年代後半から活発化し始めた日本企業の海外直接投資を支援するために海外投資保険が抜本的に拡充された。1973年に勃発した第4次中東戦争で発達した第1次石油ショックによる原油価格上昇後、産油国の産業化に関連する大型プロジェクトの発注が相次いで先進各国がプラント輸出促進に力を注いである。日本でも為替リスク、輸出保証リスクなどを補完する輸出保険制度整備が進められた。

　1980年代には発展途上国の累積債務問題が現在化し、それに伴う債務繰延が輸出保険特別会計の財政基盤を大きく揺さぶることになった。したがって、輸出保険料の引き上げ、資金運用部の借入、一般会計の出資などが行われた。1987年の輸出保険法改正においては、輸出保険法から貿易保険法に名称が変わり、保険制度の多様化を追求した。この改正においては、仲介貿易保険や前払収入保険など新種保険の創設に加え、海外投資保険の拡充と海外保険機関との再保険制度の追加などが行われた。

　1990年代にはソビエト連邦の崩壊と、イラクのクウェート侵攻に加え、イラン石油化学プロジェクトに関わる多額の保険金支払いという事態に直面した。発展途上国での資金還流などの支援スキームによる回収

強化、アンタイドロンに対する海外事業資金貸付保険創設などの積極的な努力も共になされた。また、1996年ベルンユニオン総会を京都で開催し、1997年OECD保険料水準の合意（ガイディングプリンシップル）の成立などを通じて、ヨーロッパと米国の輸出保険機関との協力・連携関係を強化していった。＜図65＞は1970年から2000年までの日本貿易保険事業の収支推移である。

| 図65 | 貿易保険事業収支推移（1970～2000年）

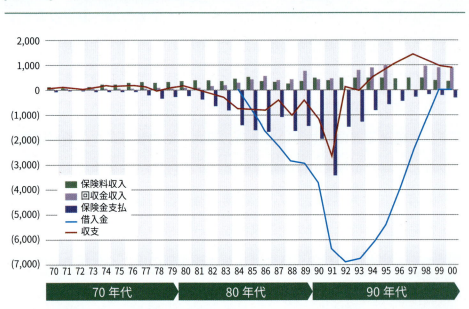

| 出典：NEXI - 日本貿易保険20年史

② 運営形態

　日本の貿易保険制度は1950年制度創設以来、2001年3月31日まで国家によって直接運営されてきた。貿易保険が国家の通商政策上重要な役割を果たしており、貿易保険が抱えているリスクが民間保険ではカ

バーが難しく、国家の財政的な裏付けが必要だからである。しかし、貿易保険を取り巻く国際金融状況の変化、特にプロジェクトに対する金融計画の多様化や複雑化などの状況に対応して効率的かつ高品質なサービスを提供するという点では、政府直営の貿易保険制度が人事、組織、予算などの面で制約が存在した。

したがって、日本は2001年4月1日、全額政府出資者の非公務員型独立行政法人として日本貿易保険（NEXI）を設立し、国際金融、企業財務、会計、法務および保険アンダーライティングとリスクマネジメントに関する専門知識を持つ人材を確保した。NEXIの設立後も、貿易保険は民間保険で引受できないリスクをカバーし、国の通商政策上重要な役割を変わらず担ってきた。そのため、NEXIが引き受けた保険責任に対して、国が再保険を通じてNEXIの信用力を補完する形で運営されてきた。

また、経済産業省貿易経済協力局に貿易保険課を設置し、貿易財保険特別会計運営のほか、独立行政法人NEXIの主務官庁として、貿易保険制度の企画立案及びリスケジュール交渉などの業務を担当させた。NEXIは2002年海外ECAとの再保険協定締結、2005年中小企業輸出代金保険創設、2007年資源エネルギー総合保険創設、2010年海外フロンティングサービス開始、2016年中小企業・農林水産業輸出代金保険の創設などを行った。

2017年4月NEXIは株式会社に変更され、変更された会社は、会社の組織としてガバナンスの強化を図るとともに、民間再保険会社への出載、ミニファームロンに対する貿易保険の買収開始などこれまでとは異なる活動を模索している。＜図66＞はNEXIの構造と役割を示している。

| 図66 | NEXIの構造と役割

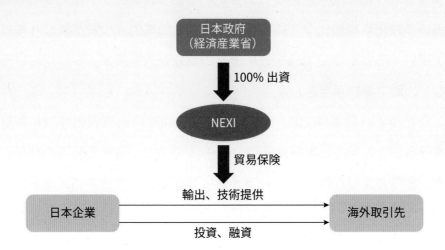

| 出典：NEXIを参考にして作成

③ 保険引受政策

貿易保険引受政策は国別の引受方針と海外取引相手の等級・与信フレームに区分される。

① 国・地域ごとの引受方針

まず、国・地域ごとの引受方針である。NEXIは、国リスク等を考慮した国・地域ごとの引受方針を決定し、その方針に基づき当該国の輸出契約等で引受を判断している。国・地域ごとの引受方針は、輸出信用機関が貿易及び海外投資の相手国別の非常リスクの程度に応じて段階別に定めた貿易保険引受態度である。貿易保険引受態度は輸出信用機関のカントリーリスクに対する引受意思及び積極性を示し、保険限度の審査方式及び付保率制限、非常リスク保険料割増、国・地域ごとの引受限度設定

等の形式で表出される。

　NEXI の国・地域ごとの引受指針は、最終決済・最終償還期限までの期間が 2 年未満の契約と 2 年以上の契約を異なって評価している。2 年以上の契約については、国家カテゴリーにかかわらず、カントリーリスク、輸出契約などの内容について個別に審査する。以後、引受可能、条件付引受、引受停止のように引受態度を判断する。2 年未満契約の引受指針は次のとおりである。NEXI は、カントリーリスクに応じて各国を A〜H の 8 つのランクに分類し、ランクに応じて保険料の割合を適用する。国家のカテゴリー A から E まで国家は、正当な理由なく引受を拒否できない国家で、引受基準などを満たした輸出契約などであれば引受できるようになっている。国家カテゴリー F から H の国家では「条件付引受」が付いており、原則として全体引受条件を満たしている輸出契約などの引受が可能である。ただし、引受条件等を満たさない輸出契約等であっても輸出業者等が保険付保を希望する場合、NEXI は輸出契約等を個別に審査して引受可否を判断している。NEXI は、カントリーリスクが高い国に対して引受金額と決済期間を一部制限している。＜図 67 ＞は NEXI のカントリーリスクマップを示している。

| 図67 |　NEXIのカントリーリスクマップ

| 出典：NEXI

② 海外取引相手の格付・与信枠

　第二に、海外取引相手の格付・与信枠である。NEXIは海外商事部に登録された各会社に対し、組織の形態や信用状態などの評価に基づいて独自の格付を付与している。そして、この格付に従って保険料率を適用する。最終決済・最終償還期限までの期間が2年以上の契約は内容を個別に審査し、信用リスクの引受有否を判断し、その基準は、政府保証などの有無を原則として一つ、政府保証などのない場合は、財務状態、プロジェクトの内容などを考慮する。一方、最終決済・最終償還期限までの期間が2年未満の契約に係る個別保証範囲や保険禁止不限額などの管理、信用リスクの電報及び保険契約締結の制限は与信管理に基づいて実施している。「与信管理」は輸出契約などのバイヤー、L/Cを発行して確

認する銀行に対する信用調査報告書などで財務状態などを審査・分析し、当該バイヤーに格付を付与し、その格付により保険契約の締結の可否と信用リスクの保全範囲又は代金回収不能に関わる信用リスクの引受額の上限である与信範囲を設定することになる。弁済期間が2年未満の与信管理の基本は、バイヤーの財務状態などで支払能力等を判断し、引受の上限額である与信範囲を設定し、信用リスクによる大型保険事故を回避するようにしている。与信範囲は、名簿区分（E：民間企業）のEE格付、EA格付、EM格付、EF格付の海外貿易会社であり、政府または政府機関または民間企業の契約でもSA格付の銀行が発行・確認するL/C決済の場合、この与信範囲による引受管理の対象外となる。＜図68＞はNEXIの与信レベルの分類を示している。

図68　NEXIの与信レベルを分類

名簿区分	定義
G (Government)	政府機関、政府関連機関および国際機関等
E (Enterprise)	民間企業
S (Security)	銀行（Gに区分される銀行を除く）
P (Provisional)	上記のいずれにも該当しない者

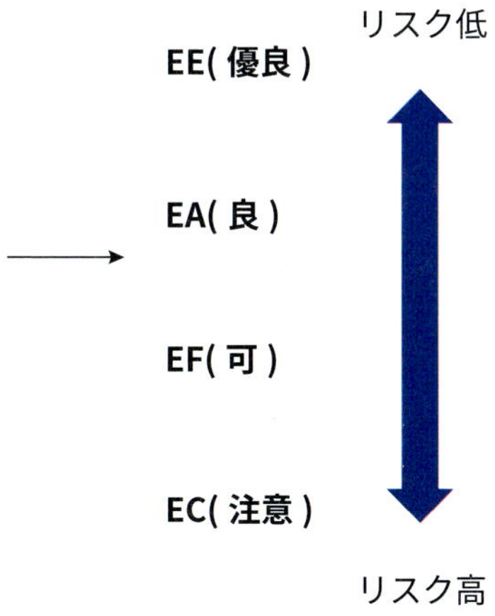

リスク低　↑
EE(優良)
EA(良)
EF(可)
EC(注意)
↓　リスク高

出典：NEXI

④ 短期保険

　短期保険は決済期間2年未満の輸出取引を対象とする。NEXIが提供する短期貿易保険は、保険契約締結方式により分類すると、個別保険と包括保険に区分される。個別保険は、輸出者等が付保を希望する輸出契約ごとに保険を申請し、保険契約を締結するものである。包括保険とは、事前に保険契約者とNEXIの間に特約を締結することにより、一定期間内に締結するすべての輸出契約等を付保する契約を意味する。包括保険は様々な国やバイヤーの取引が保険の対象となりリスク分散が図られるため、個別保険に比べて保険料率がかなり安い。＜表67＞はNEXIの短期貿易保険商品である。

表67　NEXIの短期貿易保険

区　分	内　容
貿易一般保険（個別）	輸出・仲介貿易・技術提供 等を対象とする 一契約ごとの保険申込 船積前、船積後
貿易一般保険包括保険（企業総合）	輸出・仲介貿易 企業ごとに包括保険特約書を締結し、特約書で定めた取引全てについて付保する 船積前、船積後
貿易一般保険包括保険（組合包括）	輸出・仲介貿易（鋼材除外） 船積前、船積後
限度額設定型貿易保険	輸出・仲介貿易 船積前、船積後

中小企業・農林水産業輸出代金保険	輸出 一契約ごとの保険申込 船積後のみ
簡易通知型包括保険	輸出・仲介貿易 船積後
知的財産権等ライセンス保険	特許権、著作権等に関するライセンス契約を対象とする 船積前、船積後
輸出手形保険	輸出 被保険者は買取銀行 船積後のみ
前払輸入保険	前払輸入契約 (日本国内に貨物を輸入する契約)

出典：NEXI を参考にして作成

① 貿易一般保険（個別）

　貿易一般保険（個別）は、輸出契約・仲介貿易契約・技術提供契約を保険対象とする最も一般的な保険である。これは船積前・船積後のカントリーリスクと信用リスクをカバーし、保険契約者は個別案件単位で利用選択をすることができる。船積前リスクの付保率は、カントリーリスク60〜95％、信用リスク60〜80％であり、カントリーリスクの付保率を上回ってはならない。船積前リスクについては、保険金額を一定の範囲内で設定することができる。船積後のリスクの付保率は、カントリーリスクの場合は100％または97.5％、信用リスクの場合は90％である。輸出契約を保険対象とする貿易一般保険（個別）の流れは＜図69＞の通りである。

| 図69 | 貿易一般保険（個別）の流れ - 輸出契約

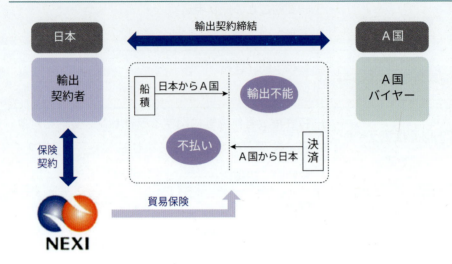

出典：NEXI

| 図70 | 貿易一般保険（個別）の流れ - 仲介取引契約

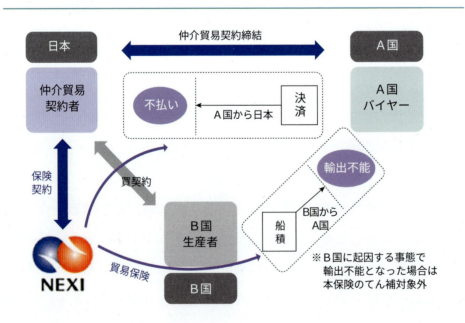

出典：NEXI

仲介貿易契約を保険対象とする貿易一般保険（個別）の流れは＜図70＞のとおりである。

技術提供契約を保険対象とする貿易一般保険（個別）で技術提供契約の場合、技術等の提供を海外で行うことに限られていた。ただし、改正により、契約相手が外国政府であったり、外国法人もしくは外国人である場合、日本国内での技術提供等についても保険の対象となるものに変更された。また、技術提供契約は包括保険の形で加入が可能である。これは、あらかじめ締結する特約書（特約期間は1年）に基づいて対象となるすべての技術提供契約等に対して保険契約を申請するものである。特定技術提供契約等を個別に申請する個別保険に比べて、安価な料金で買収が可能である。

② 貿易一般保険包括保険

貿易一般保険包括保険は商品別輸出組合を保険契約者とし、その組合員企業を被保険者とする組合包括保険を主力に発展してきた。現在、設備財3団体（日本機械輸出組合、鉄道システム輸出組合、船舶輸出組合）、鋼材3団体（日本鉄鋼連盟、線材製品協会、特殊鋼クラブ）がそれぞれ組合包括保険を利用している。備財の場合輸出契約、仲介貿易契約のいずれも保険取引対象や、鋼材の場合、仲介貿易契約は保険取引対象から除外される。また、個別企業ごとに包括保険特約書を締結し、特約書で定めた取引すべてについて付保する保険商品として、貿易一般保険包括保険（企業総合）商品がある 船積前リスクの付保率は、カントリーリスクと信用リスクの両方で80%であり、船積後リスクの付保率は、カントリーリスク97.5%、信用リスク90%である。

③ 限度額設定型貿易保険

限度額設定型貿易保険は、輸出契約と仲介貿易を保険対象とする保険で、船積前・船積後のカントリーリスクと信用リスクをカバーする。これは、特定の海外取引相手と定期的に一定金額の取引がある場合に適した保険商品であり、保険契約者は、取引相手ごとに1年間有効な保険金支払限度額を設定することができる。船積前・船積後の付保率は、カントリーリスクと信用リスクともに90%である。この保険は、輸出契約ごとに保険を申請する必要がなく、保険契約期間（1年間）中に自動的に保険関係が成立するため、手続きが非常に簡素化されているのが特徴である。

④ 中小企業・農林水産業輸出代金保険

中小企業・農林水産業輸出代金保険は、中堅、中小企業や農林水産業者が利用できる保険である。この保険は、1回の取引額が5,000万円以下の輸出契約及び船積後のリスクのみをカバーし、他の保険商品に比べて迅速に保険金を支払う（保険金請求後1ヶ月以内に保険金支払い）。船積み後のリスクの付保率は、カントリーリスクと信用リスクともに95%である。

⑤ 簡易通知型包括保険

簡易通知型包括保険は、保険申請事務負担を軽減するために2010年に創設された新しい保険である。毎月の船積実績をまとめて通知することで、保険関係が成立し、保険契約期間がオープンエンド（終期の定めのない契約）形態である。保険契約者は1年ごとに条件の見直しや解約をすることができる。

⑥ 知的財産権等ライセンス保険

知的財産権等ライセンス保険（以下、「知財保険」という）は、日本企業が外国企業に特許、ノウハウ、著作権などを提供した後、カントリーリスクや信用リスクによりロイヤリティなどのライセンス料が回収不能になった場合などの損失を補償する。だが、為替規制や戦争などの不可抗力（カントリーリスク）および相手方の債務履行遅滞など（信用リスク）により、支払期限に代金・ロイヤルティなどの回収が不可能となる場合がある。知財保険は、上記のようなリスクによる損失を補償するものである。知財保険と貿易一般保険ともに、保険対象が「ノウハウを提供する契約」だが、差が存在する。まず、貿易一般保険の保険対象とは、すでに契約金額が確定している契約、技術の提供を伴う契約を意味する。一方、知財保険の保険対象は、契約金額は契約期間中、製品の製造量、販売量などにより定められた時期に受領することになるので、不確定である。

⑦ 輸出手形保険

輸出手形保険は、銀行を被保険者としてD/P・D/A・L/C付荷為替手形決済における代金回収不能をカバーする保険である。主に信用状を伴わない荷為替手形を購入した銀行に対してリスクをカバーすることにより、銀行による手荷物計算書の購入が円滑に行われるようにするための保険である。この保険は輸出契約および船積後リスクのみを対象とし、船積後リスクの付保率はカントリーリスクと信用リスクの両方で95％である。

⑧ 前払輸入保険

前払輸入保険は、輸入取引中に貨物代金の一部又は全部を前払金により支払う契約を対象とする。前払い送金後何らかの理由で貨物を輸入で

きなくなった場合、輸入者は前払い収入契約に規定された条件に従って前払い払い戻しを要請する。このとき、輸出国のカントリーリスクまたは信用リスクにより前払金が返還されない場合、輸入者は損失（返還されない前払金）を受けることになる。前払輸入保険は、これらの輸入者の損失をカバーする保険である。前払輸入保険を利用するためには、契約書上に前払金の返還条件が必ず規定されなければならず、信用リスクを補償されたい場合には輸出者の格付がEE、EAでなければならない。

⑤ 中長期保険

中長期保険は決済期間2年以上の輸出取引を対象とする。＜表68＞は、NEXIの中長期的貿易保険商品である。

表68　NEXIの中長期貿易保険

区分	内容
海外投資保険	海外で行った投資を対象とする カントリーリスクをカバーする
貿易代金貸付保険	外国の輸入者に資金を貸し出したが、返済不能で銀行またはその他の金融機関が被った損失をカバーする
海外事業資金貸付保険	本邦銀行等から外国企業等への貸付契約を対象とする 信用リスクとカントリーレスをカバーする
海外事業資金貸付保険(劣後ローン特約)	海外の出資先企業に対する貸付や出資先企業の借入に対する保証債務の負担を対象とする

出典：NEXIを参考にして作成

① 海外投資保険

　海外投資保険は、日本企業が実施する海外投資において、カントリーリスクによる損失をカバーする保険である。つまり、日本企業が海外で子会社や合弁会社を設立したが、カントリーリスクによりその会社が事業を継続できなくなった場合に発生する損失をカバーする。したがって、日本企業は予測できない状況にも安心して海外投資を進めることができるようになる。保険対象は海外投資（出資、株式等の購入、不動産や権利等の取得）で、すでに出資、取得した資産に対しても保険申請が可能である。付保率は95%以下または100%で選択が可能であり、保険期間は2～30年の間で任意に設定することができる。

② 貿易代金貸付保険（バイヤーズクレジット）

　貿易代金貸付保険（バイヤーズクレジット）は、日本の商業銀行またはその他の金融機関が貿易代金融資契約に基づいて外国の輸入者に資金を貸し出したが、カントリーリスクまたは信用リスクにより償還不能が発生し、銀行またはその他の金融機関が、その損失を補償する保険である。この時、日本商業銀行は日本国際協力銀行（JBIC）と協力して融資を提供し、NEXIは商業銀行融資に対する保険を提供する。貿易代金融資契約は、輸出契約、仲介貿易契約、技術提供契約の償還を充当することに限る。付保率は、カントリーリスクは100%、信用リスクは95%である。この保険は個別貸出契約ごとに任意に保険契約を申請する個別保険とあらかじめNEXIと特約書を締結し、一定期間に条件を満たすすべての融資契約に対して保険契約を申請する包括保険がある。

③ 海外事業資金貸付保険

　海外事業資金貸付保険は、日本企業・日本に所在する銀行及び外国金融機関等が海外プロジェクトのために海外事業資金を貸し出したが、カントリーリスク又は信用リスクにより償還不能が発生して被る損失を補償する。保険対象は日本に対する利益が認められるプロジェクトが対象となる。その例は次のとおりである。まず、鉱物・エネルギー資源の維持・拡大または供給源の多様化に寄与するプロジェクトである。第二に、電力、道路、上下水道などの一般社会インフラ整備に資するプロジェクトあるいは資源・エネルギーの有効利用に寄与するプロジェクトである。第三に、日本企業の海外事業展開に寄与する案件である。付保率は、カントリーリスクの場合は100％、信用リスクの場合は90〜100％である。保険契約者は、保険契約の際に保険料を一括して支払わなければならず、ローンの実行前日までに保険加入申請をしなければならない。

④ 海外事業資金貸付保険（劣後ローン特約）

　海外事業資金貸付保険は、海外の出資先企業への貸出あるいは出資先企業の借入に対する保証債務の履行による損失をカバーするものである。戦争・テロ・天災などの不可抗力、外国政府による収容・権利など侵害、外貨送金規制によるカントリーリスクをカバーする。この保険により信用リスクはカバーが不可能であり、カントリーリスクの付保率は95％以下もしくは100％と選択が可能である。一般の海外事業資金貸付保険との違いとして、a) 保険対象リスクはカントリーリスクのみ可能、b) 保険年度ごとに年間保険料支払、c) 貸出実行後も保険申請可能などがある。

練習＆討論問題

❶ 日本の中小企業は貿易保険の活用率が大企業に比べて非常に低調である。その原因と、解決策について述べてください。

❷ サービス貿易の拡大とデジタル化に伴い、貿易保険はどのように変化すべきかについて述べてください。

Part 05

最近の貿易問題とリスクマネジメント

5.1 章　新保護貿易主義リスク

5.2 章　デジタル貿易リスク

5.3 章　グリン貿易リスク

5.1章　新保護貿易主義リスク

概要と要約

　貿易政策は世界社会・経済の変化とともに時代的に変化してきた。貿易政策は大きく自由貿易主義と保護貿易主義に分けることができる。その後、1970年代のオイルショック以来、先進国を中心に新保護主義という形が新たに現れた。各国は自分たちの状況に合わせて自由貿易主義と保護貿易主義を選択してきた。本章では、時代別の世界貿易政策の変化と自由貿易主義、保護貿易主義、新保護貿易主義、非関税措置、新保護貿易主義リスク、新保護貿易主義のリスクマネジメント方法について説明する。

　新保護貿易主義

① 世界貿易政策の変化

　貿易政策は世界貿易秩序によって時代と共に変化してきた。貿易政策は政府の介入の有無によって大きく自由貿易主義と保護貿易主義に分けることができる。世界貿易秩序は歴史的にその時代と国家発展の程度、世界経済環境の変化及び状況に応じて自由貿易と保護貿易が対立又は交

差する過程を経て進行されてきた。

　自由貿易主義（Free Trade）と保護貿易主義（Protectionism）が本格的に対立し始めたのは19世紀のことだった。それ以前には、ほとんどの国で金と銀の獲得を増やさなければ、国富が増強されるという重商主義思想が支配的だった。したがって、輸出は奨励し、輸入は抑制する保護貿易政策が当然だと考えた。ところが18世紀後半に、英国が産業革命を経験し、そして19世紀に様々な国々が続いて工業化を進めながら状況が変化した。自由貿易を擁護する主張が浮上して保護貿易を主張する既存の観念を攻撃し始めた。両側の対立が高まり、自由貿易と保護貿易の選択が避けられない状況につながった。

① 18世紀後半～19世紀

　貿易に対する考えが変わり、体系的な貿易理論が出始めたのは産業革命以後のことである。産業革命を前後した時期、英国社会の最も重要な争点はいわゆる「穀物法（Corn Law）論争」だった。18世紀英国は産業革命で人口が増加し、穀物価格が上昇した。さらに、ナポレオン戦争が起こり、穀物の価格が天井の敷地に飛び上がると、地主は暴利を取り始めた。以後1815年戦争が終わり、穀物価格は暴落するようになった。すると英国議会は自国農業保護を名目に穀物法を制定した。これは穀物価格が非常に低い水準に落ちない限り、安価な小麦の輸入を禁止する方法だった。当時、英国議会の多数派だった持株階層が自身の利益を保護するために主導した立法だった。徐々に成長していた資本家階層は、1838年反穀物法同盟を決定し、大衆デモを主導し、議会でも反対運動を行った。これにより1846年、英国政府は穀物法を廃止することになる。

保護貿易に対する自由貿易の勝利を象徴する歴史的事件である。イギリスの後に続いて工業化に入ったフランスでも自由貿易主義が次第に力を得ていった。1860年、両国間に英仏通商条約（Cobden-Chevalier、コブデンシュヴァリエ条約）という自由貿易協定が締結された。この自発的協定の結果、両国の関税は大幅に低下した。

　しかし工業化が遅れた国々の状況は違った。ドイツは前近代的な経済構造をそのまま保有した周辺国だった。ドイツの学者たちは、英国との自由貿易がドイツの経済発展をもたらすと信じておらず、自由貿易をすればドイツは高級製品を輸入し、低価格品を輸出する経済に固まるだろうと懸念した。リストを含むいわゆる歴史学派の学者たちは、次のように意見を一致させた。それは、英国とドイツが異なる経済発展段階にあるため、自由貿易ではなく保護貿易が必要だということだった。

　当時、米国も工業化の初期段階であり、南部と北部の経済的利害関係が異なるという点が核心課題だった。植民地時代以来、南部は農業を建設する経済だった。大規模に栽培された綿・タバコ・米などをヨーロッパに輸出して利益を得る構造だった。当然ヨーロッパと自由貿易をするほうが有利だった。一方、北部では商工業が徐々に成長していたが、まだヨーロッパの国と競争できる水準には至らない状態だった。したがって、北部は保護貿易を通じて国内商工業が大きな空間を確保することを望んだ。そのため、南北の利害関係は両立しにくく、緊張関係が徐々に高まり、1861年に南北戦争という形で爆発した。

② 20世紀

　<図 71>は20世紀初頭に英国で製作された政治ポスターである。当時、英国は自由貿易主義と保護貿易主義のうち、政府がどのような政策を採択するかが選挙の核心争点だった時期である。図の左は自由貿易店、右は保護貿易店を示す。明るく光を浴びている自由貿易店の陳列台には様々なグルメがいっぱいである。これとは対照的に、色がくすんでいる保護貿易店の陳列台には、食べ物の種類と量が少なく、価格が高い。陳列台のガラス窓にはクモの巣がいっぱいである。さらに所有者が履いている靴が裂けてつま先が抜け出している。当時、政党は自由貿易あるいは保護貿易が有利だというポスターを通じて有権者の心を買おうと努力した。自由貿易を擁護する政党は、市場開放の利点を強調した。関税を下げれば安価に商品を輸入できるようになり、結局は消費者に利益になると主張した。さらに、彼らは市場開放が国内生産者の輸出及び利益の拡大に役立ち、国民の生活を潤沢にさせると強調した。一方、保護貿易を擁護する政党は、海外商品が大量流入すると大量の失業者が量産され、結局は労働者の所得の減少につながることを強調した。

　全世界は第一次世界大戦を経験し、米国を中心に大恐慌を迎え、その余波は非常に大きかった。1930年代初めに一時的に回復した景気は、1936～37年の二重停滞になった。当時、米国は大恐慌解決法で保護貿易を選択した。1930年6月、米国議会は農業と工業製品全体に関税を課すスムートホーリー法（Smoot-Hawley Tariff Act）を通過させた。これに対し米国の貿易国は報復関税で対応し始めた。米国で始まった保護貿易主義は全世界に広がり、保護貿易主義の強みが続いた。しかし当時の保護貿易政策はむしろグローバル景気低迷をさらに深化させた。

| 図71 |　20C初、英国の政治ポスター

| 出典：Australian Institute of International Affairs

　世界を襲った保護貿易主義は、第二次世界大戦後、関税および貿易に関する一般協定（GATT; General Agreement on Tariffs and Trade）体制が発足し緩和された。当時、世界は過度の保護貿易が第二次世界大戦を引き起こしたという認識のもと、多者貿易を通じた安定化を追求するようになった。以後自由貿易秩序が維持されたが、世界経済が沈滞する特定の時期に保護貿易主義が再び登場した。

　1970年代に発生したオイルショック以後、各国は1980年代中後半までに輸入規制と斜陽産業保護のための産業保護措置を対外通商政策手段として活用した。1970年代当時、非関税障壁の利用が増加し、米国を中心に相手国に輸出自律規制協定の締結を要求した。1980年代には、GATTの下でクォーター制限など新しい形態の保護貿易主義手段に対す

る需要が増加し、新しい形態の保護貿易主義が活性化された。これを新保護貿易主義と呼んでいる。

1990年代は米国とロシア間の冷戦構図が解除され、ウルグアイラウンド（Urugay Round）交渉がなされた。ウルグアイラウンドは、1986年9月に開かれた多国間貿易協定で関税および貿易に関する一般協定（GATT）の問題点を解決しようとする交渉であった。ウルグアイラウンドのもう一つの大きな特徴は、世界貿易機関（WTO）の発足である。1980年代までも各国間の貿易紛争は多かった。ある国家が他の国家に対して貿易圧力を行使したり、国内政策に対して一方的に強要したりもした。

WTOの発足以前は、貿易紛争が発生したとき、締約国は互いに問題を解決しなければならなかった。しかし、WTOが発足し、貿易紛争を客観的に解決できるようになった。WTOは国家間の経済紛争に対する判決権とその判決の強制執行権を持ち、規範に従って国家間の紛争や摩擦を調整した。また、既存のGATT体制になかった世界貿易紛争調整、関税引き下げ要求、反ダンピング規制などの準司法的権限と拘束力を行使した。つまり、WTO体制が構築され、産業・貿易のグローバル化とともに、国境のない無限競争時代に突入する新しい国際貿易環境の基盤が造成されたのである。

③ 21世紀

2008年の世界的金融危機により、世界は経済低迷とともに低成長、高失業に代表される「ニューノーマル」時代に入るようになった。これに多様な形態の保護貿易主義政策手段が再び拡散する傾向にある。過去には関税を活用して保護貿易主義政策を展開したならば、今は非関税措置を中心とした保護主義政策を活用するようになった。これに国民の安

全及び斜陽産業保護の水準を高めようとする誘因を持つようになった。2000年代の新保護貿易主義の再拡散に続き、2010年代には新保護貿易主義が深まり始めた。その背景としては、WTO体制カテゴリー外で保護貿易措置が広がったことがある。そして、双極化、不平等、雇用減少などの問題が自由貿易に起因するという認識があった。これに多くの国々は安全保障、健康及び安全、環境問題などWTO規定を迂回する多様な措置を通じて貿易障壁を強化している。代表的に米国は2017年初めにトランプ政権発足以来、反移民政策を含め、積極的に産業を保護し、貿易を救済する政策を様々な形で導入して施行した。また、不公正、環境、労働などを根拠とした多様な非関税措置を展開した。その結果、新保護貿易主義の波が国際的に拡散することもあった。

② 自由貿易主義と保護貿易主義

① 自由貿易主義

自由貿易主義（Free Trade）とは、貿易に対する国家の干渉を排除し、自由な対外取引をしなければならないという主張を意味する。つまり、国家が貿易活動に対して介入したり、統制したりすることなく、自由市場での企業間の競争を通じて経済成長を図るべきだということである。自由貿易主義者は、各国が比較優位の原理に従って完全な自由貿易をすれば、世界経済全体の生産量を最大化させることができ、すべての国の厚生が大きくなると主張する。一方、保護貿易政策を実施すると資源が非効率的に配分されるため、保護措置を取った国だけでなく、全世界の生産及び厚生が減少すると主張する。この他にも自由貿易をすれば規模の経済効果、生産誘発効果、雇用及び所得誘発効果、国内不足原材料の確保、国内産

業の競争力向上、国民生活の質的向上などが可能となると主張する。

② 保護貿易主義

自由貿易理論は、生産要素の完全移動性、外部効果の無視などの非現実的な仮定をするため、市場の失敗を道外視するという批判を受けることもある。また、資本が豊富で技術が発達した先進国は工業部門に特化し、持続的に高度な工業化を達成できる一方、開発途上国や後進国は農業部門に特化するしかなく、工業化の機会を奪われる可能性もある。また、農産品の相対的な価格下落が貿易条件を悪化させ、自由貿易は先進国だけに有利に作用し、世界の貧富の格差をますます拡大させるという批判を受けた。

保護貿易主義（Protectionism）は後発資本主義国家である米国とドイツなどを中心に展開された思想で、国家の経済的独立を確保し、国民経済の発展のため直接的に貿易を統制・干渉して他国商品との競争を防ぐことが自国にとって有利であるという主張である。このように、保護貿易主義は国家が貿易活動に介入し、企業の対外的な活動を統制し促進することである。この時、国家は自国の産業を保護するために輸入を抑制したり高い関税を課す一方、輸出拡大のための補助金支給など輸出を支援及び奨励する政策を広げたりもする。

③ 新保護貿易主義

① 新保護貿易主義の概念

米国、英国などの先進国が保護貿易主義を取り、国際社会で新保護貿易主義が浮上している。新保護貿易主義（New Protectionism）は、主に

慢性的な国際収支赤字、頻繁な国際通貨危機、オイルショックと国際金融危機などにより、多くの国が貿易と外貨に対する規制措置を強化して現れた。特にグローバル金融危機以降、世界経済の低成長基調が長期化するにつれ、各国は新保護貿易主義政策を強化した。関税措置と非関税措置の傾向を見ると、関税措置はますます減少している。一方、非関税措置は2008年のグローバル金融危機以後、継続的に増加している。

過去の保護貿易主義が後進国が先進国に対して取る保護貿易政策だったとすれば、新保護貿易主義は1970年代半ば以降、先進国が非関税手段を利用して途上国にとった貿易制限政策をいう。伝統的保護貿易主義が誘致産業保護という微視的な目標を持って貿易を行ったのなら、新保護貿易主義は先進国が主導的に雇用保護と国際収支改善という巨視的な目標を掲げ、長期的かつ永久的な産業保護を行っているのである。さらに、伝統的な保護貿易主義と新保護貿易主義の最大の違いは、関税措置に重点を置くか、非関税措置に重点を置くかである。＜表69＞は古典的な保護貿易主義と新保護貿易主義を比較したもので、＜表70＞は1970～80年代の新保護貿易主義と2000年代以降の新保護貿易主義を比較したものである。

表69　古典的保護貿易主義と新保護貿易主義の比較

区　分	古典的保護貿易主義	新保護貿易主義
主体	後進国	先進国
対象	幼稚産業	斜陽産業
手段	関税	非関税措置

出典：各種資料を参考にして作成

＜表70＞は古典的保護貿易主義と新保護貿易主義の比較である。

表70 新保護貿易主義の特徴の比較

区分	新保護貿易主義 (1970-80年代)	新保護貿易主義 (2000年代以降)
使用主体	先進国	先進国 + 新興国参加
登場背景	オイルショック	グローバル金融危機、継続的低成長
アクション目的(対象産業)	国内産業保護	国内産業保護、雇用保護（斜陽産業、先端産業、技術集約産業）
保護手段	関税、輸出自律規制、非関税措置	非関税、法制度、経済ブロック形成など様々な手段
保護措置の相手(原則)	世界中の国（無差別原則）	特定の国（選択的、相互主義の原則）
対応方法(報復措置)	関税及び非関税障壁で通商摩擦発生 限られた一時的に実行され、市場開放圧力は相手国の経済状況を考慮して伸縮的である	市場開放、知的財産権問題で通商摩擦発生 相手国商品市場とサービス市場開放圧力強化（相手国の対内外状況考慮しない）
特徴	定量的、目に見える GATT/WTOによる対応可能	貿易障壁の性格が曖昧な灰色地帯の措置が多い GATT/WTO違反の検証が難しい

出典：各種資料を参考にして作成

2000年代後半以降の新保護貿易主義の大きな特徴は、次のように要約することができる。まず、先進国が主導し、新興国がこれに参加する形

式で保護貿易主義が広がっている。過去1970年代に登場した新保護貿易主義の下では、米国を中心とした先進国が新興国を牽制するための保護貿易政策を活用した一方、最近は世界的な景気不況のために先進国だけでなく、新興国と開発途上国とも自国の状況に合致する形態の保護貿易措置を活用している傾向である。第二に、非関税措置の活用割合が増加し、種類が多様化した。技術措置（貿易救済措置、TBT、SPS）だけでなく、制度的措置（投資措置、サービス制限、流通制限、補助金、政府調達、知識財産権、原産地規定、環境など）などを活用する非関税措置の種類が多様化した。第三に、保護措置の対象範囲が拡大した。過去には国境を越えた貿易に直接影響を及ぼす貿易政策を中心に保護貿易措置が行われたが、最近は自国産優先購入政策、地域の慣行、厳格な移民政策、通貨規制及び為替政策など国内政策に関連した分野まで非関税措置の対象範囲が拡大している。

② 非関税措置

伝統的に保護貿易主義は自国の誘致産業保護のため輸入規制のための関税制度を中心に国内産業保護政策を展開した。グローバル金融危機以降の新保護貿易主義政策では、非関税措置（NTM; Non-Tariff Measures）を中心に政策を展開している。非関税措置は、関税賦課方式の関税障壁を除くすべての輸出入制限を一括している。関税措置と非関税措置の傾向を見ると、関税措置はますます減少している。一方、非関税措置は2008年のグローバル金融危機以後、継続的に増加している。＜図72＞は非関税措置の種類を示す。非関税措置は、国境措置（Border Measures）と国境内措置（Behind-the-Border Measures）に分けられる。

| 図72 | 非関税措置の種類

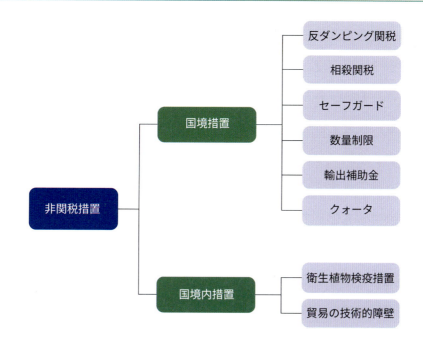

| 出典：各種資料を参考にして作成

　国境措置には、反ダンピング関税（AD; Anti-dumping Duties）、相殺関税（CD; Countervailing Duties）、緊急関税制度（SG; Safeguards）、数量制限（QR; Quantitative Restrictions）、輸出補助金（Export Subsidy）、クォータ（Quota）がある。各措置の詳細な説明は次のとおりである。

　反ダンピング関税は、不公正貿易行為を防止するための制度として、過度に低価格で大量供給される輸入商品により自国の産業が被害を受けた場合、当該産業を保護するために課されるものである。特定輸出国や特定物品に選別的に課されるという点で、一般課税とは違いがある。反ダンピング協定では、反ダンピング関税賦課に関する厳密な基準を提示しており、輸出国は、反ダンピング関税賦課措置が不合理であると判断

された場合、WTOに提訴することもできる。

　相殺関税とは、輸出国政府が支給した補助金を相殺するために輸入国が輸入品に賦課する特別関税を意味する。補助金支援が国際的な規制の対象となるべき理由は、補助金が自国産業や企業の競争力構造を人為的に変化させ、それが再び資源の効率的な配分を歪曲させ、相手国の競争産業や企業に被害を与えるためである。これらの相殺関税は、当該補助金に相当する金額分賦課される。相殺関税は一般関税と同様に輸入品の国内価格を適正水準に維持し、同種製品の国内生産を増加させ、輸入品消費を減少させることで過剰輸入を防ぐことが基本趣旨である。すなわち、外国政府の不当な補助金に相当する関税を賦課することにより、公正貿易を指向するものである。

　緊急関税制度はセーフガードともいう。緊急関税制度は、GATT第19条WTOセーフガード協定に基づいて国内産業の重大な損害防止のために認められた緊急措置で、日本では関税定率法（第9条等）に規定されている。これは、特定商品の急激な輸入増加から国内産業を保護するために輸入を制限する措置である。

　数量制限は、特定の物品の輸入増加により国内産業が深刻な被害を受けている、または受ける恐れがある場合、それを保護するために一定期間、必要な範囲内で物品の輸入数量を制限する措置である。

　輸出補助金とは、政府が自国生産商品の輸出増大と国際競争力強化を目的に自国輸出企業に提供する金融および財政的支援を意味する。この制度は、単純な輸出奨励目的だけでなく、外国製品の輸入抑制及び自国輸出製品の国内市場の逆流入現象を防止する目的で実施されることもある。

クォータは輸入割当制で輸入できる最大数量を定めた後、その限度内でのみ輸入を許可する政策として、非関税措置の代表的な例である。クォータは一般に、国別または輸入業者ごとに一定期間にわたって輸入できる商品の数量を割り当てる形態を取る。

　国境内措置には、衛生植物検疫措置（SPM; Sanitary and Phytosanitary Measure）と貿易の技術的障壁（TBT; Technical Barriers to Trade）がある。

　衛生植物検疫措置は、輸入される動物または植物を科学的検査を経た後に輸入させる方法である。検疫措置の場合、病気や病害から自国産業と国民の安全を保護する次元でなされることが多い。

　貿易技術障壁とは、各国がそれぞれ異なる技術規制、標準などを適用することで商品の自由な移動を妨げることを意味する。たとえば、国際標準と一致しない標準が必要な場合がある。＜表71＞はWTO協定附属書で定義された技術障壁の要素である。

表71　技術障壁の要素

区　分	内　容
技術規定 (Technical Regulation)	製品規格、品質、工程および生産方法に対する行政規定を含む規制。(強制遵守要求)
標準 (Standard)	製品規格、品質、工程および生産方法に関する標準化された繰り返し使用のために認定機関によって承認された制度（遵守の有無は非強制事項）
適合性評価手順 (Conformity assessment procedures)	特定の製品が既定の技術規定、規格に適合しているかどうかを評価する一連の手順

出典：各種資料を参考にして作成

02 新保護貿易主義リスク

　新保護貿易主義の下で最も頻繁に発生するリスクは、非関税措置による非関税障壁（NTB; Non-Tarif Barrier）の強化である。非関税障壁とは、関税賦課方式から輸入制限（関税障壁）を除くすべての輸出入制限を総称している。非関税障壁は輸出入手続き・要件を厳しく施行したり、輸入許容物量を制限するなど関税外的な方法で運営することができる。過去には関税措置を通じて保護貿易主義を広げてきたが、今日の保護貿易主義は関税という直接的な障壁より間接的な非関税障壁を利用する傾向である。

　現在は関税障壁が低くなった反面、反ダンピング、相殺関税及び緊急関税制度措置をはじめ、貿易技術障壁、衛生検疫、通関手続き強化、輸入制限などの非関税障壁を通じた貿易制限措置が増加している。最近全体の非関税措置件数が継続的に増加しているが、貿易技術障壁と衛生検疫措置が大部分を占めている。特に貿易技術障壁を通じた保護貿易形態が増加している。各国は安全、消費者、環境保護を口実に新規技術障壁を継続的に導入している。技術規制は安全、健康および保健、環境保護などの目的で施行され、製品の信頼性を高め、競争を通じて取引を円滑にする側面もある。例えば、主要国の技術規制を参照し、製品競争力の向上、消費者保護、環境保護を図ることで貿易円滑化に寄与することができる。しかし、国際標準とは異なる標準を使用したり、国によって異なる技術規制を採用したり、適合性評価のために重複的かつ過度な検査を要求する場合、外国製品の市場アクセスを困難にすることで事実上の技術障壁として作用する。最近、EUのサイバーセキュリティ法（2019年）、米国の連邦情報セキュリティ管理法（2014年）、中国のネットワー

ク安全法（2017年）施行など、デジタル・環境関連の貿易技術規制がさらに拡大している。また、新規自由貿易協定（FTA）を通じても貿易技術障壁が強化されている。

新保護貿易主義の拡散により貿易戦争が勃発し、これに伴うリスクも拡散している。代表的な例としては、米国と中国の貿易戦争がある。米国はトランプ大統領当選以後、新保護貿易主義政策を強化し始めた。当時、トランプ大統領はアメリカファースト（America First）を叫んでいた。これは、貿易、税金、移民、外交に関する米国のすべての決定が自国の労働者と自国の家族の利益を優先するということである。これにより米国は慢性的な貿易赤字を減らすために対米貿易黒字国家に警告を発し、積極的な新保護貿易政策を展開していった。

トランプ政府の通商政策は公正貿易を名分とした新保護貿易主義政策で、相手国市場の開放よりは自国製造業保護を優先視するものである。米国は鉄鋼、自動車、石油化学など伝統的製造業の国内生産と雇用拡大のための広範な輸入規制措置に力点を置いた。中国は米国の貿易赤字国1位国家だった。2018年3次にわたる米国と中国の交渉が決裂するにつれて、各国が相互関税および報復関税を課し、貿易戦争が始まった。トランプ政権は中国との技術覇権競争をサプライチェーン安保危機と規定し、鉄鋼やアルミニウムなどに緊急関税制度を発動するなど各種措置を施行した。特に中国製造2025戦略の核心であるロボット、AIなどの先端技術製品を対象に強力な措置を取った。

中国に対する米国の措置は次の通りである。まず、301条対中国追加関税である。トランプ行政府は、中国の不公正貿易に対応し、通商法301条に基づき、約3,600億ドル規模の中国産製品に最大25%の追加関

税を賦課した。トランプ政府以降も米国国内産業界の反発および政治的な理由で解除が容易ではない状況である。第二に、輸出管理リストである。敏感品目及び技術の対中国供給を遮断するために輸出統制対象リストを作成して管理する。その結果、華為製材などにより中国半導体産業全般に打撃が発生した。現在も米国と中国は半導体戦争中である。米国は中国の半導体規制水位を高めており、中国はこれに対応して半導体産業支援パッケージを用意している。また、米国は友邦国と協力して半導体サプライチェーンの再編を進めている。第三に、通信機器の制裁である。法律制定を通じて中国産通信機器の調達を禁止し、中小通信会社で中国産機器を代替する支援をしている。

　新保護貿易主義以降、グローバルバリューチェーン（GVC; Global Value Chain、以下 GVC という）が再編されている。特にグローバル企業を保有している国々を中心に GVC を再編しようとする動きが本格化したのである。GVC とは、2 つ以上の国が参加する生産ネットワークを意味する。グローバル化の進展により国境を越えた分業と特化が可能になるにつれて、グローバル企業はコストを削減するために生産過程を分割し、それをそれぞれ最も効率的な国に配置した。また、GVC が広がるにつれて、中間財貿易の比重が大幅に増加した。新興国は GVC 参加を通じて高付加価値産業に参入することができ、迅速な貿易と経済成長を達成することができた。世界の煙突と呼ばれるほど各国の生産工場が多く進出していた中国だったが、今は新型コロナの発生や貿易紛争の懸念などにより、GVC 再編を躊躇していた国々がサプライチェーン転換に本格的に乗り出している。グローバル企業の ASEAN 地域への拠点移転が増加し、リショアリング（Reshoring）現象も拡大している。

03 新保護貿易主義リスクマネジメント

　今日、急激な国際環境、国際情勢の変化とともに、新保護貿易主義のリスクも増加している。新保護貿易主義リスクマネジメント方法は＜表72＞のとおりである。

表72　新保護貿易主義リスクマネジメント

区　分		内　容
リスク コントロール	リスク回避	取引の中断
	リスク低減	各国の非関税措置の事前把握 非関税措置動向の把握 ケース分析による事前コントラスト グローバルサプライチェーンの変化を特定する 国際情勢の把握 輸出多様化
リスク ファイナンシング	リスク保有	純利益、準備金、自己保険、外部の借入金
	リスク移転	不可能

出典：各種資料を参考にして作成

　第一に、リスクの損失強度と発生頻度の両方が大きい場合、リスク回避を選択することができる。企業は、新保護貿易主義リスクにつながる可能性のあるすべての貿易活動を中断または回避する方法を選択することができる。これは、新保護貿易主義リスクが企業の生存に深刻な影響を及ぼす可能性がある場合に考慮できる方法である。新しいプロジェク

トを中断したり、ビジネスをキャンセルしたりすることがその例である。

　第二に、リスクの損失強度が小さく、発生頻度が大きい場合、リスク低減を選択することができる。新保護貿易主義による代表的なリスクは、非関税障壁による損失である。最近、新保護貿易主義の影響で自国産業保護のために貿易障壁の方法と範囲が拡大している傾向である。したがって、輸出入業務者は、輸出入前に貿易相手国の非関税措置の種類と対象を熟知する必要がある。また、各国が現在非関税措置をどのように活用しているかについての動向を把握しなければならない。例えば、反ダンピング措置は、インド、米国、EU、ブラジルで多く活用されている。また、米国、EU、カナダ、オーストラリアなどの先進国は主に相殺関税を活用し、インド、インドネシア、トルコ、チリなどの新興国は緊急関税制度を主に活用する。さらに、企業はグローバル供給網の変化を把握し、輸出を多様化してリスクを管理することができる。

　第三に、リスクの損失強度が小さく、発生頻度が小さい場合、リスク保有を選択することができる。新保護貿易主義リスクが発生した場合、もしリスク移転コストに対して保有コストが安ければ、企業はそれを受け入れる方法を選択することができる。この時、純利益、準備金、自己保険などを活用する。

　第四に、リスクの損失強度が大きく、発生頻度が小さい場合、リスク移転を選択することができる。リスク移転は、リスクに対する責任を第三者に保険あるいは非保険の形で転移するものである。まだ新保護貿易主義に関するリスクをカバーできるリスク移転方法は存在しない。

練習＆討論問題

① 自由貿易主義、保護貿易主義、新保護貿易主義について比較し、どの政策に賛成するかを述べてください。

② 新保護貿易主義の非関税措置の種類を比較し、各措置が貿易企業に及ぼす可能性のある影響と事例を述べてください。

5.2章 デジタル貿易リスク

概要と要約

　デジタル化は政治、社会、文化など多様な方面で大きな変化をもたらしている。通信の発達とともに電子商取引が増加し始め、最近ではデジタル化、第4次産業新技術とともにデジタル貿易の概念に拡大している。これにより、過去の商品貿易の中心で、今日はサービス貿易の重要性と比重が徐々に増加している。デジタル貿易はデジタルまたは物理的に取引することができ、消費者、企業、政府が参加する商品およびサービスの貿易である。この章では、デジタル化の概念、デジタル化による貿易環境の変化、デジタル貿易の概念、デジタル貿易の範囲と構造、デジタル貿易規制、デジタル貿易リスク、デジタル貿易リスクマネジメント方法について説明する。

01 デジタル貿易

① デジタル化と貿易

① デジタル化の概念

　第4次産業革命時代では、デジタル転換の進展で情報の処理、保存、連結能力の画期的な革新に支えられ、いつでもどこでも物質の流れと情報の流れを統合できる新しい社会が創出される。現実のほぼすべての物質的な存在がオンラインで存在する仮想的な存在に変わることができ、管理され活用される。代表的な4次産業革命技術としては、ブロックチェーン（Block Chain）、人工知能（AI; Artificial Intelligence）、ビッグデータ（Big Data）、モノのインターネット（IoT; Internet of Things）がある。ブロックチェーンはデータ分散処理技術である。ネットワークに参加するすべてのユーザーの取引履歴など、これらのデータを分散、保存する技術を指す。人工知能とは、コンピュータが人間の思考過程で必要な能力を持って自分で問題を解決していくことを指す ビッグデータは、Volume、Velocity、Variety などの3Vの特徴を持っている。文字通り膨大なデータを意味し、すでに様々な分野で活用している。モノのインターネットは、各種のものにセンサーと通信機能を内蔵してインターネットに接続する技術である。すなわち、センサと通信機能を利用してリアルタイムデータを利用するのである。ここで物事とは、家電製品、モバイル機器、ウェアラブルデバイスなどが含まれる。＜図73＞は代表的な4次産業革命技術である。

| 図73 |　4次産業革命技術

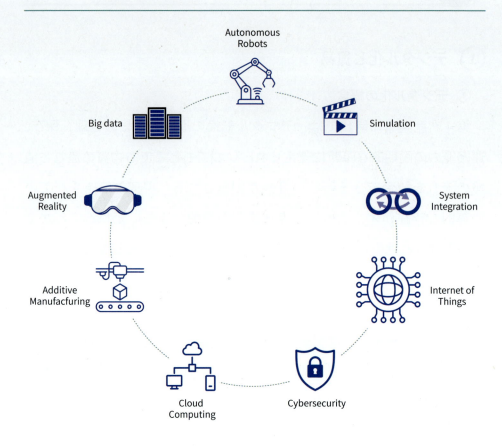

| 出典：各種資料を参考にして作成

　現在、人間生活のあらゆる面でデジタル化が進み、経済の組織と構成だけでなく、政治、社会、文化など、その他の人間活動のあらゆる面でも大きな変化をもたらしている。デジタル技術の広がりに伴うグローバルフローの変化は、初期開始段階に過ぎない。すでに世界中でますます多くの人々が本、音楽からデザインファイルに至るまで、国境を越えたデジタル商品の即時交換活動に参加している。インターネットを支援するインフラが拡大し、かつて克服できないようだった通りと費用の障壁

も消えている。

　さらに、デジタル化は経済のサービス化（Servicification）を加速し深化させている。サービス化（Servicification）は一般的にGDPでサービスが占める割合を増やす過程、企業側では収益からサービスへの転換、あるいは生産の投入でサービスの利用を増やす過程を説明するために使われる用語である。経済のサービス化は、国家が裕福になるにつれてサービス活動に従事する労働力の比重が着実に拡大する経済発展の核心的な特徴である。デジタル経済の基本的な特徴は、生産の分離と企業内部と企業間、企業と消費者間、個人間の相互作用によって生成されたデータの集中的な使用である。これには、ビジネスプロセス、機械、および機器の操作によって生成された情報の転送も含まれる。

② デジタル化による貿易の変化

　国際貿易は、さまざまな国の間で商品とサービスを交換することである。通信の発達とともに電子商取引が増加し始め、最近ではデジタル化、第4次産業新技術とともにデジタル貿易の概念に拡大している。伝統的に商品貿易が主要貿易だったが、情報通信技術（ICT）の発達によりサービス貿易の重要性と比重が高まっており、デジタル貿易の規模もさらに大きくなると予想される。特に新型コロナはデジタル貿易拡大に大きな影響を与えており、グローバルサービス貿易は今後商品貿易よりも急速に成長する可能性がある。

　デジタル化は、限界生産と流通コストを下げるとともに、グローバルコマースへのアクセスを拡大する。大企業だけでなく、個人、中小企業、起業家すべての貿易参加費用が削減される。これはすでにビジネスモデ

ルの革新を促進し、グローバルな機会を活用することができる多様な形態のサプライチェーンを出現させている。つまり、デジタル化はすでに物流とサプライチェーンを変え、貿易に大きな影響を与えている。特にモノのインターネットを活用して、世界中の貿易を電子的に監視し管理することが活発に行われている。企業は、センサーやその他のデジタル技術を使用して、製品、場所、時間、または取引に関する情報を簡単に追跡および収集し、運用効率を向上させ、コストを削減することができた。まだ初期段階にあるが、今後その影響力が相当になると思われる。工場現場の機械監視から海上船舶の進行状況追跡、そして国境を越えて運送される貨物に至るまで、デジタル技術は企業の貿易活性化を支援する。

　デジタル化が貿易変化に与える影響は次のとおりである。供給の観点からデジタル化は、企業が新しいデータネットワーク、デジタルツール、プラットフォームを介してサービスを提供する方法を変え、国境を越えて消費者を拡大させるのに役立つ。デジタル経済の発展は商品とサービスの区分をなくしている。ソフトウェアがCDに含まれて取引されるときは商品貿易であるが、それがインターネットを介してオンラインで配信されるときはサービス貿易に含まれる。デジタル経済が発展し、こうしたデジタル財貨の取引もさらに増加している。

　需要面では法律、エンジニアリング、金融など専門サービス取引の比重が増加し、グローバル市場での中小企業の売上が拡大し、取引コストを削減でき、途上国の貿易参加率を高めるのに役立つ。

　法律、エンジニアリング、金融などの専門サービスは、過去には貿易が不可能だった。しかし、今はデジタル経済とインターネットの発展で国境を越えて移動できるようになったために貿易が可能になった。この

ようなサービスを「デジタル技術の発達により可能なサービス（Digitally-enabled Services）」と表現する。また、このような専門サービスの取引比重が大きくなっているだけでなく、このような性質を持つサービスの種類と範囲もさらに拡大している。

デジタル化は、低価格商品または小規模の商品取引を増加させる。それは過去とは異なり、中小企業もインターネットに接続して自分の物品を売る機会が増えたからである。デジタル化は、開発途上国が過去に比べてより簡単に国際貿易に参加する機会を提供する。インターネットを通じて開発途上国もグローバル消費者への接近する機会を増やすと同時に、貿易に伴う取引費用を削減することができるからである。＜表73＞はデジタル化が貿易に与える影響を示している。

表73　デジタル化が貿易に与える影響

影　響	内　容
より伝統的な貿易	貿易コストの低下により、すべてのセクター（天然資源、農産食品、ローテクおよびハイテクの製造およびサービス）にわたって
国境を越えてデジタル注文された小包の増加	中小零細企業（SME）や個人にとって貿易をよりアクセスしやすくし、増え続ける荷物の流入の管理に関連する税関やその他の機関にも影響を与える
よりデジタルで配信される貿易	新しいサービス（仲介サービスやクラウド コンピューティング サービスなど）や、多くの場合新しい技術（プラットフォーム）を通じて提供される小規模な価値のサービス（アプリ）が含まれてる

より多くのバンドル製品または「スマート」製品	常に接続されている商品とサービスの特性を組み合わせたもの（スマート スピーカー、モノのインターネット）
よりデジタル化された貿易プロセス	商品の国境通過をより効率化し、電子署名、電子契約、電子通信、電子転送可能な記録のより広範な採用および/または認識を可能にする
より多くの国境を越えたデータフロー	すべてのデジタル貿易取引を支え、新たな問題を提起する（プライバシー、国家安全保障、知的財産保護、サイバーセキュリティ、産業政策など）

出典：López González and Jouanjean(2017) を参考にして作成

② デジタル貿易の定義

① デジタル貿易の概念

まだデジタル貿易の統一された定義はありません。国連、OECD、WTOなどの国際機関では、＜表74＞のようにデジタル貿易を定義している。米国BEA（Bureau of Economic Analysis）では「デジタル可能産業」を定義し、デジタル経済の発展を強調している。米国議会調査局（CRS）は、デジタル貿易をインターネットとインターネットベースの技術が商品とサービスを注文、生産、または提供する上で重要な役割を果たす国際貿易と定義した。言い換えれば、デジタル貿易はデジタルまたは物理的に取引することができ、消費者、企業、政府が参加する商品およびサービスの貿易と呼ぶことができる。

表74 デジタル貿易の定義

機関名	定義
BEA (Bureau of Economic Analysis)	Trade from "digitally enabled" industries as part of digital trade, whether the trade was actually delivered digitally or not
CRS (Congressional Research Service)	US domestic commerce and international trade in which the Internet and Internet-based technologies play a particularly significant role in ordering, producing, or delivering products and services
UN	Digital trade is increasingly important and comprises both digitally ordered trade in goods and services (cross-border electronic commerce (e-commerce)) and digitally delivered trade (services delivered internationally through the Internet or other networks).
OECD	It encompasses digitally-enabled transactions of trade in goods and services that can either be digitally or physically delivered, and that involve consumers, firms, and governments. Digitally delivered trade, digitally ordered trade
WTO	Digital trade includes the use of the internet to search, purchase, sell, and deliver a good or service across borders and includes how internet access and cross-border data flows enable digital trade.
IMF	Digital trade is all cross-border transactions that are either digitally ordered (i.e., cross-border e-commerce), digitally facilitated (by platforms), or digitally delivered

出典：各種資料を参考にして作成

② デジタル貿易の範囲と構造

　過去にはデジタル貿易を電子商取引中心の狭い概念として主に理解したが、今日はその範囲が広がった。デジタル貿易は商品の注文と配送だけを対象とする電子商取引を包括する概念であることはもちろん、さらに企業の革新過程全体を意味する「E-business」よりも大きな概念である。＜図74＞はデジタル貿易の範囲である。

図74　デジタル貿易の範囲

出典：各種資料を参考にして作成

　図に示すように、E-businessがある企業のイノベーション過程を強調するものであれば、デジタル貿易はそれを越えてグローバル貿易での注文、生産、配送のすべての過程でのデジタルイノベーションを意味する。デジタル貿易（Digital Trade）とは、デジタル技術の革新とともに新たに浮上した概念として、電子商取引（E-commerce）、デジタル経済（Digital Economy）、インターネット経済（Internet Economy）、情報通信技術

(ICT) ベースのサービスなど多様 用語と混在して使用されている。

　デジタル貿易とは、デジタルまたは物理的に配信できる商品およびサービス取引におけるデジタルベースの取引を意味する。これには、デジタルで提供されるソフトウェア、電子ブック、データ、またはデータベースサービスが含まれる。＜図75＞は、OECDで定義されたデジタル貿易の構造である。

| 図75 | デジタル貿易の構造

| 出典：OECDを参考にして作成

　デジタル貿易は、デジタル方式で注文される貿易（Digitally Ordered Trade）とデジタル方式で伝達される貿易（Digitally Delivered Trade）に分けられる。デジタル方式で注文される貿易は、電子形式でリモート配信される国際取引である。つまり、国が違う販売者と購入者との間でオンラインを通じて行われる電子商取引を意味する。消費者は多様で安価な商品をインターネットや携帯電話を通じてeBay、Amazonなどの世界中のeコマースプラットフォームで手軽に欲しい商品を検索注文、ドアの前まで配送を受けることができる。このような利便性と流通過程の

縮小による低価格は国境間の電子商取引の利用が増加する主な要因である。新型コロナへの移動性が制限されるにつれて、デジタルサービスの提供が急増し、オンラインを通じた取引の増加に伴い、デジタル貿易が加速し、今やグローバルなコラボレーションのための必須要素となっている。

　デジタル方式で配信される貿易は、コンピュータネットワークを使用して電子形式でリモートで配信される国際取引を意味する。すなわち、デジタル手段による貿易とデジタル伝送物の貿易の両方を含むことで、貿易対象のデジタル化を意味する。例えば、OTTサービス（Over-the-Top Media Service）、電子書籍、ソフトウェア、音楽、ビデオ通話によるコンサルティングサービスなどがある。＜表75＞、＜図76＞のように、デジタルで伝達されるサービス貿易は世界的に急速に増加している。

| 図76 | デジタルで配信されるサービスの国際貿易 – 世界中

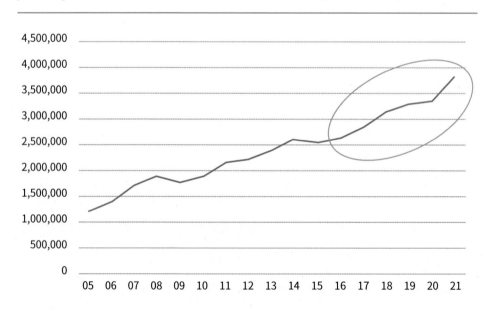

| 出典：UNCTAD を参考にして作成

＜図 76 ＞は、2005 年から 2021 年まで、世界中のデジタルで配信されるサービスの国際貿易の貿易額を示している。

＜表 75 ＞は、国別デジタルで配信されるサービスの国際貿易の貿易額とランキングを示している。

表 75 デジタルで配信されるサービスの国際貿易 – 国別

ランキング	国名	2014	2015	2016	2017	2018	2019	2020	2021
1	EU	10,088	9,533	10,007	11,041	12,482	13,147	13,079	15,015
2	USA	4,429	4,461	4,628	5,059	5,157	5,441	5,536	6,130
3	UK	2,873	2,733	2,703	2,800	3,173	3,118	3,270	3,533
4	China	990	933	937	1,025	1,321	1,435	1,543	1,948
5	India	1,119	1,132	1,166	1,222	1,328	1,479	1,552	1,851
6	Singapore	743	815	836	950	1,133	1,222	1,330	1,484
7	Japan	872	862	970	1,016	1,070	1,194	1,161	1,223
8	Switzerland	880	863	900	891	951	906	853	993
9	Canada	537	488	492	528	604	649	665	752
10	Korea	322	320	347	370	394	423	440	542

出典：UNCTAD を参考にして作成

③ デジタル貿易規制

① デジタル貿易規制の必要性

　世界貿易機関（WTO）の既存の多国間規則と協定は、商品やサービスのデジタル貿易を支える規制環境の重要な側面をカバーしている。実際、サービス貿易に関する一般協定（GATS; General Agreement on Trade in Services）とその附属書は、デジタル時代の貿易を支えるサービス貿易を活性化するために依然として最も重要な役割を果たしている。関税および貿易に関する一般協定（GATT; General Agreement on Tariffs and Trade）と貿易円滑化協定（TFA; Trade Facilitation Agreement）もデジタルで注文された商品の貿易を支援し、それが促進する多くの問題を扱う。しかし、デジタル時代の貿易で発生する問題を完全に説明するためには、国際規則を更新しなければならないという見解が浮上している。

　デジタル貿易は商品とサービスの両方にまたがるため、商品貿易よりも幅広い潜在的な障壁に直面している。サービスのデジタル貿易は、国境で適用される政策措置と国境の背後で適用される規制の影響を受ける。限定的な国家規制は、貿易と企業がデジタルプラットフォームを通じて、国内顧客と外国顧客の両方にサービスを提供する上で、否定的な結果を招く可能性がある。

　デジタル貿易が急速に増加し、国際社会でデジタル貿易規範を確立することが重要な懸案に浮上した。商品やサービス貿易とは異なり、デジタル貿易を規律するためのWTOレベルの規範がないからである。デジタル貿易では既存の商品貿易規範が包括しにくい新たに取引対象及び方式が現れており、別途の国際規範が必要である。

② デジタル貿易規範の核心問題

デジタル貿易規範について、次のような争点を中心に国際的な議論が活発になされている。まず、電子運送のための関税賦課問題である。電子的伝送物は、伝統的な輸入通関手続きを適用しにくい点を考慮して、1998年のWTO閣僚会議の宣言で一時的な無関税化が採択されており、これが適用され続けている。しかし、税収の減少を懸念する一部の途上国もあるだけに、無関税の永久化について議論が残っている。

第二に、消費者情報を含むデータの国境を越える前の自由化の有無である。消費者の個人情報を含む場合、米国は自由な移動を主張するのに対し、EUはGDPR（General Data Protection Regulation）を制定し、欧州経済地域31カ国間のデータ移転は自由だが、第3国移転時に適切性評価に合格しなければ自由な移転ができないようにしている。例えば、日本企業がEU居住者の情報を監視するだけでも、GDPRを遵守しなければならない。

第三に、データローカライゼーションとソースコード公開の問題である。最近、米中貿易紛争でも議論になっていることで、米国、EUなど多数の国家はデータのローカライゼーションとソースコードの公開に反対している。しかし、中国は域内データの保存とソースコードの公開を維持している。現在、デジタル貿易規範制定を主導しているのは米国企業だ。米国の巨大なIT企業にとって、データを取り扱い、移転する際に国によって異なる規定がある場合、グローバルビジネスに大きな障害となる可能性があるからである。

③ WTO デジタル貿易交渉議論のテーマ

WTO のデジタル貿易交渉議論のテーマは＜表 76 ＞のとおりである。

表 76　WTO デジタル貿易交渉の議論のテーマ

区　分	内　容
デジタル貿易の可能 (Enabling Digital Trade/E-commerce)	紙のない貿易、電子決済、電子署名と契約、電子伝送の無関税
開放とデジタル貿易 (Openness and Digital Trade/E-commerce)	市場アクセス、国境を越えた情報移転、コンピューティング設備のローカライゼーション、非差別
信頼とデジタル貿易 (Trust and Digital Trade/E-commerce)	ソースコード、強制技術移転、オンライン消費者と個人情報の保護
共通問題 (Cross-Cutting Issues)	透明性、開発（インフラとデジタルギャップ）、協力

出典：WTO を参考にして作成

02　デジタル貿易リスク

　デジタル貿易に関連して発生する可能性のある代表的なリスクは、まず購入者の側ではデジタル権利侵害、商品の欠陥、配送遅延および未配送、販売者の契約違反などがある。販売者の側では製品の不良及び破損、配送遅延などに伴う購入者の返金及び交換要求、ブラックコンシューマ等がある。次に、以下のようなリスクが発生する可能性もある。

まず、各国の異なるデジタル規制による貿易障壁の発生である。フランスはインターネット上の「忘れられる権利」を保護しなかったという理由でグーグルを提訴した事例がある。「忘れられる権利」は、インターネット上で収集可能な個人の記録や情報の保管に関して、当該個人が希望しない場合、関連情報の削除をインターネットサービスプロバイダに要求する権利である。これにグーグルは欧州地域ドメインでの記録は削除したが、世界ドメインではこれを削除しないで訴えられた。同時にフランスはこのため、自国およびEUの規制を全世界に適用しようとする非難を受けた。また、国際基準から大きく逸脱する国家法令もしくは規制を持っている場合、国際基準に準拠するICT製品であっても、特定の国または地域のネットワーク体制と接続されていないか、固有の規制により生産されたハードウェアと互換性がない場合が生じることがある。

第二に、ソフトウェア、コンテンツなどに対する知的財産権保護の問題である。デジタル技術の発達により、違法ダウンロードや商標の複製、偽造、インターネットIPの盗用などによる侵害が過去より幾何級数的に増えている。インターネットを通じた取引、貿易の場合、消費者が購入前に販売者と製品の知的財産権を盗用するかどうかについて十分な調査をするのが難しく、販売者がこれを悪用して虚偽のマーケティングを行う可能性がある。また、売り手の場合、インターネットを介して取引をするときに、自分の製品や技術が複製および盗用されないという確信を持つことができない場合がある。また、インターネットを通じて知的財産権が侵害された場合、該当商品を販売・提供した検索エンジンやプラットフォームサービス提供者等の責任素材に関する各国間の法的判断が異なることがあり、リスクが発生する。

第三に、ボーダー間のデータ移動リスクである。世界中の国々は、データの国境間の以前の自由化について＜表77＞のようにそれぞれ異なる立場を持っている。米国をはじめとする一部の先進国では、デジタル貿易に関する制限を最大限排除しながら、データの活用性と効率性を極大化する方向で議論を主導して規範を確立している。一方、EUのアプローチは、個人データの保護に対する個人の権利を中心にしている。一方、中国はデータを国家の戦略的資産として強調し、個人データの広範な政府監視を可能にする。その他の新興アジア諸国は、情報技術産業を育成したり国家安全保障を理由にデジタル保護主義またはデジタル権威主義措置を取っている。WTO、OECDなど国際機関を中心にデジタル通商規範議論が進められているが、関連国間の理解対立で合意に困難をきたしており、リスク発生の可能性が大きい。

表77　データ移動自由化への立場

国　名	内　　容
米国	自由データ移転、外国政府の規制最小化に集中
中国	独自の市場・規制体制の維持、対外規範への関心
EU	データ関連の個人情報保護に敏感、域内単一化市場の推進
日本	高度なデータ流通の自由化を強調し、米国と高い開放度のデジタル貿易協定を締結
オーストラリア	自国企業のグローバルデジタル市場進出拡大のための規制最小化立場
インド	先進国との技術格差解消、税収確保のための規制権限保有希望
韓国	原則データ開放主張、国内データ規制レベルに合わせて推進

出典：各種資料を参考にして作成

03 デジタル貿易リスクマネジメント

　デジタル貿易リスクは、電子商取引側とサービス貿易の面で管理方法を考えなければならない。＜表78＞はデジタル貿易リスクマネジメント方法である。

表78　デジタル貿易リスクマネジメント

区　分		内　容
リスク コントロール	リスク回避	デジタル貿易取引の中断
	リスク低減	個人情報保護規制および法の確認 データセキュリティに関する規制と法律の確認 知的財産権に関する規制及び法の確認 ブラックコンシューマーを確認 販売者の事前確認 eコマースサイトの確認 データバックアップ、分離アーカイブ サイバーリスクマネジメントトレーニング
リスク ファイナンシング	リスク保有	純利益、準備金、自己保険、外部の借入金
	リスク移転	賠償責任保険

出典：各種資料を参考にして作成

　第一に、リスクの損失強度と発生頻度の両方が大きい場合、リスク回避を選択することができる。企業は、デジタル貿易リスクにつながる可能性のあるすべての活動を中断または回避することができる。デジタル貿易は、中小企業と開発途上国が貿易業を活性化するのに大きな貢献をすると期待している。ただし、まだデジタル貿易リスクに関連するリス

クに対応することが不可能であると判断された場合には、新たなデジタル貿易取引を中断しなければならない。

　第二に、リスクの損失強度が小さく、発生頻度が大きい場合、リスク低減を選択することができる。現時点でデジタル貿易リスクを管理するために最も多く活用できるリスクマネジメント技術である。電子商取引の場合、販売者はブラックコンシューマーを確認してリストを作成したり、運送業者選定基準を上方調整したり、商品検収を強化するなどの方法でリスクを減らすことができる。購入者は、販売者の約款確認、電子商取引サイトを確認し、リスクが大きい場合の利用を控える、決済方式に対する確認などを通じてリスクを減らすことができる。デジタル方式で伝達される貿易、すなわちデジタル伝送物の貿易やデジタル手段による貿易の場合には、事前に規制及び法を確認することが必須である。特に個人情報保護、データセキュリティ、知的財産権関連の規制及び法が各国ごとに異なるため、綿密な確認が必要である。

　第三に、リスクの損失強度が小さく、発生頻度が小さい場合、リスク保有を選択することができる。デジタル貿易リスクが発生した場合、リスク転換費用対比保有コストが安い場合、企業はこれを受け入れる方法を選択することができる。この時、純利益、準備金、自己保険などを活用する。

　第四に、リスクの損失強度が大きく、発生頻度が小さい場合、リスク移転を選択することができる。デジタル貿易リスク、特にサービス貿易に関して頻繁に発生する可能性のある問題は、知的財産権の侵害である。知的財産権侵害が発生した場合、第三者に対する賠償責任が発生する。一般的に知的財産権は保険制度に転加して管理されている。

練習 & 討論問題

1. デジタル貿易を定義し、伝統的な貿易とデジタル貿易を比較分析してください。
2. 電子的転送物関税部課とデータの国境間の移転自由化についての考えを討論してください。

5.3章　グリン貿易リスク

概要と要約

　気候変動の危機により、世界中の主要国は炭素中立を宣言または推進し始めた。貿易と気候変動の間には強力な相互関係がある。経済が成長するにつれて、貿易自由化が拡大するほど、温室効果ガス排出量が増加するためである。EUは炭素国境調整制度法案を作成し、2026年から2034年までは段階的に炭素国境税を賦課する予定である。これに続いて米国も炭素国経済制度の導入を予告しており、これによる影響は次第に拡大すると予想される。本章では、パリ協定、炭素国境調整制度、RE100の概念と特徴、それに伴うグリン貿易リスクとグリン貿易リスクマネジメント方法について説明する。

01　気候変動と貿易

　気候変動対応に対する世界中の国家の意志がますます強くなっている。2021年、米国はパリ協定に再加入し、中国は2060年まで炭素中立（Carbon Neutral）を達成するための削減目標を2倍強化したパリ協定に加入した196カ国は、温室効果ガス排出量の削減に専念している。多くの国がエネルギー集約的産業の排出量を減らし、移動手段を電動化し、

石炭消費を減らすことを最優先している。これにより、特に鉄鋼やアルミニウム生産などのエネルギー集約型産業は、排出削減の大きな圧力を受けると予想される。各国がパリ協定の目標に近づくにつれて、世界の貿易の流れもかなり変わるとみられる。

① パリ協定

① パリ協定の導入背景

パリ協定（Paris Agreement）は、全世界各国が気候危機対応のために温室効果ガス排出を減らすと約束して誕生した。これは、地球温暖化を防ぐために温室効果ガスを減らすという全地球的合意案である。数十年にわたる協議の末に設けられたこの条約は、国際社会が共同で努力する最初の気候合意である。この条約は、気候変動を止めるための人類の努力において重要な成果と評価されている。

② パリ協定の概念

パリ協定は、最悪の気候変動シナリオを防ぐために、地球の平均気温上昇を工業化以前に比べて2℃よりかなり低いレベルに維持し、これを1.5℃に制限するために努力することを長期的な目標として掲げている。また、すべての国が2020年から気候行動に参加し、5年周期の履行点検を通じて次第に努力を強化するように規定している。また、パリ協定は、すべての国が自ら決定した温室効果ガス削減目標（NDC; Nationally Determined Contributions）を5年単位で提出し、国内的に履行するようにしている。また、財源の造成に関しては先進国が先導的役割を遂行し、他国家は自発的に参加するようにしている。

この協定は、気候行動及び支援に対する透明性体制を強化しながらも、各国の能力を勘案して柔軟性を認めている。また、2023年から5年単位でパリ協定の履行及び長期目標達成可能性を評価する全地球的履行点検（Global Stocktaking）を実施するという規定を含んでいる。米国はトランプ前大統領就任後パリ協定から公式脱退したが、2021年初め、ジョー・バイデン米国大統領が就任した後、パリ協定に直ちに復帰した。

② 炭素国境調整措置

① 炭素国境調整措置の導入背景

　温室効果ガス削減目標に関しては、現在、世界各国がそれぞれ異なる段階にある。経済強国の中では欧州連合（EU; European Union）が最も多い進捗を遂げ、現在、排出量取引制度（ETS; Emission Trading System）を運営している。世界的に温室効果ガス削減システムの発展面が不均衡な状態であるため、炭素リーケージ（Carbon Leakage）のリスクが高まっている。炭素リーケージとは、炭素排出規制が厳しい国で炭素排出規制が緩んだ地域に産業の活動拠点が移り、炭素排出が漏洩することを意味する。

　炭素制限の一方的な導入は、国内市場と海外市場間の不平等な競争条件を生み出す可能性がある。炭素制限が一方的に導入される場合、国内生産者は排出コストを負担する義務があるが、輸出時の排出コストに対する補償は存在しない。これは、国内企業が炭素排出制限のない国に移転することを奨励することになる。つまり、企業が汚染逃避地（Pollution Haven）に移転するようにするのである。結局、ある地域での排出量が減少しても、他の地域での排出量が増加し、炭素排出削減効果の相殺が

見られる。このような状況では、より厳しい気候政策が適用される地域の生産者は、緩い基準を持つ地域の生産業者に比べて不利益になる可能性がある。したがって、炭素リケージを防ぐためには、すべての国が温室効果ガス削減政策を導入する必要がある。しかし、自発的な方法で温室効果ガス削減政策を導入することは困難である。これがEUが国境炭素税（Carbon Border Tax）を導入した背景である。EUは国境炭素税を導入し、強制的に温室効果ガス削減政策を導入しようとした。

② 炭素国境調整措置の概念

炭素国境調整措置（CBAM; Carbon Border Adjustment Mechanism）は、炭素集約的な商品を輸入または輸出する際に、該当企業の炭素削減労力に対する評価を行い、基準値を超える炭素量に対しては追加的に負担金を賦課し、基準値より大幅に削減された炭素量については、補助金のように払い戻しや負担を免除または減軽してくれる調節メカニズムを意味する。これは、全世界的に炭素削減のための共同の努力が進行中であるにもかかわらず、消極的な一部の国や企業によって炭素削減労力が相殺される現象である炭素リケージを防ぐためである。

EUは二酸化炭素排出に対する規制で、域内物品が他国物品より価格競争力が低くなると、2021年に国境炭素税の導入を議論し始め、2023年EU議会で「炭素国境調整措置」法案が通過した。この法案は、2030年までに温室効果ガス排出量を1990年の排出量から55％削減し、2050年までに排出量ゼロに達するというEUの気候目標を達成するために考案されたものである。炭素国境調整措置は、EU域外企業が鉄鋼・アルミニウム・肥料・電気・セメント・水素製品など6品目をEUに輸出する場

合、製品生産過程で出てくる炭素排出量を推定して関税を課す政策である。国境炭素税の関税水準は、定められた炭素排出量超過量に対する排出権を買収する制度であるEU「排出量取引制度（ETS; Emission Trading System）」をガイドラインとして策定される。＜表79＞は、炭素国境調整措置の主な内容である。

表79　炭素国境調整措置の主な内容

区　分	内　容
対象品目	セメント、電気、肥料、スチール、アルミニウム、水素、スチールに関連するいくつかの原料と製品 猶予期間の終了時に対象品目の拡張を見直す
炭素排出コスト	欧州連合排出量取引制度（EU-ETS）の炭素価格と連動して証明書価格を設定し、域外企業に炭素排出コストを課し、生産過程で発生した炭素排出量に証明書価格を掛けてコストを算定 海外企業が自国ですでに負担している炭素排出コストは除く 実際の費用賦課は2026年に始まり、以前は製品に含まれている炭素排出量情報を収集

出典：各種資料を参考にして作成

　EUは法案が施行される2023年10月1日から2025年12月末までを転換（準備）期間とし、関税の代わりに炭素排出量を報告する義務のみ付与する。したがって、EUに鉄鋼・アルミニウムなどの主要製品群を輸出する全世界企業は、2023年10月から炭素排出量を義務的に報告しなければならない。以後、2026年から2034年までは段階的に国境炭素税

が賦課される予定である。つまり、2026年からは本格的に国境炭素税が課され始め、輸出企業が影響を受けることになる見通しだ。

　このようなEUの動きに対応して、バイデン政権はまた、温室効果ガス排出に関する国際取引システムの導入と政策策定のための努力について公約しており、必要に応じて炭素国境調整措置を導入することも可能であると述べた。米国議会内でも、炭素国境調整措置の導入に関する類似法案が議論中である。いわゆる米国版炭素国境調整措置と呼ばれるクリーン競争法（CCA; Clean Competition Act）の導入が推進されている。クリーン競争法の主な内容は、精油、石油化学、鉄鋼、ガラス、製紙などエネルギー集約産業群に属する12の輸入品目に対して温室効果ガス排出1トンあたり55ドルを課すことである。米国のクリーン競争法の導入の主な目的は次のとおりである。第一に、気候危機対応策として炭素排出を削減すること。第二に、米国の炭素規制により発生した米国企業の追加費用負担を相殺すること。第三に、EUの炭素国境調整措置の導入について米国企業に対する逆差別を防ぐことである。

③ 炭素国境調整措置の影響

　国境炭素税が導入されると、EUは輸入品に対して域内生産製品と同様に同じ炭素価格を賦課できるようになる。＜図77＞は、EUが導入する国境炭素税の仕組みである。

| 図77 | EUの国境炭素税の仕組み EUの国境炭素税の仕組み

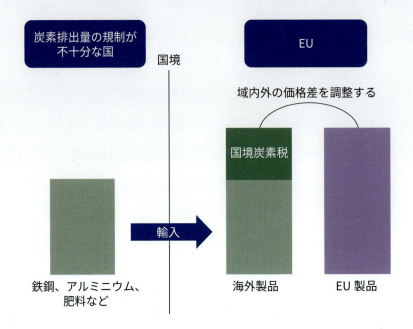

| 出典：各種資料を参考にして作成

　国境炭素税は輸入品に内在している炭素価格と域内で生産された炭素価格が等価になるように設定されなければならない。しかし、これを可能にするためには、EUは国境炭素税の運営の面で大きな障害物を超えなければならない。第一に、EUは輸出国でその商品に課される炭素価格を知るべきである。第二に、EUはその商品を生産するときに排出された炭素量を知るべきである。第三に、域外生産を監視する必要がある。炭素価格が低い国に位置し、生産工程で炭素排出量が多い輸出企業は最も高い税率に直面するだろう。対照的に、炭素価格の高い国に位置し、生産プロセスにおける炭素排出量の少ない輸出企業は、少なくとも一定の割合の税減を受ける。

エネルギー集約型商品に国境炭素税が適用されると、これらの輸入品に対するEU消費者の需要は減少する。税後消費者価格が上がるためである。短期的には輸入が減少し、貿易収支が改善され、エネルギー集約的輸出国通貨に対するユーロ価値が上昇する。EUは巨大経済であるため、初期にはEUを除く全世界でエネルギー集約的商品の過剰供給が発生し、輸出業者は価格を下げるしかない状況に追い込まれるだろう。価格が下落すると、国境炭素税や類似の政策が導入されていない非EU諸国でこれらの商品の需要が増加し、EU収入の減少を一定部分相殺することができるだろう。その後、どのような貿易状況が展開されるかは、EU以外の国が国境炭素税政策にどのように反応するかによって決まる。

③ RE100

① RE100の導入背景

　企業が再生可能エネルギー（Renewable Energy）への転換を決定した主な理由は、環境にやさしいエネルギー使用に対する利害関係者ニーズの増大、再生可能エネルギー支援の経済性改善などにある。新気候体制以後、各国がエネルギー気候変動政策に応えつつも、環境に優しく生産活動を継続して地域社会、顧客、投資家のニーズを満たすことができるようにするためである。このような流れの中で再生可能エネルギーの経済性が向上するにつれて、効率的なエネルギー消費を目的に転換を選択する企業も増加している傾向にある。現在、欧州と米国市場ではRE100の参加が円滑に展開中であり、構造改編政策を施行して再生可能エネルギー取引を容易にできるようにしている。競争体制が導入された構造改革以前は、独占供給者（State Monopoly）だけが参加できたため、消費者の再生可能エネルギー選択購入が不可能であった。しかし、徐々に競争

体制が導入され、多数のサプライヤー（Private Companies）の市場進出が誘導され、消費者の再生可能エネルギー購買方式が拡大する効果をもたらすことができた。また、グローバル再生可能エネルギー市場の活性化もこのような流れをもたらすことに一役買った。

② RE100 の概念

RE100（Renewable Energy 100%）は、多国籍非営利団体である気候グループ（The Climate Group）と炭素情報公開プロジェクト（CDP; Carbon Disclosure Project）が連合し、2014 年ニューヨークの気候週間（NYC Climate Week）イベントで発足した。RE100 キャンペーンの主な目的は、気候危機対応のために企業活動に必須に必要な電気を温室効果ガスを排出しない再生可能エネルギーで生産された電気を使用することである。すなわち、RE100 はエネルギー生産者ではなく消費者である企業を対象に行動の変化を促し、再生可能エネルギー需要基盤の拡大を目的としている。

RE100 の必要性は次のとおりである。まず、気候変動の防止である。化石燃料の使用による温室効果ガスの排出は、地球温暖化と気候変動を加速している。地球温暖化は、気象現象、海面上昇、生態系破壊などの環境問題を招く可能性がある。RE100 は、これらの問題に対応するために、風力、太陽光、水力などの再生可能エネルギーの使用を促進する。再生可能エネルギーは化石燃料よりはるかに少ない温室効果ガスを排出するためである。第二に、エネルギーの安定性である。再生可能エネルギーは、化石燃料とは異なり、資源を無限に生産することができるエネルギーの安定性を提供する。化石燃料は限られた資源で供給を制限する可能性があり、外部要因に応じて価格変動が発生する。一方、再生可能エネル

ギーは自然の原理を利用するため、供給を十分に予測することができる。第三に、コスト削減である。再生可能エネルギーは初期投資費用が高いが、長期的に見たとき維持、運営コストが低くなる。参加企業が多い場合、価格を下げることができ、政府補助金や税制の恩恵を受けることができ、経済的利点がある。

　RE100は、生産など、事業活動で消費するエネルギーのうち、電力の100％を再生可能エネルギーで充当することを要求するために、大規模な企業を中心に結成された国際キャンペーンである。これは企業が2050年までに使用電力の100％を再生可能エネルギーに転換すると約束する自発的グローバルキャンペーンである。RE100は参加企業に再生可能エネルギー電力を2030年まで60％以上、2040年まで90％以上、2050年まで100％を使用することを勧告する。企業が保有する事業場全体を対象としており、企業は毎年、世界中の事業場の総電力使用量に比べて再生可能エネルギー使用量を算定し、CDP委員会に報告しなければならない。グローバルRE100加入基準は＜表80＞のとおりである。

表80　グローバルRE100加入基準

次の項目のうち1つ以上に影響力のある企業
- 世界中または国内で認められ信頼されるブランド
- 主要多国籍企業（フォーチュン選定1,000代企業または同級）
- 相当な電力使用量（例：0.1TWh/100GWh超）
- RE100の目的に役立つ、世界中または国内で確実な影響力を持つその他の特性
- 企業はグループレベルでキャンペーンに参加しなければならない

出典：Climate Group RE100(www.there100.org)を参考にして作成

③ RE100 の範囲

　RE100 は企業が直接使用するエネルギーを再生可能エネルギーに変えようとする趣旨の自律キャンペーンであり、協力会社や流通を含む全過程で使用される電力が再生可能エネルギーとして使用されていなくても達成が可能である。RE100 の範囲は全世界の自社事業場の電力（スチーム、熱などエネルギー消費を除く）の消費を基本とし、再生可能エネルギー源の種類としては太陽光・風力・地熱・持続可能なバイオマス・持続可能な水力を認めている。＜表 81 ＞は RE100 の範囲である。

表 81　RE100 の範囲

区　分	内　容
参加対象	フォーチュン誌 1000 大企業 年間電力消費量 100GWh 以上の企業 加入はグループ会社基準であるが、関連会社も加入可能
再生可能エネルギーの種類	太陽光 風力 地熱 持続可能なバイオマス 持続可能な水力
戦略策定最小条件	RE 使用 60%（2030 年まで） RE 使用 90%（2040 年まで） RE 使用 100%（2050 年まで）

出典：Climate Group RE100(www.there100.org) を参考にして作成

RE100初期には米国、英国企業の参加が多かったが、2020年以降アジア企業の参加が急増した。2023年基準全世界409社がRE100イニシアチブに加入しており、アジア157社(38%)、ヨーロッパ131社(32%)、米国103社(25%)、オセアニア18社(4.4%)で構成されている。RE100加入勧告基準はフォーチュン誌選定1,000大企業または年間電力消費量が100GWh以上の企業や、ESGに対する関心拡大により加入勧告基準以外の企業多数が参加している。

02 グリン貿易リスク

　貿易と気候変動の間には強力な相互関係がある。経済が成長するほど、貿易自由化が拡大するほど、温室効果ガスの排出量は増加するためである。これに気候変動に対応するための国際的議論が拡大し、国際通商規範と気候政策は徐々に関連性が大きくなっている状況である。今日、気候変動の重要性が強調されるにつれて、世界中で様々な気候変動関連政策、キャンペーンを展開している。環境にやさしい転換がグローバル産業競争力の主な要素として浮上し、炭素国境調整措置（CBAM）や炭素排出情報を含むESG公示義務化など、様々な気候変動政策が推進されるにつれて、企業はこれに対する対応を求められている。貿易企業に発生する可能性のあるグリン貿易リスクは次のとおりである。

　近年、グローバル製造企業が再生可能エネルギーへの転換を積極的に推進しながら、RE100に加入した製造業の比重が着実に増加していることに注目される。サプライチェーンを含め、炭素中立競争力を獲得しよ

うとする顧客企業の需要が強まり、RE100参加企業がサプライチェーン内の協力会社に再生可能エネルギーの使用を積極的に要求するようになった。そのため、再生可能エネルギー調達は輸出競争力と直結する避けられない課題となっている。実際、多くの製造輸出企業がバイヤーやサプライチェーン元請業者から再生可能エネルギーの使用要求を受けており、これは企業がすぐに解決しなければならない負担として作用している。特に中小輸出企業の場合、RE100に対する対応策を自主的に求めることが難しい実情である。また、再生可能エネルギー使用のための施設設置時の初期設置費用が過剰であり、投資費用に対する負担とリスクも存在する。

　EUの炭素国境調整措置は、特に鉄鋼やアルミニウム生産などのエネルギー集約的産業に大きな圧迫を与えることができる。彼らは排出削減にかなりの圧力をかける。排出量が多い石炭と石油需要が鈍化するにつれて、企業のグローバル輸出も減少するだろう。長期的には、ほぼすべての産業の生産コストが炭素排出のために高くなる。国境炭素税によるリスクは先進国と発展途上国の間でも異なって適用される。結局、国境炭素税で先進国は最大の受益者になるという観測が出ている。炭素を排出する輸入品に課す国境炭素税は事実上「追加関税」なので先進国が自国企業を保護する手段になるという観測である。米国、ヨーロッパなど先進国企業はすでにクリーン産業技術を開発しているが、後発走者である発展途上国の企業はこのような技術を確保するのが難しいからである。発展途上国の企業は炭素排出削減に必要な大規模な投資競争で遅れるため、当該産業の競争力を維持することが難しくなり、さらにグリン貿易リスク脆弱である。

03 グリン貿易リスクマネジメント

貿易企業は国と地域の状況に応じて気候変動対策に対応しなければならない。グリン貿易リスクマネジメント方法は＜表82＞のとおりである。

表82 グリン貿易リスクマネジメント

区　　分		内　　容
リスク コントロール	リスク回避	取引の中断
	リスク低減	気候変動関連制度の理解 再生可能エネルギーの使用増大 気候に優しい製品とサービスの開発 政府の支援制度の確認 コンサルティングの活用 取引先の多様化 事業所移転
リスク ファイナンシング	リスク保有	純利益、準備金、自己保険、外部の借入金
	リスク移転	不可能

出典：各種資料を参考にして作成

第一に、リスクの損失強度と発生頻度の両方が大きい場合、リスク回避を選択することができる。貿易取引を中止することができる。企業の規模が小さかったり、輸出経歴が短い企業は、グリン貿易リスクに対する対応戦略が設けられていないことが多い。この時、グリン貿易リスクを回避するために企業は貿易取引を中断する方法を選択することができる。

第二に、リスクの損失強度が小さく、発生頻度が大きい場合、リスク低減を選択することができる。中小企業の場合、RE100、国境炭素税などに対する認識が低く、制度自体が分からない場合も存在する。したがって、関連資料の検索、セミナー出席などを通じて関連知識を積むことが必要である。詳細な内容を習得し、波及影響を認知することは、事前に対応戦略を樹立する上で重要な役割を果たす。企業は気候に優しい製品とサービスを開発するなどを通じてグリン貿易リスクに対応しなければならない。企業の規模が小さく輸出経歴が短い企業ほどグリン貿易リスクに自ら対応することに困難をきたす。政府の支援制度と政策を確認して戦略を立てることも必要である。貿易企業は、カスタマイズされた深化コンサルティングを通じてグリン貿易リスクマネジメント戦略を立てることもできる。貿易企業は炭素関税を防止と輸出競争力を強化するためにグリン貿易リスクを事前に防止することが重要である。さらに、貿易企業は取引先を多角化、事業場を移転する方式を選択してグリン貿易リスクを減らすことができる。

　第三に、リスクの損失強度が小さく、発生頻度が小さい場合、リスク保有を選択することができる。グリン貿易リスクが発生した際に、もしリスク移転費用に比べて保有コストが安い場合、企業はリスク保有を受け入れる案を選択することができる。この時、純利益、準備金、自己保険、外部の借入金などを活用する。

　第四に、リスクの損失強度が大きく、発生頻度が小さい場合、リスク移転を選択することができる。リスク移転は、リスクに対する責任を第三者に保険あるいは非保険の形で転移するものである。まだ気候変動に関するリスクをカバーできるリスク移転方法は存在しない。

練習 & 討論問題

① 気候変動対応に関する別の方針はどれがあるのかを調べて、世界中の気候変動対応方針に対する自身の意見を討論してください。

② 炭素国境税の導入は先進国と発展途上国にどのような影響を与える可能性があり、それによって貿易構造はどのように変化するのか、自身の意見を述べてください。

参考文献

池田芳彦『貿易取引入門』学文社、2013 年。

石原伸志、土屋爲由、水落敬太郎『貿易と保険実務マニュアル』、成山堂書店、2018 年。

石川雅啓『実践 貿易実務（第 12 版）』日本貿易振興機構（ジェトロ）、2023 年。

片山立志『いちばんやさしく丁寧に書いた貿易実務の本』成美堂出版、2021 年。

同　　上『よくわかる貿易実務入門』日本能率協会マネジメントセンター、2022 年。

木村雅晴『知識ゼロでも大丈夫!!貿易実務がぜんぶ自分でできる本 インコタームズ 2020 対応』ソシム、2020 年。

同　　上『仕事の流れが一目でわかる！はじめての貿易実務 最新版』ナツメ社、2020 年。

黒岩章『貿易実務完全バイブル』かんき出版、2021 年。

中出哲『海上保険 - グローバル・ビジネスの視点を養う』有斐閣、2019 年。

同　　上『基礎からわかる損害保険』有斐閣、2018 年。

日本貿易実務検定協会『貿易実務ハンドブック アドバンスト版 第 6 版「貿易実務検定」A 級・B 級オフィシャルテキスト』日本能率協会マネジメントセンター、2020 年。

同　　上『貿易実務検定 C 級試験対策 改訂版 貿易実務英語の基礎』日本能率協会マネジメントセンター、2006 年。

日本貿易保険『海外商社の与信管理について』、2012 年。

同　　上『日本貿易保険20年史：2001〜2020』、2020年。

同　　上『日本貿易保険のご案内』、2020年。

同　　上『年次報告書』、2022年。

藤井健司『金融機関のための気候変動リスクマネジメント』中央経済社、2020年。

布施克彦『貿易実務がこれ1冊でしっかりわかる教科書』技術評論社、2020年。

李洪茂『保険論』博英社、2021年。

同　　上『リスクマネジメント論』成文堂、2019年。

Abraham, Filip, and Gerda Dewit(2000), "Export Promotion via Official Export Insurance" Open economies review 11, 5-26.

ADB(2022), "Unlocking the Potential of Digital Services Trade in Asia and the Pacific", ADB publishing.

APEC(2020), "Promoting Consumer Protection in Digital Trade: Challenges and Opportunities", APEC publishing.

Berne Union(2022), Credit Insurance and its Role Supporting World Trade.

Borio, Claudio EV, and Frank Packer(2004), "Assessing New Perspectives on Country Risk", BIS Quarterly Review, December.

Bouchet, Michel Henry, Ephraim Clark, and Bertrand Groslambert(2003). Country Risk Assessment: A Guide to Global Investment Strategy.

Brown, Greogory W.(2001), "Managing Foreign Exchange Risk with Derivatives", Journal of Financial Economics, 60(2-3), 401-448.

Cavoli, Tony, David Christian, and Rashesh Shrestha, Understanding SME Trade Finance in ASEAN: An Overview, 2022.

Chang, Donghan and Park, Jonghyun(2017), "Sustainable Management of Trade

Insurance Business : Focused on Credit Risk Management", Journal of International Trade & Commerce, 13(5), 89-508.

Choi, Haneul and Lee Hohyung(2021), Understanding Smart Trade, Keimyung University Press.

Choi, Hyelin, and Kyunghun Kim(2021), "Effect of Export Credit Insurance on Export Performance: An Empirical Analysis of Korea", Asian Economic Journal 35(4), 413-433.

Chung, Jaehwan(2009), "A Study on e-Trade Contracts Risk Management", Korea Trade Review , 34(5), 167-193.

Chung, Jaehwan and Lee, Bongsoo(2019), "A Study on Origin of Risk and Development of Trade Risk Management", Journal of International Trade & Commerce, 15(2), 369-387.

Cosset, Jean-Claude, and Jean Roy(1991), "The Determinants of Country Risk Ratings", Journal of International Business Studies, 22(1), 135-142.

Damodaran, Aswath(2003), "Country Risk and Company Exposure: Theory and Practice", Journal of applied finance, 13(2).

Derains, Yves, and Eric A. Schwartz(2005), A Guide to the ICC Rules of Arbitration.

Dhanani, Alpa(2003), "Foreign Exchange Risk Management: A Case in the Mining Industry", The British Accounting Review, 35(1), 35-63.

Eaton, Jonathan and Mark Gersovitz(1982), "Country Risk: Economic Aspects", Managing International Risk, 75-108.

Elliott, Joshua, Ian Foster, Samuel Kortum, Todd Munson, Fernanco Perez Cervantes, and David Weisbach(2010), "Trade and Carbon Taxes", American Economic Review, 100(2), 465-469.

Fleuter, Sam(2016), "The Role of Digital Products Under the WTO: A New Framework for GATT and GATS Classification", Chicago Journal of International Law, 17(1), 153-177.

Gokhale, Hemangi(2021), "Japan's Carbon Tax Policy: Limitations and Policy Suggestions", Current Research in Environmental Sustainability, 3.

González, López and M. Jouanjean(2017), "Digital Trade: Developing a Framework for Analysis", OECD Trade Policy Papers, No. 205, OECD Publishing, Paris.

González, López and J. Ferencz(2018), "Digital Trade and Market Openness", OECD Trade Policy Papers, No. 217, OECD Publishing, Paris.

Gregori, Tullio(2021), "Protectionism and International Trade: A Long-Run View", International Economics, 165, 1-13.

Ha, Youngtae(2016), "Reform Motivation and the Recent Trend of Japanese Trade Insurance", Journal of International Trade and Insurance, 17(2), 189-206.

Hodges, Susan(2013), Law of Marine Insurance. Routledge-Cavendish.

Insurance Management Research Association(2013), Risk and Insurance, Moonyoungsa.

Jung, Hongjoo(2000), "Country Risk : A Literature Survey", The International Commerce & Law Review, 13, 439-451.

Jung, Hongjoo, Jaehwan Chung, Heechan Noh, Kyungchul Kim, Moonyeon Hwang, Ahreum Choi(2017), International Trade Risk Management Theory, SungKyunKwan Press, Seoul.

Jung, Hongjoo and Soyoung Lim(2021), "Status Quo Bias in Ocean Marine Insurance and Implications for Korea Trade", Journal of Korea Trade, Korea Trade Research Association, 25(5), 39-57.

Kwak, Suyoung(2008), "A Study for Risk Management on Documentary Collection (D/P, D/A) Payment", International Commerce and Information Review 10(2), 282-304.

KIEP(2021), A Study on Digital Telecommunications Policy in the Era of Digital Transformation.

KITA(2022), Changes in the Global Trade Environment and our Countermeasures; NEXT 20.

Kingston, Christopher(2007), "Marine Insurance in Britain and America, 1720–1844: A Comparative Institutional Analysis", The Journal of Economic History, 67(2), 379-409.

Koo, Jongsoon(2014), "Some Problems on Expense Loss in Marine Cargo Insurance", Journal of International and Insurance, 15(1), 85-107.

K-Sure(2022), Understanding and Using Trade Insurance; Entering Overseas Markets using Trade Insurance Big Data.

Ku, Migyo(2021), Political Economy and Law of International Trade; Between Free Trade Ideals and Mercantilism Bias, Parkyoungsa.

Lee, Hohyung(2022), Electronic Trade in the Era of Digital Transformation, Keimyung University Press.

Lee, Hongmu(2021), Risk Management; Fundamentals, Theory, and Practice in Asia, Springer.

Lee, Yoon, Soyoung Lim, Hongjoo Jung(2020), "Changes and Influencing Factors of the Overseas Remittance Method: Focusing on Overseas Remittances of Foreign Workers", Journal of International Trade and Insurance, Korean Academy for Trade Credit Insurance, 21(6), 55-72.

Lim, Soyoung(2022), "A Study on the French Export Insurance System", Journal of International Trade and Insurance, Korean Academy for Trade Credit Insurance, 23(2), 1-17.

Li, Jiaman, Xiucheng Dong, Qingzhe Jian, and Kangyin Dong(2021), "Analytical

Approach to Quantitative Country Risk Assessment", Sustainability, 13, 423.

Mah, Jaisung(2006), "The Effect of Export Insurance Subsidy on Export Supply: The Experience of Japan", Journal of Asian Economics, 17(4), 646-652.

Malfliet, Jonas(2011), "Incoterms 2010 and the Mode of Transport: How to Choose the Right Term", Management Challenges in the 21st Century: Transport and Logistics: Opportunity for Slovakia in the Era of Knowledge Economy, City University of Seattle Bratislava.

Marshall, Andrew P(2000), "Foreign Exchange Risk Management in UK, USA and Asia Pacific Multinational Companies", Journal of Multinational Financial Management, 10(2), 185-211.

OECD(2017a), "Measuring Digital Trade: Toward a Conceptual Framework", OECD Working Party on International Trade in Goods and Trade in Services Statistics, STD/CSSP/WPTGD.

OECD(2022), "Country Risk Classification".

Oh, Wonseok and Park Kwangseo(2018), Trade Insurance, Samyoungsa.

Oh, Wonseok and Park Kwangseo(2020), Trade Managing, Samyoungsa.

Oh, Wonseok, Park Kwangseo and Lee Byungmun(2021), Introduction to Global Trade, Topbooks.

Panchenko, Volodymyr, and Nataliia Reznikova(2017), "From Protectionism to Neo-Protectionism: New Dimensions of Liberal Regulation", International Economic Policy 2, 91-111.

PRS Group(2013b), "International Country Risk Guide(ICRG)".

Rejda, George and Michael McNamara, Principles of Risk Management and Insurance, Pearson Education India, 2016.

Skipper, Harold D., and W. Jean Kwon(2007), Risk Management and Insurance :

Perspectives in a Global Economy, Blackwell Publication.

Seog, Seunghun(2021), Dangerous Risk: An Invitation to Risk Studies, Seoul National University Press and Culture Center.

Yan, Pei and Sangkyou Kim(2023), "Digital Trade: A New Chance for China-South Korea-Japan Trilateral Cooperation?", Asian Affairs: An American Review, 50(2), 120-137.

Wang, Hsuanhui, Soyoung Lim, Aelita Khan(2017), "The Effect of Country Risk on the Scale of Korea's International Trade", Asian Trade Risk management, 2(1), 19-42.

WTO(2022), "Digital Trade ; Opportunities and Challenges" .

Urata, Shujiro(2020), "US–Japan Trade Frictions: The Past, the Present, and Implications for the US–China Trade War", Asian Economic Policy Review, 15(1), 141-159.

日本税関ホームページ https://www.customs.go.jp/

日本貿易振興機構（ジェトロ）ホームページ https://www.jetro.go.jp/

日本法令検索ホームページ https://elaws.e-gov.go.jp/

東京商工リサーチホームページ https://www.tsr-net.co.jp/

日本外務省ホームページ https://www.mofa.go.jp/

日本貿易保険ホームページ https://www.nexi.go.jp/

OECD ホームページ htttps://www.oecd.org/

索引

50音順索引

あ

斡旋　24
後払い　55
後払送金　145

い

委託加工貿易　17
一覧払い信用状　149
インコタームズ　22
インターバンク市場　213

う

海固有の危機　241
売オファー　77
売主　44, 76, 77, 80, 81, 132, 133, 137, 149, 210
ウルグアイラウンド　289

え

英国海上保険法　237
衛生植物検疫措置　297
英仏通商条約　286

お

オイルショック　288
汚染逃避地　326
オファー　22, 45, 75
オプション　222

か

カーボンリーケージ　326
買オファー　77
海外事業資金貸付保険　280
海外市場調査　58, 59, 61, 62, 67
海外投資保険　279
外国為替及び外国貿易法　170
外国為替市場　212
外国通貨建て　215
海上運送状　33
海上危機　240, 241
海上損害　241
海上保険　234
買取銀行　137, 141
買主　76, 77, 80, 81, 132, 133, 137, 149, 210
カウンターオファー　22, 45

カウンターパーティーリスク　45, 58
確認銀行　137
確認信用状　139
加工貿易　14
貨物保険　234, 239
借り換え　208
為替換算リスク　221
為替手形　24, 36
為替取引リスク　221
為替リスク　45
為替リスク　8, 44, 55, 210, 212, 213, 218, 220, 221, 222, 223
為替リスク保険　231, 232
簡易審査　97
簡易通知型包括保険　276
関税率　170
間接貿易　12
カントリーリスク　43, 195
勧誘　75

き

期間保険　239
気候変動　324, 332
基本税率　100, 101
逆委託加工貿易　18
キャプティブ保険　55
救助料　242
協会貨物約款　234

協定税率　99
共同海損　242
緊急関税制度　295
銀行間市場　213

く

クォータ　295
国・地域ごとの引き受け方針　183
クリーン競争法　329
クレーム　24
クレーム条項　160
グローバルバリューチェーン　300

け

経済的ペリル　40
契約契約　74
契約リスク　45
原産地証明書　23, 27, 28, 29, 31, 32, 101, 105, 106, 107, 126, 153
現実全損　242
限度額設定型貿易保険　276
現物検査　97

こ

航海保険　239
航海傭船　111, 115
航空貨物運送状　34, 119
公的金融　208

公的輸出信用　247
コールオプション　231
国強措置　294
国際協力銀行　255
国際商業会議所　80
国定税率　99
穀物法　285
国境炭素税　327, 329
国境内措置　294
コファス　186
個別運送契約　111, 114, 115
個別保険　263
混合税　99
混合保険　239
混載航空運送状　119
梱包明細書　23, 29

さ

サービス化　307
サービス貿易　3, 5, 6, 307, 308, 314
再生可能エネルギー　331
サイバーリスク　321
裁判官轄権　170
債務不履行リスク　179
先物為替取引　222, 229
サプライヤーズクレジット　250, 263
サレンダード B/L　34
暫定税率　100, 101, 170

し

シーアンドエア　121
ジェトロ　62
自国通貨建て　215
自己保険　55
市場調査　21
自然なペリル　40
指定地外検査　94
支払拒否　181
支払銀行　144
支払遅延　181
支払不能　181　シベリア鉄道　122
シベリアランドブリッジ　122
従価税　99
自由貿易協定　299
自由貿易主義　284
従量税　99
出港前報告制度　26
順委託格好貿易　17
準備金　72
商業送り状（インボイス）　23, 29
商業リスク　43
条件付引受　269
承諾　22, 46, 75
譲渡可能信用状　140
譲渡不能信用状　140
人工知能　305
人的ペリル　40

真保護貿易主義　206, 291

信用状　24

信用状統一規則　135

信用調査　181

信用保険　256

信用リスク　43, 46

す

スイッチ貿易　16

推定全損　242

数量制限　295

スワップ　222

せ

生産物賠償責任保険　175

船主　115

戦争危険　241

全損　242

船舶保険　22, 23, 30

そ

送金銀行　144

総合商社　10

相殺関税　295

双務契約　74

訴訟　24, 270

損害　39, 41, 42, 47, 49, 54, 84, 126, 159, 160, 163, 164

損害賠償請求　164

損害防止費用　244

損失強度　50

損失低減　52

損失制御　51

損失防止　52

た

第4次産業革命　305

大恐慌　287

対顧客市場　213

代替的紛争解決制度　168

多角化　53

短期保険　272

炭素国境調整装置　326, 327

炭素中立　324

単独海損　242

単独費用　242

ち

地球温暖化　332

知的財産権等ライセンス保険　277

仲介貿易　12

仲裁　24

中小企業・農林水産業輸出代金保険　276

中長期保険　278

調停　24

直接貿易　11

直接融資　208

つ

通貨政策　219
通関　90
通関貿易　15
通関リスク　45, 46
通知銀行　35, 137

て

定期船　111, 114
定期傭船　111, 115
デジタル化　304
デジタル貿易　310
電子商取引　304, 332
電信送金　135

と

特恵税率　100, 101
取消可能信用状　139
取消不能信用状　139
取立　24
取立銀行　141
取立統一規則　155

な

中継貿易　13

に

荷受人　33
荷為替手形　134
荷主　115
日本貿易保険　256

ね

ネッティング　222

は

買収拒否　181
排出量取引制度　326, 328
賠償責任保険　88
賠償責任リスク　45, 46
売買契約書　33
バイヤークレジット　262
バイヤーの詐欺　68
バイラテラルネッティング　224
ハザード　39, 41
破産　181
裸傭船　115
発行銀行　137
発生頻度　50
パリ協定　324
反ダンピング関税　295

ひ

非関税措置　284, 294
引き合い　22, 45
ビッグデータ　305

被保険者　54
被保険目的物　243
費用損害　242

ふ

ファームオファー　77
ファクトリング　194
不安定性　191
不確実性　39, 42, 80, 179, 196
不可抗力条項　33
複合一貫輸送　46, 121
複製　53
付随費用　242
不保率　275
普通送金　135
物的損害　242
プットオプション　231
物品　58
物理的ハザード　39
不定期船　111, 115
船賃保険　239
船積依頼書　22, 23, 35, 92, 114
船積書類　27
船荷証券　22, 23, 24, 27, 28, 29, 30, 31, 32, 33, 34, 35, 92, 96, 105, 106, 112, 114, 115, 126, 141, 142, 143, 153
不要式契約　74
ブラックコンシューマー　321

フリーオファー　77
ブロックチェーン　305
プロフォーマインボイス　33
分割払い　133
分散・分離　52
分損　242

へ

ヘッジ　54
ペリル　39
ベルンユニオン　250

ほ

貿易一般保険　273
貿易一般保険包括保険　275
貿易円滑化協定　316
貿易技術障壁　297
貿易業者　9
貿易条件　22
貿易代金貸付保険　279
貿易の技術的障壁　297
貿易保険　208, 247
貿易リスク　42, 44, 45, 55
包括保険　263
保険金額　31
保険契約者　262
保険者間　54
保険証券　23, 27, 28, 29, 31, 32, 126, 153, 244

保険証券　31
保険証明書　23
保護貿易主義　284
保税地域　91
本船予約票　22

ま

マーケットクレーム　160
前払い　26
前払送金　145
前払輸入保険　277
マッチング　222
マルチラテラルネッティング　224

み

ミニランドブリッジ　122
民営輸出信用保険　257

む

無確認信用状　140

め

明示条件　78
メリカランドブリッジ　122

も

黙示条件　78
元のオファー　77
モノのインターネット　305

モラールハザード　39
モラルハザード　39

ゆ

ユーザーンス信用状　149
ユーザンス信用状　140
有償契約　74
輸出申告　92
輸出信用機関　191, 247, 252
輸出信用保険　208
輸出通関　89
輸出手形保険　277
輸出入に関する国内法　170
輸出貿易管理令　91
輸出保険特別会計　265
輸出補助金　295
運送リスク　44, 45, 46
輸入許可　27

よ

傭船契約　111, 114, 115
与信スコア　186
与信レベル　271
与信枠　270
予備審査　98

ら

ランドブリッジ　121

り

リーズアンドラグズ　222

リショアリング　300

リスク　6, 31, 38, 39, 44

リスク保有　50

リスク低減　50

リスク回避　50

リスク移転　50

リスクコントロール　49

リスクファイナンシング　49

れ

連携貿易　19

ろ

ロイズ　236

ロイズリスト　236

わ

和解　24

アルファベット順索引

A

Acceptance　22, 75

Actual Total Loss　242

Advance Payment　133

Advance Remittance　145

Advising Bank　35, 137

AFR　26

AI　305

Air Waybill　119

ALB　122

Amicable Settlement　169

Anti-dumping Duties　295

Arbitration　24, 169

At Sight L/C　149

B

B2B マッチングサイト　63

Bankruptcy　181

Bareboat Charter　115

Behind-the-Border Measures　294

Berne Union　250, 258

Big Data　305

Bilateral Contract　74

Bilateral Netting　224

Bill of Exchange　24, 134

Bill of Lading　29

B/L   22

B/L;   23

Block Chain   305

Booking Note   22

Border Measures   294

Bradstreet British   185

Buyer's Credit   262

Buying Offer   77

C

Call Option   231

Capacity   182

Capital   182

Captive Insurance   55

Carbon Border Tax   327

Carbon Leakage   326

Cargo Insurance   239

CBAM   327

CCA   329

Certificate of Insurance   23

Certificate of Origin   29

Chance of Loss   39

Character   182

Charter Party   114

Claim   24

Claim Clause   160

Cobden-Chevalier   286

Coface   193

Collecting Bank   141

Collection   24

Commercial Invoice   29

Commercial Risk   181

Compromise   24

Confirmed L/C   137

Confirming Bank   137

Consensual Contract   74

Consignee   33

Constructive Total Loss   242

Contract of Affreightment   114

Control Risks   206

Corn Law   285

Counter Offer   22, 76

Counter Trade   19

Countervailing Duties   295

Countervailing Duty   259

Country Risk   195

Credit   179

Credit Insurance   256

Credit Risk   179

Customer Market   213

D

D/A 決済   149

D/D   143

Default Risk   179

Deferred Payment   133

Deferred Remittance　145

Digitally Delivered Trade　313

Digitally Ordered Trade　313

Digital Trade　312

Direct Lending　208

Direct Trade　11

Diversification　51

D/P 決済　140, 149

Dun & Bradstreet　185

Duplication　51

E

E-business　312

ECA　252

E-commerce　312

Economic Exchange Risk　221

Economic Peril　41

Economic Risk　196

ECR　205

EIU　201

EPA　101

ESG　335

ETS　326, 328

Expense Loss　242

Export Credit　248

Export Credit Insurance　208

Export Subsidy　295

Express Terms　78

Extra Charges　242

F

Factoring　194

Financial Risk　196

Firm Offer　77

Force Majeure　78

Foreign Exchange Risk　197

Foreign Exchange Risk Insurance　231

Forward Exchange Transaction　222, 229

Free Offer　77

Free Trade　285

Freight Insurance　240

Frequency　39

FTA　299

G

GATS　3, 316

GATT　288

GDPR　317

General Average　242

Global Stocktaking　326

GVC　300

H

Hazard　39

House Air Waybill　119

HS コード　99

Hull Insurance　239

Human Peril　40

I

IATA　120

ICC 1963　244

ICC 1982　244

ICC 2009　244

ICRG　199

ICT　307

IHS Global Insight　203

Implied Terms　78

Import Permit　27

Incoterms　23

Indirect Trade　12

Informal Contract　74

Inquiry　22, 75

Insolvency　181

Insurance Policy　29

Interbank Market　213

Intercession　24, 169

Intermediary Trade　13

International Multimodal Transport
　　　121

Inward Processing Trade　18

IoT　305

Irrevocable L/C　139

Issuing Bank　137

J

JBIC　255

JETRO　62

Jurisdiction　170

L

Land Bridge　121

L/C　24

Leads and Lags　222

Letter of Credit　24

Liability Insurance　175

Liner　111

Litigation　24, 170

Loss　39

Loss Control　51

Loss Prevention　51

Loss Reduction　51

Lump Sum Rate　116

M

MAR Form　244

Marine Insurance　234

Maritime Loss　241

Maritime Peril　240

Matching　222

Merchandising Trade　12

MIA   237

Mixed Insurance   240

MLB   122

Morale Hazard   39

Moral Hazard   39

M/T   143

Multilateral Netting   224

N

NACCS   23, 26, 93

Natural Matching   225

Natural Peril   40

NDC   325

Negotiating Bank   36, 137

Negotiation   24

Netting   222

New Protectionism   291

Non-Acceptance   181

Non-Tariff Measures   294

Non-Transferable L/C   140

NTB   298

O

OECD   254

OECD 公的輸出信用協約   257

Offer   75

Official Financing Support   208

Option   222

Original Offer   77

Outward Processing Trade   17

P

Packing List   29

Parallel Matching   225

Paris Agreement   325

Partial Loss   242

Particular Average   242

Particular Charges   242

Paying Bank   144

Peril   39

Physical Hazard   39

Political Risk   196

Pollution Haven   326

Processing Trade   17

Product Liability Insurance   175

Progressive Payment   133

Proposal   75

Protectionism   285

Protracted Default   181

Put Option   231

Q

Quantitative Restrictions   295

R

RE100   331

Refinancing   208

Remittance Bank   144

Remitting Bank   141

Remuneration Contract   74

Renewable Energy   331

Repudiation   181

Reshoring   300

Revocable L/C   139

Risk   38

Risk Avoidance   50

Risk Control   49

Risk Financing   49

Risk Reduction   50

Risk Retention   50

Risk Transfer   50

Risk Treatment   49

S

Safeguards   295

Salvage Charges   242

Sea&Air   121

Self-insurance   55

Selling Offer   77

Separation   51

Servicification   307

Severity   39

Shipping Instruction   23

Shock Watch   129

SLB   122

Sovereign Risk   196

SPM   297

Sue and Labor Charges   244

Supplier's Credit   263

Swap   222, 230

Switch Trade   16

T

TBT   297

TFA   316

Tilt Watch   129

Time Charter   111, 115

Time Insurance   240

Total Loss   242

Trade Insurance   208

Trade Terms   22

Tramper   111

Transaction Exchange Risk   220

Transferable L/C   140

Transit Trade   15

Translation Exchange Risk   220

TSR   122

T/T   143

U

UCP 600   135

UCP600   154

Unconfirmed L/C　140

Urugay Round　289

Usance L/C　140, 149

Voyage Charter　111, 115

Voyage Insurance　240

WTO　3, 100, 101, 248, 251, 259, 260, 289, 290, 297, 310, 311, 316, 317, 318

WTO 補助金協定　257

Y

York-Antwerp Rules　243

略歴

任 素英 (Soyoung Lim)

現　　在　早稲田大学商学部 講師（任期付）
　　　　　　国際金融消費者学会（IAFICO）事務局長
2022.03-2023.08　韓国成均館大学校大学院貿易学科 非常勤講師
　　　　　　　　　韓国成均館大学校経営学部 非常勤講師
2022.09-2023.08　韓国成均館大学校貿易研究所 先任研究員
2017.09-2022.08　韓国成均館大学校貿易研究所 研究員
2022.02　韓国成均館大学校大学院貿易学科博士卒業（国際貿易学、保険専攻）
2019.11-2020.03　スイスローザンヌ大学校 訪問研究者
2019.02-2019.08　ソウル科学技術大学校経営学部 非常勤講師
2015.09-2019.12　国際金融消費者学会 事務局 幹事

（学士）韓国成均館大学校フランス語学科、国際通商学科
（修士）韓国成均館大学校大学院貿易学科
（博士）韓国成均館大学校大学院貿易学科

専門：貿易、保険、リスクマネジメント

貿易リスクマネジメント入門

初版発行　2024年10月31日

著　者　任 素英
発 行 人　中嶋 啓太

発 行 所　博英社
　　　　　〒 370-0006 群馬県 高崎市 問屋町 4-5-9 SKYMAX-WEST
　　　　　TEL 027-381-8453 / FAX 027-381-8457
　　　　　E・MAIL hakueisha@hakueishabook.com
　　　　　HOMEPAGE www.hakueishabook.com

ISBN　　 978-4-910132-77-8

ⓒ 任 素英, 2024, Printed in Korea by Hakuei Publishing Company.

＊乱丁・落丁本は、送料小社負担にてお取替えいたします。
＊本書の全部または一部を無断で複写複製(コピー)することは、著作権法上での例外を除き、禁じられています。